"十四五"职业教育国家规划教材

汽车类列系列教材

汽车美容与保养

◆ 第 5 版 ◆ 附微课视频 ◆

宋孟辉 郭大民 张红岩◎主编

翟静 金艳秋 夏志东◎副主编

人民邮电出版社

北 京

图书在版编目（CIP）数据

汽车美容与保养 : 附微课视频 / 宋孟辉，郭大民，
张红岩主编. -- 5版. -- 北京 : 人民邮电出版社，
2024.5
汽车类专业人才培养系列教材
ISBN 978-7-115-62561-8

Ⅰ. ①汽… Ⅱ. ①宋… ②郭… ③张… Ⅲ. ①汽车－
车辆保养－高等职业教育－教材 Ⅳ. ①U472

中国国家版本馆CIP数据核字（2023）第159920号

内 容 提 要

本书从实际应用出发，根据项目教学的要求，将具体内容按照任务分析、相关知识、任务实践 3
个方面进行编排，相关知识后配有知识评价，任务实践后配有能力评价。

本书紧跟汽车美容行业的发展，充分参考职业资格培训的要求。全书共 7 个项目，20 个任务，项
目内容包括汽车车身的美容与装饰、汽车面漆损伤的喷涂修复、汽车内饰的美容与装饰、汽车玻璃的
美容与装饰、汽车发动机的检查与保养、汽车底盘的保养与装饰及汽车电子产品的装饰。

本书技术先进、内容翔实、图文并茂、通俗易懂，适合作为职业院校汽车类专业的教材，也适合
作为汽车美容行业从业人员的参考书。

- ◆ 主 编 宋孟辉 郭大民 张红岩
  副 主 编 翟 静 金艳秋 夏志东
  责任编辑 王丽美
  责任印制 王 郁 焦志炜
- ◆ 人民邮电出版社出版发行 北京市丰台区成寿寺路 11 号
  邮编 100164 电子邮件 315@ptpress.com.cn
  网址 https://www.ptpress.com.cn
  涿州市京南印刷厂印刷
- ◆ 开本 787×1092 1/16
  印张 14.25 2024 年 5 月第 5 版
  字数 355 千字 2025 年 1 月河北第 2 次印刷

定价：49.80 元

读者服务热线：(010)81055256 印装质量热线：(010)81055316
反盗版热线：(010)81055315
广告经营许可证：京东市监广登字 20170147 号

前　言

1. 改版背景

自 2009 年 5 月《汽车美容与保养》一书出版，至今已经进行了第 2 版、第 3 版、第 4 版 3 次修订，被很多院校选用，并得到了读者的好评。其中，本书第 3 版被评为"十二五"职业教育国家规划教材，第 4 版被评为"十三五""十四五"职业教育国家规划教材。

在党的二十大精神的指引下，为了深入探索职业院校"三教"改革，提高教师教学能力，改变教学方法，发挥教材基础作用，紧跟汽车美容与保养行业的发展，我们对本书进行修订。本次修订对内容和形式进行及时更新和完善，企业专家深度参与教材编写工作，内容更贴近岗位实际，项目划分更规范、条理更清晰。

2. 改版内容

（1）参考巴斯夫、宝马等企业培训专家建议，全书设计 7 个项目、20 个任务。将原"项目一　汽车发动机、底盘的保养与美容"拆分为"项目 5　汽车发动机的检查与保养"和"项目 6　汽车底盘的保养与装饰"，删除汽车结构原理，增加保养用品选用等内容。将原"项目二　汽车车身的美容与装饰"拆分为"项目 1　汽车车身的美容与装饰"和"项目 2　汽车面漆损伤的喷涂修复"，增加"面漆的调色"任务，使流程更完整。新的"项目 3　汽车内饰的美容与装饰"中增加"内饰的拆装和维护"任务。新的"项目 4　汽车玻璃的美容与装饰"中删除"汽车玻璃清洁及保养"任务。新的"项目 7　汽车电子产品的装饰"中删除"汽车防盗报警装饰"任务，将原"汽车倒车辅助系统装饰和汽车行车记录仪装饰"任务归入"驾驶辅助监控系统的加装"任务，增加了 360° 全景影像。

（2）在每个任务分析前增加知识目标、技能目标和素质目标，项目后增加项目拓展，培养学生爱岗敬业的职业精神，弘扬精益求精的工匠精神，激发学生的创新创业意识，使学生深植爱国情怀。

（3）在相关知识后增加知识评价，便于学生巩固所学知识，教师准确把握教学难点，做到教学设计有的放矢。

（4）更新教学资源，微课视频或动画的制作由企业专家严格把关，使学生看到标准规范的操作。

（5）将典型案例引入任务实践，能力评价与实际案例相呼应，达到教学即生产。

（6）本书提供作业单、课件、教案、习题及答案等配套资源，读者可登录人邮教育社区（www.ryjiaoyu.com）免费下载并使用。

（7）同步出版本书的数字版教材，满足职业教育数字化的要求。

3. 教学建议

（1）课程采用理实一体、从初级到高级、螺旋上升循环式教学。教学中可按实际教学条件进行内容重构，根据任务特点、学生接受程度等调整学时安排。

（2）教法以教师为主导——"做中教"，学法以学生为主体——"做中学"。采用明确任务（设定讨论）——提出问题（师生共同探讨）——具体讲解（标准示范）——巡视指导

（及时纠正）——师生共评的基于工作过程的小循环教学，实现学生在行动中学习，在练习中学习，在讨论中学习，提高学生技能掌握的稳定性，提升学生整体综合素养。

（3）教学流程设计为课前探学、课中研学、课后拓学3个阶段。

课前教师安排学生预习本书中的"相关知识"，学生完成"知识评价"和课前任务。教师根据课前测试和学情特点制定突破教学难点和学情障碍的策略。

课中以本书中的"任务案例"导入知识，合理利用本书中的视频、电子活页资源，以及院校自建的仿真资源和开放性信息化手段等，从理论、虚拟到实操，逐步学习教学重点，突破教学难点，有效化解学情障碍。通过"能力评价"及综合教学过程评价，检验学习效果。适时将爱岗敬业、大国工匠、精益求精等元素融入课程。

课后推荐学生关注和汽车美容与保养相关的微信公众号、App小程序等拓宽视野，针对行业技术难题，探索解决方案。教师可通过教学平台、教学群等全过程关注学生成长，并及时进行教学反思，便于下一轮的教学改进。

本书由宋孟辉、郭大民、张红岩任主编，翟静、金艳秋、夏志东任副主编。吴兴敏、张成利、鞠峰、高元伟参与编写。特别感谢宝马汽车培训师黄宜坤和丰田汽车培训师王立刚对本书的编写和配套资源制作的大力支持，对合作企业提供的技术和资源支持一并表示感谢。

由于编者水平有限，书中难免存在不足之处，敬请广大读者批评指正。

编　者
2023年6月

目 录

项目 1
汽车车身的美容与装饰

汽车美容与保养是利用美容材料和设备，采用专业的工艺和方法，进行的一系列养车操作。最终目的是使"旧车变新、新车保值"。汽车美容与保养的工作内容不只是汽车内外的清洁等常规保洁，它分为汽车美容保养和汽车装饰两个部分。

1. 汽车美容保养

汽车美容保养，即对车身外表、内饰、发动机、底盘等进行专业检查和保养，又分为常规美容保养和修复美容保养。

（1）常规美容保养，包括车身面漆抛光、打蜡，内饰清洁，空气净化，轮胎翻新，发动机和底盘各个部位的检查与保养等。

（2）修复美容保养，包括车身涂膜损伤的喷涂修复、内饰损伤的修复与改色、玻璃划痕和裂纹损伤的修复、轮圈损伤拉丝修复等。

2. 汽车装饰

汽车装饰是通过对汽车内外进行加装和改装，以提高车辆安全性、舒适性和美观性等的操作。

（1）提高安全性的装饰，包括车身保护贴饰、倒车雷达和行车记录仪、防盗器等。

（2）提高舒适性的装饰，包括加装的坐垫、脚垫等，改装的玻璃贴膜、音响等。

（3）提高美观性的装饰，包括提升车身美观度的贴饰、大包围的加装、车身彩绘、轮圈水转印等。

汽车的工作环境复杂，不但要经受日晒、雨淋、物击、冰冻、严寒、酷暑这样多变的环境条件，还可能会经常接触酸雨等腐蚀性物质，车身表面被碰撞、划伤的概率较高，再加上不正确的保养、护理方法，加速了车身的老化。因此，要定期对车身进行专业的美容保养，装饰车身时要严格遵守相关的法律法规。

"面漆好比人脸面，工作环境苦又难。抛光能够修缺陷，彩绘贴膜展美颜。"本项目主要介绍面漆抛光、车身装饰和车身彩绘等内容。

| 任务 1.1　面漆抛光 |

知识目标

1. 掌握车身面漆的作用和种类；
2. 掌握车身面漆的缺陷、损伤和抛光美容工艺。

技能目标

1. 能够根据车身面漆的状态确定美容工艺；
2. 能够用抛光工艺处理车身面漆的缺陷和损伤。

素质目标

1. 培养学生吃苦耐劳、持之以恒的品格；
2. 培养学生爱岗敬业的职业精神。

一、任务分析

车身涂膜是将涂料涂覆于处理后的车身板件表面上，再经干燥形成的薄膜。车身涂膜为多层结构，从底材金属到表面分为底层涂膜、中间层涂膜和面漆涂膜。如果车身面漆有划痕损伤，或经过喷涂之后，出现流挂、橘皮纹、失光等缺陷，可对其进行适当的打磨、抛光处理，以加强面漆的镜面效果，达到光亮、平滑的要求。

面漆抛光是汽车美容与保养的重要技能。抛光技术的优劣直接关系到汽车面漆美容的最终效果。面漆厚度一般不会超过100μm，抛光只能处理车身面漆的缺陷和损伤。因此在进行抛光处理时，要做到精益求精，适可而止。

汽车面漆特别薄，表面缺陷还不少。损伤划痕仔细挑，准确分辨用手挠。

中度划痕要打磨，轻微划痕直接抛。抛光机、要握牢，熟练控制才不跳。

学习本任务需要学生具有车身结构基础知识，掌握汽车面漆类型和结构，能够根据具体缺陷独立分析损伤情况，制定抛光修复方案。同时在操作中，要注意劳动安全，规范操作，具有爱岗敬业的职业精神。

二、相关知识

（一）面漆的类型与损伤

1. 面漆的类型

车身面漆虽然很薄，但它非常重要，主要起保护、美观和提高辨识度的作用。能够正确识别面漆的类型，才能有针对性地进行美容处理。

汽车面漆的类型

（1）按施工工艺分类

按施工工艺不同，面漆可分为单工序面漆和多工序面漆。

① 单工序面漆。单工序面漆指施工一个工序即可获得的既有颜色又有光泽的面漆，其结构如图1-1-1所示。形成的涂膜具有良好的硬度、抗冲击强度等性能。

② 多工序面漆。多工序面漆需要施工二或三个工序来获得。普通的底色漆喷涂需要施工一个工序，珍珠色喷涂需要施工两个工序。底色漆赋予面漆绚丽的色彩，但是表面无光，保护能力弱。在底色漆上还需要喷涂施工一个工序的清漆，底色漆和清漆一起构成面漆。施工两个工序的面漆也称为双工序面漆，其结构如图1-1-2所示。

图1-1-1 单工序面漆的结构

图1-1-2 双工序面漆的结构

（2）按面漆颜色分类

常见的面漆颜色分为素色（也称为实色）和金属色（包括珍珠色），如图1-1-3所示。

彩图1-1-3

① 素色面漆中不含金属颗粒，只有白、红、黄等普通颜料。

② 金属色面漆中含有金属颗粒（铝粉或铜粉等）、金属氧化物颗粒或珍珠（多为云母）颗粒，此种面漆存在"随角异色"效应，即随观察角度的不同，看到的颜色也不同。目前，金属色面漆的应用比素色面漆更普遍。

（a）素色面漆

（b）金属色面漆

图1-1-3 面漆颜色类型

 注 意

金属色面漆一定是采用多工序施工的，而素色面漆有采用单工序施工的，也有采用双工序施工的。一般来说，低档轿车或货车多采用成本低的单工序面漆，而高档轿车多采用双工序面漆。

2．面漆的损伤

面漆的损伤是指车辆在使用过程中产生的各种机械损伤。按损伤形式的不同，其可分为划痕损伤（见图1-1-4）和磕碰损伤（见图1-1-5）。下面重点介绍划痕损伤的美容修复。

图1-1-4 划痕损伤

图1-1-5 磕碰损伤

划痕损伤按其损伤程度的不同，分为轻微划痕、轻度划痕、中度划痕和重度划痕4类。

（1）轻微划痕

面漆表面有细小的划痕，像发丝一样，所以也叫发丝痕。光线照射到面漆后，会发生漫反射，如图 1-1-6 所示，使涂膜看起来没有光泽。尤其是黑色面漆的车身，即使刚清洗过，也不会有很高的光泽度，给人雾蒙蒙的感觉，如图 1-1-7 所示。

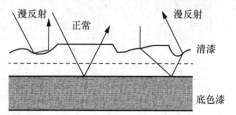

图 1-1-6　有划痕的面漆的漫反射

图 1-1-7　黑色面漆车身上的划痕

（2）轻度划痕

该种划痕能较明显观察到，用指腹垂直于划痕轻轻刮过，会感到有阻力，但用指甲划过时没有感到明显阻力。

（3）中度划痕

该种划痕能明显看出来，用指甲或指腹横向轻轻刮过，均会感到明显的阻力。但仔细观察，划痕没有贯穿露出底漆。

面漆损伤类型

（4）重度划痕

该种划痕已经将面漆彻底损坏，露出了底漆，甚至金属或塑料等底材。

（二）面漆损伤的美容方法

1. 面漆美容工艺

面漆损伤程度不同，美容工艺也不同，轻微的损伤和缺陷可以通过抛光处理，严重的损伤需要通过喷涂修复。对于抛光处理后的面漆表面，或者为了保持面漆良好状态，可定期进行打蜡（或封釉、镀膜等）保养。根据不同面漆损伤程度采用的美容工艺如表 1-1-1 所示。

表 1-1-1　　　　　　　　　　　面漆损伤程度及美容工艺

损伤程度	美容工艺	单工序与双工序面漆损伤程度示意图
面漆良好。表面无附着物和划痕，光亮、洁净	打蜡或封釉或镀膜	
面漆良好。表面有附着物，如鸟粪、柏油等，有些附着物中的酸性物质会渗透到面漆深处	用专用清洗剂去除附着物，整板打蜡或封釉或镀膜	
轻微划痕。虽然车身很干净，但是总感觉像没有洗净，对于黑色的车身，这样感觉会更明显	整板细抛光，去除轻微划痕，打蜡或封釉或镀膜	
轻度划痕。能观察到独立的划痕，用指腹垂直于划痕轻轻刮过，能够感觉到有阻力，但用指甲刮过时感觉不明显	划痕处粗抛光，整板细抛光，整板打蜡或封釉或镀膜	
中度划痕。划痕明显，用指甲或指腹横向轻轻刮过，能感觉到有阻力。仔细观察，划痕底部没有露出底漆	划痕处用美容抛光砂纸打磨并粗抛光，整板细抛光，整板打蜡或封釉或镀膜	

续表

损伤程度	美容工艺	单工序与双工序面漆损伤程度示意图
重度划痕。面漆被划穿，可看到底漆，甚至可看到底材（如钢板、塑料）	重新喷涂，用美容抛光砂纸打磨缺陷部位并粗抛光，整板细抛光，整板打蜡或封釉或镀膜	面漆/底漆/底材　　清漆/底色漆/底漆/底材

注　意

由于单工序面漆的颜色与其厚度有关，在进行抛光美容时，如果将面漆抛掉过多，会使抛光部位与车身其他部位有色差，所以对单工序面漆进行抛光要谨慎！

2．抛光美容

并非所有的面漆缺陷和损伤都可以通过抛光美容处理，一般，新喷涂面漆的轻微缺陷，如流挂、橘皮纹、脏物等可以抛光处理，面漆磕碰若未损伤也可以抛光处理。面漆抛光重点修复的是不同程度的划痕损伤，利用 P1500～P2000 美容抛光砂纸将面漆缺陷打磨掉，再利用抛光机配合粗细不同的抛光蜡，消除美容抛光砂纸打磨痕迹和面漆表面的轻微损伤，调整面漆光泽度，使其恢复光滑、平整的外观。

（1）抛光机与抛光轮

① 抛光机带动抛光轮高速旋转进行抛光，抛光时需要配合使用抛光蜡。常用的车身面漆抛光机为电动式并可调节转速。抛光机实物如图 1-1-8 所示。

② 抛光轮分为海绵轮、羊毛轮等，海绵轮有软硬之分，并有平面和蜂窝状外形的区别。要根据面漆的损伤程度来具体选择抛光轮，选用标准如表 1-1-2 所示。

图 1-1-8　抛光机实物

表 1-1-2　　　　　　　　　　　　　抛光轮的选用标准

抛光轮	技术特点	适用表面	实物
羊毛轮	配合粗蜡，用于粗抛光，切削力大	用美容抛光砂纸处理过的表面	
硬海绵轮	配合粗蜡或中蜡，用于粗抛光，切削力较羊毛轮小	用美容抛光砂纸处理过的表面或面漆表面有顽固附着物	
软海绵轮	配合中蜡或细蜡，用于细抛光，可提升面漆表面的光泽度，切削力较硬海绵轮小	轻微划痕或粗抛光后的表面	
蜂窝状海绵轮	配合细蜡或保护蜡，用于细抛光，蜂窝状外形有助于消除抛光纹	细抛光后有光晕的表面或手动上保护蜡后褪蜡的表面	

（2）面漆蜡

面漆蜡是进行汽车面漆美容的重要材料，按作用的不同，分为保护蜡、抛光蜡和综合蜡。部分面漆蜡产品如图 1-1-9 所示。

① 保护蜡能均匀地渗透到面漆的细小空隙中，使面漆上多一层保护膜，以隔绝紫外线、灰尘、油烟及其他杂质，保持面漆的光泽度和持久性。市场上流行的车身釉和镀膜等都属于保护蜡。

② 抛光蜡中含有粒度不同的磨料颗粒，能够修复面漆上的划痕，但同时会使面漆变薄。根据磨料颗粒的不同，抛光蜡可分为粗蜡、中蜡和细蜡（也称为镜面蜡或镜面处理剂）。可以用手指取少量蜡并反复摩擦，以感觉粗蜡和细蜡不同的磨削能力，进而感受抛光蜡的不同粒度。

③ 综合蜡既有保护功能还有抛光效果，可以使抛光和保护一次完成。

（a）保护蜡　　　　　　　　　　　（b）抛光蜡

图 1-1-9　部分面漆蜡产品

3．面漆的深层保养

面漆抛光后一定要及时上保护蜡或进行封釉、镀膜等深层养护，以防止面漆被氧化。

（1）封釉

封釉时，车身釉可通过封釉机的高速振动和摩擦，并利用其特有的渗透性和黏附性使釉分子强力渗透到汽车面漆的缝隙中。这样，面漆就具备防酸雨、抗腐蚀、耐高温、耐磨、光泽度高等特点，从而达到美化和保护面漆的目的。经过封釉的汽车面漆光滑、手感柔顺、亮丽照人，面漆能够达到甚至超过原车的外观效果，使旧车更新、新车更亮。

封釉机的运动轨迹与抛光机的不同，其转盘中心与转轴轴心不是重合的，有一段偏心距，所以它在运行的时候不是绕着圆心旋转的，而是在旋转的同时有偏心振动。配合使用的抛光盘是磨削能力不强的细海绵或蜂窝状海绵，如图 1-1-10 所示。

（a）封釉机实物　　　　　　　　　　（b）偏心复合运动

图 1-1-10　封釉机

车身釉（见图 1-1-11）是一种从石油副产品中提炼出来的抗氧化剂，其特点是防酸雨、抗腐蚀、耐高温、耐磨、耐水洗、渗透力强、附着力强、光泽度高等。

（2）镀膜

镀膜能在面漆表面形成一层不会被氧化的保护层，将面漆和外界完全隔离。它具有极高的强度和耐高温的特点，而且表面光滑，不容易黏附污物，光泽度极高且持久，如图 1-1-12 所示，施工一次可持续保护面漆将近一年。

图 1-1-11　车身釉

图 1-1-12　镀膜后的效果

（3）抛光与打蜡、封釉、镀膜的区别

① 抛光能修复面漆中度及以下的损伤，将面漆损伤层磨削掉，属于修复性美容。

② 打蜡、封釉和镀膜不能修复面漆的损伤，但是能够保护面漆，提高面漆光泽度和鲜艳度，属于保护性美容。

③ 通常，打蜡保护时间能持续 2 周左右，而封釉和镀膜能持续数月。打蜡和镀膜施工简单，无须使用专业设备，日常洗车后即可自行操作。封釉用封釉机配合才能获得良好的效果，需要到专业的美容店施工。

④ 封釉保护原理是将釉剂渗透进车身面漆，提高面漆的性能；而打蜡和镀膜是在车身面漆表面形成一层保护膜，起到保养作用。

知识评价

1. 车身涂膜为单层结构，面漆厚度一般不会超过 100μm。（　　　）
2. 抛光美容只能处理面漆的缺陷和损伤，要做到精益求精，适可而止。（　　　）
3. 素色面漆一定是采用单工序施工的。（　　　）
4. 金属色面漆一定是采用多工序施工的。（　　　）
5. 车身面漆很薄，但它非常重要，主要起（　　　）作用。
　　A. 保护　　　　　B. 美观　　　　　C. 价值　　　　　D. 识别
6. 以下可以用抛光美容处理的面漆缺陷和损伤有（　　　）。
　　A. 轻微流挂　　　B. 轻微脏物　　　C. 轻度划痕　　　D. 轻微磕碰
7. 以下属于中度划痕特点的是（　　　）。
　　A. 划痕明显　　　B. 用指甲刮无阻碍　　C. 面漆未被划穿　　D. 可见底漆
8. 观察身边汽车车身，试着鉴定划痕损伤程度，探讨如何修复。

三、任务实践

彩图 1-1-13

任务案例：孟女士有一台红色骐达轿车，左侧车身被划伤，她在网上买了自喷漆进行修复，结果喷完后划痕变得更明显，整个板件也没有了光泽，如图 1-1-13 所示。按照专业的美容工艺，应该如何处理？

（一）评估面漆的状况

1. 抛光前的准备
（1）工具准备
准备好抛光机、抛光轮、P1500～P2000 美容抛光砂纸、抛光蜡、保护蜡等设备和材料。

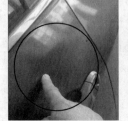
图 1-1-13　车主自己处理车身划痕效果

（2）车身准备

① 清洗车辆。旧车面漆表面会附着泥沙、灰尘、蜡质油污等污染物，一定要在抛光前将车辆清洗干净，使面漆表面干燥、无尘、无蜡、无污痕。沥青、重油脂、蜡质等化学异物是十分让人头疼的车身污染物，擦不掉、洗不掉，弄不好的话会越来越严重，甚至会把面漆弄坏。去除此类顽固污染物可用专用的脱脂溶剂，迅速解决问题，如图1-1-14所示。

② 将与需要抛光部位相邻的饰条、门把手、棱线等部位保护好，如图1-1-15所示。如果做全车抛光，还要扳回外后视镜；如果有外置天线，应将其取下。

图1-1-14　去除顽固污染物　　　　　　　图1-1-15　抛光前的保护措施

2．确定面漆类型

（1）用观察法鉴别

观察人员应在距离观察部位1m以内，根据光线的不同调整观察角度，仔细观察面漆中是否有金属颗粒。如果面漆中有金属颗粒，则该面漆一定是采用双工序施工的金属色面漆；如果面漆中没有金属颗粒，则该面漆可能采用单工序也可能采用双工序施工，要想更准确地判断其工艺类型，必须采用打磨法。

（2）用打磨法鉴别

在车身面漆上选一块不显眼的位置，如车门、油箱盖、行李舱盖等处的内侧，用P2000美容抛光砂纸轻轻打磨。打磨时一定要加水湿磨，因为干磨下来的清漆呈灰白色，不容易分辨。加水湿磨后，磨掉的清漆就不会显示灰白色了，如图1-1-16所示。

① 打磨后，若砂纸上附着的颜色与车身面漆颜色一致，则说明面漆采用单工序施工。

涂膜类型和结构鉴别

（a）砂纸上有灰白色　　　　　　（b）砂纸上没有灰白色

图1-1-16　用打磨法鉴别面漆类型

② 打磨后，若砂纸上没有车身面漆的颜色，则说明面漆采用多工序施工，打磨下来的是清漆。

3．制定美容工艺

（1）整体评估

先距离车身3～5m远观车身整体情况，确定每个车身板件面漆有无色差、明显的变形和磕碰等损伤，以及车身面漆光泽度、划痕等整体状态，做到心中有数，针对不同的缺陷初步拟定处理方案。

哪些部位的缺陷或损伤可以通过抛光处理？

哪些部位的缺陷或损伤需要用美容抛光砂纸打磨？

哪些部位的缺陷或损伤直接通过粗抛光即可处理？

哪些部位的缺陷或损伤直接通过细抛光即可处理？

（2）细节评估

按顺序近距离观察每个车身零件，确定板件面漆是否经过维修，以及划痕的损伤程度等细节情况。特别是对于常见的划痕损伤，可以先向有划痕的部位喷水，如果划痕消失，则说明该划痕可以通过抛光修复，然后进一步确定划痕的损伤程度，从而确定相应的抛光方式。

（二）抛光处理面漆的损伤

1．打磨缺陷和损伤

（1）打磨要求

面漆表面有严重的划痕、轻微流挂、橘皮纹、脏物等产生于表面的各类缺陷，由于这些缺陷或损伤较严重，因此需要先进行打磨处理。注意打磨处理的范围，以处理掉缺陷为准即可，不可随意扩大范围。

面漆损伤的抛光

（2）打磨方法

可用 P1500～P2000 美容抛光砂纸搭配手工磨垫湿磨缺陷，如图 1-1-17 所示；也可以用 P3000～P5000 美容抛光砂纸搭配专用磨机干磨缺陷。打磨时只针对缺陷部位，不要随意扩大范围，边打磨边检查，防止将面漆磨穿。打磨完成后，清洁板件，准备抛光。

图 1-1-17　湿磨划痕等缺陷

2．抛光机的使用

（1）调试抛光机

① 抛光轮（海绵轮）背面与抛光机的抛光垫之间由自粘扣连接，以方便安装和拆卸，如图 1-1-18 所示。安装时，一定要保证二者的中心重合。如果安装位置偏了，那么抛光轮转动时，边缘的离心力将分布不均，抛光机会晃动，影响抛光的质量，存在安全隐患，并加速设备的损坏。

② 抛光机有多个不同的速度挡，如图 1-1-19 所示。有些抛光机的速度调节是无级的，可以在静止到最高转速之间随意调节，以满足不同抛光工艺的要求。

图 1-1-18　安装抛光轮

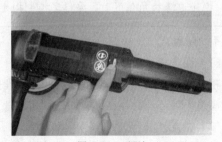

图 1-1-19　调速

③ 进行抛光操作时，可通过锁止按钮（见图 1-1-20）将启动开关锁住，而不需要用手指

长时间按开关，以方便抛光操作。要停机时，只要按下启动开关，即可解除锁止，使抛光机停止工作。

（2）抛光机的使用要点

① 抛光机是一种常用的电动工具，要规范使用并注意操作安全。

② 粗抛光时，转速要低些，一般在2000r/min之内；细抛光时，转速可适当调高些。

③ 抛光时，两手握住把手，先启动抛光机再使抛光轮接触被抛光表面。不要过分用力按压抛光机，保证抛光机不晃动即可，如图1-1-21所示。

④ 抛光完毕，将抛光轮取下、清洗干净并单独放好。存放抛光机时，要让抛光垫向上，以防止抛光垫被压变形。

图1-1-20 锁止按钮

图1-1-21 稳定握持抛光机

3. 粗抛光

（1）面漆状况

经过P1500～P2000美容抛光砂纸的打磨后，面漆无明显划痕以及流挂、橘皮纹、脏物等，表面呈现无光状态。

（2）抛光方法

① 摇匀抛光粗蜡，将其置于抛光机的粗抛光轮上或直接涂到待抛光处。

② 将抛光机转速调至低挡，并平放于面漆上。点动抛光机，将抛光蜡涂抹均匀。

③ 握稳抛光机，轻轻施加压力，有规律地来回移动。移动幅度以手臂操控舒适为准，如图1-1-22所示。

④ 随着抛光的进行适时调整抛光机转速，以提高工作质量和效率。

⑤ 每一小块做一次处理，面漆呈现出光泽后，即可用干净的毛巾把抛光蜡擦净。

⑥ 经过粗抛光后，面漆表面可处理的缺陷已经消失，呈现平滑、光亮的状态。

 注　意

抛光边缘棱角位置时，要稳定控制抛光机，防止抛穿面漆或损伤零件，造成安全事故。

4. 细抛光

（1）面漆状态

粗抛光结束后，表面的缺陷已经被处理掉了。但由于抛光粗蜡的磨削力很强，因此面漆的光泽度不高，还会存在细微的划痕和光晕。

（2）抛光方法

① 更换细抛光轮。摇匀抛光细蜡，将其置于抛光机的细抛光轮上或直接涂到待抛光处。

② 调整抛光机转速至低挡，点动抛光机，将抛光蜡涂抹均匀。

③ 握稳抛光机，轻轻施加压力，有规律地来回移动，移动幅度以手臂操控舒适为准。

④ 随着抛光的进行适时调整抛光机转速，转速越高细抛光的效果越好，但同时抛光质量也越难把控。

⑤ 依然每一小块做一次处理，直至将整个板件抛光完成。

⑥ 细抛光结束后，面漆要达到光可照人的效果，如图 1-1-23 所示。

图 1-1-22　粗抛光　　　　　　　　　　图 1-1-23　细抛光后的效果

5．面漆抛光后的保养

（1）抛光的注意事项

① 抛光前一定要清洁车身，抛光车间应无灰尘，尽可能避免日光直接照射车身。

② 车身不能过热，尤其是发动机罩的位置，要等到表面冷却后再施工。

③ 按由上到下的顺序施工，一次施工面积不要过大，以个人手臂方便操作为准。

④ 单独对一个板件进行抛光会使其与相邻板件有光泽度的差异，抛光时要向相邻板件移动。

⑤ 按车身部分来操作，抛光完发动机罩再去抛光翼子板，不要一处还没抛光完就去抛光下一处。

⑥ 更换抛光蜡的同时要更换抛光轮，不可混用抛光轮。

⑦ 对棱线及边角位置进行抛光操作时要小心，以免抛穿。

⑧ 抛光机要往复运动，不得在一处长时间停留，以免过热，损坏面漆。

⑨ 不要将抛光机和抛光蜡等物品随手放在车身上，工作服上不要有尖锐的饰物。抛光机电线妨碍操作时，要将其放在肩背上。

⑩ 抛光后要进行深层保养。

（2）保护蜡保养

① 将少量保护蜡挤在海绵上，保证每次只处理一定的面积，不可大面积涂抹。应尽量使蜡膜薄而均匀，并且要将车身上有面漆覆盖的表面都涂抹到。

② 手的力度一定要均匀，应用拇指和小指夹住海绵，以手掌和其余的 3 个手指按住海绵，如图 1-1-24 所示上蜡。可以按直线往复移动，也可以按螺旋线移动，但是不可把蜡液倒在车上乱涂。

③ 应按一定的顺序上蜡，一般应从车顶开始上起，再到发动机罩、翼子板、车门，最后到尾部，遵循先上后下的原则。一次作业要连续完成，不可涂涂停停。

④ 上蜡完成后，停留几分钟，再手动擦拭或用抛光机褪蜡。手动擦拭时，应先用手背感受车蜡的干燥程度，以刚刚干燥而不粘手为宜。褪蜡时，按上蜡的顺序进行，手掌放平，垫上柔软的毛巾，掌心微用力。反复擦拭，直到将蜡粉褪净，面漆变得明亮、光滑为止，如图 1-1-25 所示。

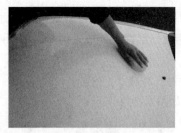

图 1-1-24　上蜡

图 1-1-25　褪蜡

⑤ 从侧面观察时，面漆应光泽度一致，没有未褪掉车蜡的地方。若用抛光机处理，则应在车蜡完全干燥后进行。

⑥ 打蜡后，车灯、车牌、车门和行李舱等处的缝隙中会残留一些车蜡，影响车身的美观，一定要将蜡垢彻底清除干净。

（3）封釉保养

① 封釉前，要保证面漆表面干净、平滑、无划痕。若有划痕等缺陷，则可先对面漆进行抛光，然后用干净的软布将抛光残留物清除干净，再进行封釉。

② 充分摇匀釉剂，用软布或海绵将其涂在面漆上，停留 60s 后，用封釉机封釉。

③ 封釉机的使用方法与抛光机的类似，由于封釉机有偏心振动，因此封釉时要稳定握持，避免晃动。

能力评价

请针对任务案例"孟女士有一台红色骐达轿车，左侧车身被划伤，她在网上买了自喷漆进行修复，结果喷完后划痕变得更明显，整个板件也没有了光泽"，依据所学知识和技能，分析并回答以下问题。

1. 当观察到面漆中含有金属颗粒时，则该种面漆的施工工艺（　　）。

    A. 一定是单工序　　　　　　　　B. 一定是双工序

    C. 可能是单工序　　　　　　　　D. 可能是双工序

2. 当观察到面漆中不含有金属颗粒时，则该种面漆的施工工艺（　　）。

    A. 一定是单工序　　　　　　　　B. 一定是双工序

    C. 可能是单工序　　　　　　　　D. 可能是双工序

3. 要准确评估任务案例中车身面漆的类型需要用打磨法，以下描述正确的是（　　）。

    A. 比用观察法判断更准确

    B. 在车身面漆上不明显的位置用 P1500 美容抛光砂纸轻轻打磨

    C. 打磨时要加水湿磨

    D. 打磨后砂纸上无附着颜色，说明面漆采用双工序施工

4. 必须用美容抛光砂纸打磨的面漆缺陷有（　　）。

    A. 划痕　　　　　　B. 流挂　　　　　　C. 橘皮纹　　　　　D. 脏物

5. 能够用细抛光直接处理的面漆缺陷有（　　）。

    A. 细微划痕　　　　　　　　　　B. 粗抛光产生的光晕

    C. 水渍　　　　　　　　　　　　D. 面漆表面附着的沥青

|任务1.2　车身装饰|

知识目标

1. 掌握车身装饰的作用和类型；
2. 掌握车身装饰的施工工艺。

技能目标

1. 能够根据车辆状况设计车身装饰；
2. 能够进行车身贴饰施工。

素质目标

1. 培养学生独立分析的能力和团队协作的意识；
2. 培养学生爱岗敬业的职业精神。

一、任务分析

汽车车身装饰的内容十分丰富，分布在汽车车身的每个角落。合理、规范地设计车身装饰，可以美化车身，提高安全性和舒适性。例如，车身大包围装饰；各种车身贴饰，如图1-2-1（a）所示；导流板与扰流板装饰；防擦条装饰，如图1-2-1（b）所示；门窗上的晴雨挡装饰，如图1-2-1（c）所示；静电带装饰；等等。

（a）车身贴饰

（b）防擦条装饰

（c）晴雨挡装饰

图 1-2-1　车身装饰

车身装饰项目杂，前后左右和上下。政策条文要遵守，违规操作会被罚。

学习本任务需要学生具有车身结构基础相关知识，掌握车身装饰的类型和要求，能够根据车辆具体情况，制定装饰方案。同时在操作中要注意劳动安全，规范操作，具有爱岗敬业的职业精神。

二、相关知识

（一）车身大包围装饰

汽车车身大包围装饰是指车身下部宽大的裙边装饰，如图1-2-2所示。汽车加装车身大包围装饰通常给人雍容气派、热情奔放之感，还可以改善车身周围的气流对运动中车身稳定性的影响。

1. 车身大包围的组成

汽车车身大包围由前包围、后包围和侧包围组成。前包围、后包围有全包围式和半包围式两种。全包围式是将原来的保险杠蒙皮拆除，然后加上新的大包围组件，或者将大包围组件覆盖在原保险杠蒙皮表面；半包围式是在原来保险杠蒙皮的下部附加一套装饰件，可以不用拆除原车的保险杠蒙皮。侧包围是在车身侧面下部加装包围组件，主要在车门槛位置进行装饰。汽车车身大包围装饰可以在前、后保险杠蒙皮，发动机罩，门槛，行李舱等多处设置。

2. 车身大包围的设计原则

汽车安装车身大包围绝不能影响整车性能和行车安全，设计时要考虑路面状况以及原车的减振性能。设计的车身大包围组件要符合国家有关规定，各包围件的造型和颜色要与车身相协调。要将汽车的前、后、左、右各包围件作为整体进行设计。设计的车身大包围组件要美观、大方，符合消费者审美。

汽车是否加装车身大包围，要根据实际的使用情况来决定，只有在较为良好的道路上行驶的车辆才能加装车身大包围。尽可能不要选用需要拆掉原车保险杠才能安装的车身大包围，因为玻璃钢的抗撞击能力比较差。选用将原车保险杠包裹在其中的车身大包围不会影响车辆的牢固性。如果一定要"拆杠包围"，可设法将原车保险杠中的缓冲零件移植到玻璃钢包围中，以起到适当的保护作用。

（二）导流板与扰流板装饰

导流板是汽车前端保险杠下方的抛物线形连接板。扰流板是汽车行李舱盖上形似鸭尾的构件，如图 1-2-3 所示。

图 1-2-2　汽车车身大包围装饰

图 1-2-3　车尾安装的扰流板

1. 导流板与扰流板的作用

扰流板优美的造型能使车身的流线型更加突出，使车身外部看起来更为美观。高速行驶的汽车车轮与地面的附着力会随着车速的提高而逐渐降低，从而导致汽车发飘，使汽车行驶稳定性下降。在汽车车身的前端、后端安装导流板与扰流板，可显著改善车辆的空气动力学性能，从而保证汽车的安全行驶。

2. 导流与扰流的原理

瑞士物理学家伯努利曾证明了空气动力学的一条理论，即空气流动的速度与压力成反比。空气流速越大，压力越小，如图 1-2-4 所示。例如，飞机的机翼上部呈正抛物线形，气流较快，下部平滑，气流较慢，形成了机翼下的压力大于机翼上的压力的现象，从而使飞机产生了升力。如果汽车外形与机翼横截面形状相似，在高速行驶中由于车身上、下的气流压力不同，下面的大、上面的小，这种压力差必然会产生一种升力。车速越大压力差越大，升力也就越大。这种升力也是空气阻力的一种，汽车工程界称其为诱导阻力，这一阻力约占整车空气阻力的 7%。虽然占比较小，但危害很大。其他空气阻力只消耗汽车的动力，诱导阻力不但消耗

图 1-2-4　车身受到的空气阻力

动力，还会产生承托力，从而危害行驶安全。因为当汽车时速达到一定的数值时，升力就会克服汽车重力而将汽车向上托起，减小车轮与地面的附着力，使汽车发飘，行驶稳定性变差。

为了减小汽车在高速行驶时产生的升力，汽车设计师除了在汽车外形方面做专门的设计，包括将车身整体向前下方倾斜，以便使前轮产生向下的压力，并将车尾改为短平状，减小从车顶向后部作用的负气压来防止后轮飘浮外，还在汽车前端的保险杠下方安装向下倾斜的连接板。连接板与车身前裙板连成一体，中间开有合适的进风口以加大空气流速，减小车底气压，这种连接板就是导流板。在汽车行李舱盖上安装类似鸭尾的突出物，将从车顶冲下来的气流阻滞，形成向下的作用力，这种突出物就是扰流板。导流板可限制空气流过下部车身（使汽车下面的湍流处于最小值，并且使空气的流动阻力降低），而且使前部的车轮不至于抬起。边裙引导气流离开后轮，这样可减少气流扰动和气流阻力。扰流板改变车身后端气流的方向，减小气流的阻力并可阻止后部车轮抬起。还有一种扰流板是设计师受到飞机机翼的启发而设计的，就是在汽车的尾端安装一个与水平方向呈一定角度的平行板。这个平行板的横截面与机翼的横截面相同，只是反过来安装，平滑面在上，抛物面在下。这样，车辆在行驶中会产生与升力同样性质的作用力，只是方向相反。汽车可利用这个向下的力来抵消车身上的升力，从而保障行车的安全。这种扰流板一般安装在车速比较高的跑车上，目前，不少汽车也装有导流板和扰流板，以提高汽车的行驶性能。

（三）车身贴饰

车身贴饰的种类繁多，分布在车身的各个角落，大体可分为车身美观贴饰和车身保护贴饰两大类。此外，按照粘贴的位置不同，车身贴饰可以分为汽车腰线贴饰、车窗贴饰、发动机罩贴饰、车尾贴饰等。按照内容不同，车身贴饰可以分为警示文字、卡通人物、汽车厂牌、几何图形等。

车身贴饰

1. 车身美观贴饰

车身美观贴饰是车身外表上具有各种图案的装饰。这种装饰不仅能突出车身轮廓线，还能协调车身色彩，使车身更加多彩，同时给人以丰富的联想和舒适的感受。

国外的车身美观贴饰最早出现在赛车上，因为赛车运动需要赞助商的支持，所以车身上各式各样的赞助商标识就成为一种"极速广告"。其内容无外乎是改装厂牌、配件商标、机油广告等。这一形式得到车迷的喜爱，所以车身美观贴饰很快就出现在其他汽车上，且由单纯的商标发展成花纹、彩条等多种图案，如图 1-2-5 所示。质量好的车身美观贴饰的使用期限几乎与车身面漆的一致。

2. 车身保护贴饰

（1）车身局部保护贴饰

车身局部保护贴饰是指在车身容易受到磨损的部位粘贴透明的保护膜。例如，门把手圆

弧内侧位置的面漆，开关车门时容易被手指划伤；还有车门槛和门框的下部，乘车人上下车时总是容易划伤该部位的车身面漆。

（2）车身保护膜

车身保护膜能充分贴合车身面漆及内饰各种基材的表面，具有柔韧性、耐久性、抗化学腐蚀性等诸多优点。对曲折的车身表面也能够进行准确、无缝隙的贴覆，充分保护汽车的原漆。

车身保护膜类型多种多样，有的表面光亮，有的表面带纹理，有的无色透明，无色透明的膜在市场上比较流行，被形象地比喻为"隐形车衣"。有的带颜色但是无光泽，粘贴后有亚光效果；有的带颜色且有光泽，粘贴后可呈现原车新涂面漆的效果。有的具有炫彩效果，可粘贴到车轮轮圈或者仪表板等内饰件表面，彰显车主的品位与个性，如图1-2-6所示。

彩图 1-2-6

图 1-2-5　车身美观贴饰　　　　　　　　图 1-2-6　轮圈贴饰

一般原厂面漆的颜色单调，可选颜色较少，如图1-2-7所示。而使用车身保护膜可以给车身更换车主自己喜爱的颜色，打造个性化汽车，如图1-2-8所示。另外，保护膜颜色可以任意搭配组合，还可以在保护膜上印制个性化图案，充分满足车主需求。

图 1-2-7　原厂面漆　　　　　　　　　图 1-2-8　粘贴车身保护膜后

（3）车身改色贴膜要求

① 全车车身改色贴膜后，需要到车辆管理所进行变更机动车行驶证的登记，完成年检。有些地区已明确规定，办理变更车身颜色、更换车身或车架的车主，不用事先向车辆管理所申请，可以在变更后直接办理登记。另外，规定更改内容超过30%时需到车辆管理所备案，更改内容在30%以下则无须备案。

②厂家设计不同的车型车身外形时，都会有针对的目标人群，车身颜色与车身外形协调，能凸显车主身份、性格等。车身改色要与原车协调，例如，对偏商务风格的车辆进行改色时不能选择过于鲜艳的颜色，对车身小巧的可选择个性化颜色等。

知识评价

1. 汽车车身装饰的内容十分丰富，车身贴饰能起到美观作用，但不能保护车身。（　　　）
2. 无论哪种车身装饰，绝不能影响整车性能和行车安全。（　　　）

3. 导流板安装在车身后部，扰流板安装在车身前部。（　　　）

4. 导流板和扰流板可限制或改变气流通过车身的方式，高速行车时使车轮不至于抬起。（　　　）

5. 全车车身改色贴膜后，无须到车辆管理所进行变更手续登记。（　　　）

6. 汽车加装车身大包围给人雍容气派、热情奔放之感，车身大包围通常分为（　　　）。

　　A. 上包围　　　　　　B. 侧包围　　　　　　C. 前包围　　　　　　D. 后包围

7. 观察身边汽车，试着设计车身装饰方案。

三、任务实践

任务案例：惠先生在事业单位工作，他有一辆 2021 年款的黑色大众迈腾轿车，准备给他的爱人开，女车主担心爱车面漆被划伤，想给车身贴膜，如图 1-2-9 所示。按照规范的车身贴膜工艺，应该如何选择车身保护膜并规范施工呢？

图 1-2-9　黑色大众迈腾轿车

（一）制作车身大包围

1. 制作车身大包围的材料

（1）塑料

用塑料制作的车身大包围套件的质量相对较高，是各名牌汽车改装厂生产车身大包围的主要材料。但塑料对成型所需的模具和生产设备要求较高，所以产品售价也较高。

（2）玻璃钢

用玻璃钢制作的车身大包围套件，虽然在细腻程度等方面不如塑料制作的，但因其制作方便，且对模具和生产设备要求不高，所以多数生产商首选玻璃钢作为制作车身大包围的材料。

2. 制作工艺

现以玻璃钢材料为例，介绍制作工艺。

（1）制作成型

① 做胎具。车身大包围雏形的设计，被称为做胎具，即先用玻璃钢做成预想的产品形状。胎具做成后，就可以在试模上用玻璃纤维套出模具，经过打磨、修整后，模具便可用于生产了。设计模具时要充分考虑产品的结构特性，为了方便脱模，模具一般设计成两块或多块的组合。在模具内表面喷涂一层脱模剂，它能起到方便脱模的作用。

② 喷涂胶衣。在模具内表面喷涂一层胶衣，它是产品的表面，也是玻璃钢最重要的材料之一。同时还起到方便脱模的作用，而且它的颜色决定了产品坯件的颜色。

③ 铺玻璃纤维。等胶衣干透后，先将调节好的不饱和树脂涂在胶衣上。然后，把预先裁好的玻璃纤维铺在主模上，此时产品的造型就已基本形成。玻璃纤维一般要铺上 3～5 层，确保车身大包围都有足够的强度。等树脂完全固化、干透，即可脱模。

（2）外观装饰

① 打磨修整。脱模后，由于板件表面平整度和光滑度不好，所以需要进行打磨修整处理，有时还需要在不平整的部位刮涂原子灰进行填充，如图 1-2-10 所示。板件经过打磨修整处理以后，表面变得光滑、平整，此时可以喷上面漆。

② 喷涂面漆。车身大包围产品表面的颜色是其制作完成后喷涂的面漆颜色。车身大包围安装好后，根据车身颜色和客户要求对车身大包围喷涂面漆，车身大包围便安装并制作完

成，如图 1-2-11 所示。

图 1-2-10　打磨修整板件

图 1-2-11　安装并制作完成的车身大包围

（二）粘贴车身贴饰

1．粘贴条件

（1）温度要求

车身贴饰的
粘贴

粘贴彩条贴饰时只能在温度为 10～30℃的条件下进行。温度过高会导致贴饰变大，湿溶液迅速蒸发；温度过低会影响贴饰的柔性，从而影响其附着效果。

（2）车身清洁

拆卸车门把手、边灯、车牌等影响粘贴的车身附件。用水和中性清洗剂将车身表面彻底清洗干净。为了使彩条贴饰能牢固地附着在车身上，车身表面必须没有灰尘、蜡质、油类和其他污物。必要时，应事先对粘贴部位进行抛光处理。

2．车身美观贴饰的粘贴

（1）确定粘贴位置

① 测量所需贴饰的长度。将贴饰拉直，在比所需长度长 30～60mm（这一长度可根据个人的操作习惯而定）处剪断。

② 将贴饰的背纸撕去，并将前面部分贴到要贴的位置。

③ 抓住贴饰松弛的一端，避免手指弄脏贴饰的胶质面，因为手指上的油脂会影响其附着性能。小心地拉紧贴饰，但注意不要拉长。如果在粘贴时，贴饰被拉长了，以后就会起皱。

④ 利用车身的轮廓线作为对齐的参考线，仔细检查贴饰是否对齐。

（2）粘贴调整

① 彩条贴饰对齐后，小心地将贴饰粘贴到车身表面。一个彩条贴饰要一次完成粘贴，不能分段粘贴，以保证直线的平直度。

② 再次检查彩条贴饰对齐情况，如果彩条贴饰不够平直，要立即小心地把贴饰撕开，再重新粘贴一次。

③ 用橡皮滚子或柔软的棉布压擦贴饰。

④ 贴饰末端可使用小刀切割，注意操作时动作要轻，切勿划破车身面漆。

3．车身保护膜的粘贴

（1）确定粘贴位置

① 将中性清洗剂与清水按 1∶40 的体积比混合，这种溶液使得保护膜在永久黏附之前可以更容易地正确定位。将溶液倒入塑料桶或喷雾罐中。

② 按板件大小裁剪车身保护膜，测量时应适当加长（一般加长 5cm 左右即可），以防出错。

③ 将保护膜的背纸慢慢地撕去，小心不要弄脏带安装胶的附着表面。

④ 用混合好的溶液将保护膜的附着表面彻底弄湿，这将使它暂时失去附着力，并在车身粘贴位置上也喷涂一些溶液。

⑤ 将保护膜定位在车身上。

注　意

> 为避免保护膜起皱，挤压时不要太快，也不要过于用力，所用的压力只要能将水和空气挤出去即可。

（2）粘贴调整

① 保护膜定位好之后，将其与车身结合处的溶液挤出来。用橡皮滚子或柔软的棉布压擦保护膜，使其粘贴得更牢固。

② 保护膜的边缘部位要长于车身板件边缘 2～3mm，并向内粘贴牢固。保护膜末端可使用小刀裁切，注意操作时动作要轻，切勿划破车身面漆和其他车身表面，如图 1-2-12 所示。

③ 粘贴时按车身板件分块操作，最后将整车有面漆的表面全部粘贴上保护膜，如图 1-2-13 所示。

④ 对于产生褶皱的部位，可以用热风枪加热定型，使之与车身完美贴合。

图 1-2-12　按车身形状裁切保护膜

图 1-2-13　按车身板件分块操作

能力评价

请针对任务案例"惠先生在事业单位工作，他有一辆 2021 年款的黑色大众迈腾轿车，准备给他的爱人开，女车主担心爱车面漆被划伤，想给车身贴膜"，依据所学知识和技能，分析并回答以下问题。

1. 对任务案例中的车身贴膜，你认为应该选择的贴膜类型是（　　　）。

　A. 红色保护膜　　　　　　　　B. 无色透明膜

　C. 无色亚光保护膜　　　　　　D. 炫彩保护膜

2. 如果想改变车身颜色，需要注意（　　　）。

　A. 全车改色需要到车辆管理所进行变更机动车行驶证登记

　B. 变更车身颜色不用事先向车辆管理所申请

　C. 变更车身颜色后直接到车辆管理所办理登记

　D. 更改内容在 30%以下无须备案

3. 车身保护膜除了粘贴在车身面漆上，还可以应用在（　　　）上。

　A. 汽车底盘　　　B. 汽车内饰　　　C. 车轮轮圈　　　D. 汽车座椅

4. 粘贴车身贴饰前要注意（　　）。

　A. 将车身表面彻底清洗干净

　B. 必要时可对车身面漆进行抛光处理，保证面漆光亮

　C. 拆卸影响粘贴的车门把手、边灯、车牌等车身附件

　D. 将发动机舱盖、车门等可拆卸零件卸下，单独施工

5. 为了保证保护膜的粘贴效果，贴膜时要注意（　　）。

　A. 产生褶皱的部位，可以用热风枪加热定型，使之与车身完美贴合

　B. 保护膜的边缘部位要长于车身板件边缘 2 ~ 3mm，并向内粘贴牢固

　C. 切割多余的保护膜，动作要稳、轻，切勿划破车身面漆

　D. 将保护膜与车身结合处的溶液和空气彻底排出

| 任务 1.3 　车身彩绘 |

知识目标

1. 掌握车身彩绘常识和喷笔选用方法；

2. 掌握车身彩绘上色原理。

技能目标

1. 能够设计并制作彩绘模板；

2. 能够进行车身彩绘施工。

素质目标

1. 培养学生欣赏绘画艺术美感的能力；

2. 培养学生技能强国的爱国情怀。

一、任务分析

车身彩绘也称为车身艺术喷涂，是彩绘技师用喷笔（或喷枪）把彩绘颜料喷涂在车身表面形成图案，并对图案喷涂清漆和进行抛光处理，使图案持久、亮丽、色彩逼真、栩栩如生的操作过程。其实例如图 1-3-1 所示。

车身彩绘艺术气，图案来把面漆替。

大画家、真顽皮，作画居然用喷笔。

画面设计又编辑，颜色分解明原理。

黄加蓝、变成绿，上色要用白色底。

彩图 1-3-1

图 1-3-1　车身彩绘实例

学习本任务需要学生具有一定的颜色和绘图软件基础知识，掌握车身彩绘要点，能够根据车辆具体情况，设计彩绘方案。同时，车身彩绘不单体现技术，其成品也是一类艺术品。学生要有发现美的"眼睛"和欣赏绘画美的能力。

二、相关知识

（一）车身彩绘常识

1．车身彩绘的发展

（1）国外车身彩绘

喷笔绘画最早可以追溯到 1893 年，美国著名的水彩画家查尔斯·帕蒂克（Charls Puttick）率先使用喷笔绘画。早期使用喷笔绘画的艺术家都是在自己的画室中创作，在画布上或其他材料上小面积作画，把喷笔绘画应用在不同的材料上是在一步步实践中摸索出来的。最初的车身彩绘画家在一些废旧的汽车上作画，因为没有系统的经验可循，画面内容主要以简单的文字涂鸦和卡通形象为主，属于一种即兴发挥的涂鸦形式。

车身彩绘在欧美等国已经发展得非常成熟，特别是在艺术气息浓厚的城市，随处可见彩绘汽车穿梭于街头。车身彩绘的主题多种多样，有夸张的人物、栩栩如生的动物、炙热的火焰、唯美的风景……车主追求个性、独特的表现形式，促使各地发展出独特的汽车文化。

（2）我国车身彩绘

在我国，车身彩绘出现得较晚。最初很多摩托车和汽车的车主都希望自己的爱车更加个性化，大多数想改装汽车的人都选择用贴纸进行装饰。但是，贴纸是贴于汽车表面的，没有立体感，虽然可成批、大量制作，但颜色、造型有限制，没有视觉冲击力，精致度和耐久度都较差。

车身彩绘与汽车美容装饰是分不开的，从某种意义上讲，车身彩绘属于汽车美容装饰的范畴。近年来我国很多汽车美容装饰连锁加盟企业开始把车身彩绘作为独立的加盟项目推出，作为加盟项目的一个亮点。连锁加盟企业因为是连锁经营，可以把加盟店开到全国各地，同时把车身彩绘技术也带到全国各地，使车身彩绘艺术在全国各地迅速传播。

（3）法规要求

车身彩绘改变了汽车外貌，因色彩鲜艳而吸引人们的目光，在社会上具有一定的影响，所以在进行车身彩绘时需要注意以下两个方面。

① 要符合国家或地方性法规要求。车身彩绘不同于车身改色，因为车身增加了图案，不能完全按照已注册登记的机动车改变车身颜色的规定办理登记变更手续。要咨询当地车辆管理所，说明车身彩绘的具体情况，明确合法合规以后再进行彩绘。

② 彩绘图案要符合文化导向及美学要求，不应涉及暴力、血腥、色情、恐怖、裸露、灾难、侮辱性文字和图案等，应传递积极、健康、文明、上进、爱心、自然、和谐的文化思想。

2．车身彩绘的特点

普通的画布是方形的，是二维且平整的，所展现的内容有局限性。汽车的表面不是平整、方形的，是立体的，有着相连的前、后、左、右、上 5 个方向，也就是说车身是由 5 个不同角度的面与转角组成的，给了那些善于发挥想象力的艺术家更广阔的创作空间。5 个不同角度的面有利于表达更加完整的图案，更能发挥艺术家善于思考、创造的能力，可以从不同的角度来表达同一图案的内涵和象征意义。车身彩绘还具有以下特点。

① 彩绘色彩亮丽、持久、牢固，长期不变色。

② 图案表现力突出，任何复杂或简单的图案都可以用彩绘的形式绘制出来。

③ 图案逼真，艺术可观赏性强，给人很强的视觉冲击。

④ 有很强的装饰性，体现车主个性化的需求。

3．车身彩绘的分类

目前，车身彩绘主要有两种类型，即临时性彩绘和永久性彩绘两种。

（1）临时性彩绘

临时性彩绘就是可以清洗掉的彩绘，适用于新车的销售展示、新车发布会、4S 店展示、婚车等，可以满足临时需求。临时性彩绘不会损伤原厂面漆，展览完后可以用水清洗掉，彩绘图案可以和车身完美融合。但是，因为没有清漆保护层，所以保持时间较短，在室内可以保持一个月左右，户外淋雨后不能触摸。临时性彩绘表面没有光泽，彩绘图案色彩饱和度没有永久性彩绘高。

（2）永久性彩绘

永久性彩绘是图案不能清洗掉的彩绘，适用于要求较高的个性化车身装饰。永久性彩绘保持时间长，和正常面漆保持时间一致。永久性彩绘可以和车身完美结合，完成后表面有光泽，彩绘图案色彩饱和，画面立体感强。因为清洗不掉，所以如要复原，需要重新喷涂面漆，并且制作成本较高。

（二）车身彩绘喷笔

喷笔用于将漆料（颜料）喷涂于需彩绘的表面。与上色笔相比，喷笔可以更均匀地喷涂颜料，更好地控制颜料的厚度以表现色彩轻重、明暗等细微差别，易于大面积喷色而不产生色差；与彩色喷罐相比，喷笔颜色不单调，可以自由地根据自己的喜好和需求，任意调出各种颜色。

1．喷笔类型

喷笔按控制调节装置的不同，可分为外调式和内调式，可调节颜料喷出的口径，以控制颜料喷涂面积和厚度。一般选用外调式喷笔，其口径可以在 0.2～0.3mm 范围内进行细微调节，制作的彩绘效果较好。外调式喷笔的口径调节阀位于笔杆的中部，如图 1-3-2 所示。

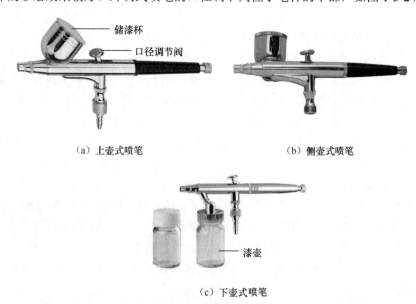

（a）上壶式喷笔　　　　　　　　　　　　　　（b）侧壶式喷笔

（c）下壶式喷笔

图 1-3-2　外调式喷笔

喷笔按口径大小，可分为 0.1mm、0.2mm、0.3mm 和 0.5mm 等多种规格。口径越小，绘制出的线条越细，比较常用的口径有 0.2mm 和 0.3mm 两种。

喷笔按储漆杯（漆壶）所在的位置不同，可分为上壶式喷笔、侧壶式喷笔和下壶式喷笔 3 种，分别如图 1-3-2（a）、（b）、（c）所示。

2．喷笔的结构

喷笔主要由储漆杯、喷嘴、笔身、喷针、尾管和气压阀等组成。喷针位于喷笔内部的中心，尖端部分直接控制喷笔的口径和方向，在清洗时一定要小心，注意不要损坏。喷针一旦损坏，整支喷笔也就报废了。气压阀位于尾管的末端，通过调节气压阀，可以控制前端漆料喷出的量，以控制漆料喷在物体表面的厚度。喷嘴位于喷笔的前端，作用是将压缩空气与漆料混合。

3．喷笔的选择

可根据个人习惯和喜好进行喷笔的选择，但很多时候手感也是很重要的。在车身顶部绘制时，因为喷笔喷嘴是向上喷绘的，所以采用侧壶式（可旋转）喷笔是较合适的。下壶式喷笔更换漆料比较方便，可以把调好的漆料放在储漆杯里，需要什么颜色时，只需更换储漆杯就可以了，这种喷笔比较适用于绘制颜色丰富的图案。上壶式喷笔只有一个储漆杯，比较固定，清洗容易，只需把漆料放在储漆杯里即可喷绘，属于常用型喷笔。

4．其他设备与工具

车身彩绘所使用的主要设备是喷笔，同时需使用空气压缩机、连接的气管和接头，以及制作模板的刻刀、刻板、胶带、钢卷尺、直尺等，还有必备的计算机和家用打印机等。

对于只从事车身彩绘作业的小型工作间，可购置小型移动式压缩空气系统，主要包括小型空气压缩机、油水分离器、软管、接头等，如图 1-3-3 所示。

计算机的配置无须太高，能完成一般的平面设计和打印任务即可。打印机需要选择彩色喷墨的，最好安装使用方便、经济实惠的连续供墨系统。纸张用一般的打印纸即可。

图 1-3-3　小型移动式压缩空气系统

（三）车身彩绘工艺

1．彩绘上色

车身彩绘过程中的上色方法与普通绘画的上色方法完全不同。普通绘画的上色方法是调不同色相的颜色反复涂抹，由浅及深或由深及浅，或从一种颜色调到另一种颜色，这个过程中需要调几种颜色，很复杂且有笔痕，渐变不易均匀。而利用喷笔进行上色就非常方便，只需要调两三种颜色即可喷绘出色彩丰富、渐变均匀的效果。

（1）彩绘颜料

车身彩绘多用汽车色漆为颜料，汽车色漆颜色丰富，既有素色也有金属色。利用汽车色漆喷涂的图案栩栩如生。虽然市场上的汽车色漆多为水性漆，但车身彩绘还会用到清漆等溶剂型涂料，所以施工时一定要戴好防毒、防尘面具加以保护。

（2）色彩分解

色彩分解就是把一种颜色分解为 2 种或 3 种进行层叠喷绘，先喷绘第一种颜色，再叠加喷绘第二种颜色，这样当第一种颜色遇到第二种颜色时就会变成图案所需要的颜色。这种原理在视觉上叫作色彩分解，它的好处是能使色彩显得丰富、透彻。如要喷绘绿色，可以先喷绘一层蓝色，再喷绘一层黄色，两种颜色叠加在一起就变成绿色。这样的颜色既能体现出绿色，又能体现出蓝色和黄色，色彩非常丰富。

基于色彩分解原理，车身彩绘中通常使用红、黄、蓝、白和黑5种颜色的颜料，即可完成各种颜色图案的绘制。如果配备的颜色种类较多，可选择的空间变大，会提高喷绘师的工作效率。

有关颜色调配的知识，在项目2"面漆的调色"任务中会详细介绍。

（3）上色技巧

彩绘中还有一个很重要的上色技巧，涉及颜料的薄厚和覆盖力的性质。任何颜色都是以白色为基底的，只有把颜料喷涂在白色颜料上才能显现出颜料的本色。当在已经画好底色的背景上绘制其他颜色时，不能直接在背景上喷绘，因为彩绘的颜色除了白色和黑色外，其他颜色是半透明的，两种颜色叠加在一起会变成其他颜色，不能达到预期的效果。例如，在深蓝色的背景上喷绘浅绿色的线条，应先用白色颜料在背景上喷绘出白色线条，再在白色线条上薄薄地喷绘上绿色颜料，这样就能得到需要的绿色了。颜料的覆盖力也与喷绘操作有关，如果喷绘出的颜料非常薄，会导致覆盖力不强。以上技巧是彩绘中需要注意的。

（4）彩绘方法

彩绘方法和普通的绘画方法不同。以绘制一幅风景画面为例，普通的绘画方法是用画笔先画出大的轮廓和大的底色，画面中的前后物体和各部分同时渐进完成，强调整体步骤。但用喷笔进行彩绘的步骤和流程可以有几种方案，比如可以先画后面的背景，然后画前面的物体；如果前面的物体形状、轮廓很清晰，就需要用遮挡模板把背景画完的部分遮挡起来，再画前面的物体；也可以先画前面的物体，然后用遮挡模板把前面画好的物体遮挡起来再画后面的背景部分。

2．彩绘模板

车身彩绘使用的模板称为形体模板，简称模板。在喷绘过程中使用它可以提高车身彩绘效率，但有些车身彩绘图案不能依靠模板来实现，只能靠彩绘师的高超技术即兴发挥，如写实的发丝效果、光线的效果、云彩的效果等，以及一些没有明确轮廓的形体，如远景的树枝、山峦和在视觉上模糊的影像等。模板通常有硬模板、软模板、遮挡模板和矢量模板等。

（1）硬模板

硬模板是用硬纸板（卡纸）制作的模板，主要通过透稿得到。操作时放在上面的是要画的图案，中间的是复写纸或碳粉（碳粉均匀涂在图案的背面），下面的是硬纸板，如图1-3-4所示。透稿时可用硬铅笔绘制图案轮廓，这样在硬纸板上就会留有图案的清晰痕迹。再用刻纸刀顺着留在硬纸板上的痕迹把需要刻绘的形体轮廓刻出。

一般写实风格的图案，特别是画面中主体的形象轮廓线本身就非常清楚的，还有前后关系明确、明暗分明、界线明显的部分等都需要采用硬模板的形式绘制。

图案
复写纸
或碳粉
硬纸板

图1-3-4　硬模板

（2）软模板

软模板也是通过透稿得到的模板。它利用复写纸或碳粉把图案形体、轮廓和结构线直接描绘在车身上，在车身上可以直接体现出形体线条，然后利用喷笔来绘制图案。

（3）遮挡模板

遮挡模板是在喷绘过程中用来遮挡已经完成的局部图案，以方便喷绘旁边图案的模板。遮挡模板在喷绘有弧形的地方时经常使用。

（4）矢量模板

矢量模板也叫作漏板，是利用刻绘机或刻刀把图案形体线以矢量封闭线的形式刻绘在不干胶纸或其他料板上，在不干胶纸或料板上形成镂空图案的模板。这种模板多应用在喷绘一些卡通图案、特殊字体的文字、标志、矢量图文、边缘清晰的线条等场合，如图 1-3-5 所示。

图 1-3-5　矢量模板

3. 彩绘图案

（1）确定图案

车身彩绘所体现的是客户个性化的需求，那么彩绘的设计内容就离不开客户的参与，客户的意见直接决定彩绘的画面内容。在彩绘前期的设计中要时常与客户沟通，只有这样彩绘工作才能顺利开展。

① 根据客户的需求进行图案素材的收集和整理，比如客户喜欢什么类型的图案，或想在彩绘中体现什么内涵，还有客户的性别、年龄、爱好、习惯等都应作为选定图案的参考依据。还要注意图案的主题要与车型特点、车辆用途等相符。

② 收集图案的途径很多，如互联网、图书、杂志等，但以方便、效率高为先。

③ 可收集图案的类型有很多，如国画、油画、雕塑、工艺美术、书法、素描、水粉画、漫画等，如图 1-3-6 所示。

④ 与客户沟通具体要求和设计思路后，在已收集的图案中选择 1～2 种合适的进行下一步设计。

（a）国画　　　　　　（b）油画　　　　　　（c）雕塑

（d）工艺美术　　　　（e）书法　　　　　　（f）素描

（g）水粉画　　　　　　　　（h）漫画

图 1-3-6　部分彩绘图案类型

（2）设计定稿

选定图案后，设计师开始进行具体的设计。把选定的图案用计算机设计软件设计好，调成适当的尺寸，打印出来，调整好位置贴在车体上。设计过程中设计师可根据实际情况加入一些其他的设计素材等，以丰富画面内容，使之更加完美，这需要设计师发挥自己的创造力。

知识评价

1. 车身彩绘是彩绘技师用画笔在车身表面作画的一种艺术形式。（　　　）
2. 进行车身彩绘时可以按车主的喜好在车身上进行随意的设计和喷绘。（　　　）
3. 国家对车身彩绘与车身改色规定相同，需要在彩绘完成后到当地车辆管理所进行变更备案。（　　　）
4. 外调式喷笔可调节颜料喷出的口径，以控制颜料喷涂面积和厚度。（　　　）
5. 以下对车身彩绘特点描述正确的有（　　　）。
   A. 能够在车上不同部位立体呈现图案
   B. 彩绘色彩亮丽、持久、牢固，长期不变色
   C. 图案表现力突出，任何复杂或简单的图案都可以用彩绘的形式绘制出来
   D. 图像逼真，艺术可观赏性强，给人很强的视觉冲击
6. 色彩分解利用的是颜色混合的原理，车身彩绘中通常使用的颜色有（　　　）。
   A. 红色　　　　　　B. 黄色　　　　　　C. 蓝色　　　　　D. 橙色
7. 车身彩绘上色时，作为底色的是（　　　）。
   A. 红色　　　　　　B. 黄色　　　　　　C. 黑色　　　　　D. 白色
8. 车身彩绘时，使用模板可以提高效率，通常硬模板适用于（　　　）。
   A. 形象轮廓线清晰的图案　　　　　　B. 前后关系明确的图案
   C. 弧形边缘渐淡的图案　　　　　　　D. 明暗分明的图案
9. 选择一辆你喜欢的汽车和你喜欢的图案，试着将图案设计在车身上。

三、任务实践

任务案例：某红旗汽车 4S 店要参加所在地区的大型车展，销售部门设计营销手段，想要对一辆红旗 H9 轿车（见图 1-3-7）进行彩绘后作为展车。应该如何设计彩绘图案和喷涂彩绘呢？

图 1-3-7　红旗 H9 展车

（一）练习彩绘基本功

1. 喷笔的使用方法和技巧

（1）喷笔的使用方法

喷笔的控制方法很简单，但要控制得随心所欲就比较困难了。首先拿笔的手臂要自然放松，运动时要上臂带动前臂，前臂带动手腕，形成关节运动，绘制出来的线条才流畅、自然。喷笔的握姿有两种，一是用拇指按住口径调节阀，食指放在储漆杯的外侧，其他手指握住笔身，如图 1-3-8（a）所示；二是用食指按住口径调节阀，拇指和中指、无名指握住笔身，如图 1-3-8（b）所示。

 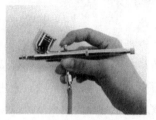

（a）拇指控制　　　　　　　　　（b）食指控制

图 1-3-8　喷笔的握姿

（2）喷笔的使用技巧

① 在喷笔喷嘴与画面的距离和出漆量不变的情况下，可以调节喷笔的气压阀。气压越大，在同等的时间内喷绘出的颜料越多、面积越大；气压越小，在同等的时间内喷绘出的颜料越少、面积越小。

② 在喷笔气压和出漆量不变的情况下，在同等的时间内，距离画面越近，喷绘在画面上的颜料越多，但喷绘的面积就相对越小；距离画面越远，喷绘在画面上的颜料就越少，但喷绘的面积就相对越大。

③ 在喷笔喷嘴与画面的距离和气压不变的情况下，可以自由地控制喷嘴出漆量的大小。用拇指把口径调节阀向后扳动，扳动的幅度越大，喷到画面上的颜料就越多且面积越大。

彩绘师可以通过调节距离的远近来控制喷笔喷绘出的点、线、面的效果，还可以通过调节气压和出漆量来完成各种复杂图案的绘制。

2. 线条的喷绘

喷绘线条时，入笔由远及近，先增大气压，再渐渐向后扳动口径调节阀给颜料，颜料由少及多。喷至中途时，喷笔距离画面最近，颜料给得最多。收笔时由近及远，先慢慢收回颜料，再减小气压，喷笔距离画面越来越远。这样就会在画面上形成一条中间实（清晰）、两边虚（模糊）的线条，如图 1-3-9 所示。

喷笔距离画面由近及远喷绘点和线的效果，遵循近实远虚、近大远小的规律。线无论长短、宽窄、虚实，都要求中间实、两边虚，中间重、两边轻，过渡自然，不要出现断点。

练习时可以任意绘制直线、曲线，尽量自由发挥，注意线条应自然、飘逸、均匀过渡。练习喷绘线条的目的是最终形成图案，由点到线、由线到面、由面到体，点、线、面不分家。

3. 典型图案喷绘

（1）毛发喷绘

毛发是经常要喷绘的图案，要想绘制好动物的毛发、人的头发等，需要遵循一定的规律。毛发喷绘对线条的质量要求很高，且毛发的线条有一定的走向，并不是平行的，而是错落、有序交叉在一起的。毛发喷绘的规律是第一根毛发与第二根毛发交叉层叠，不要平行地喷绘，而要一层一层地喷绘，这样显得毛发有层次感，如图 1-3-10 所示。

 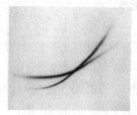 

图 1-3-9　线条的喷绘　　　　　　　　　图 1-3-10　毛发喷绘

（2）光线的喷绘

光线的喷绘要点是控制出漆量和距离。

边缘是模糊的，有方向性，这就是光线的绘制效果。光线顺着一个方向照射，要求喷笔离开画面一定的距离，先给气，再给漆。在出漆量和气压不变的情况下，主要由距离的远近决定光线的绘制效果，相对合适的距离可以喷绘出很形象的光线效果，这个距离相对于喷绘线条时的距离要远很多。

（3）颜色的渐变效果的喷绘

颜色的渐变效果也是喷绘的一大特色，因为用普通的画笔很难表现均匀的色彩渐变效果。渐变效果的绘制以一条线段或一个方向作为基点，在保持出漆量不变的情况下，向一个方向均匀喷绘。注意每喷绘一笔要与前一笔喷绘的图案衔接融洽，后一笔要比前一笔喷绘时距离画面远一些，这样使画面内距离画面近的地方颜色较重、色彩浓艳，距离画面越远，颜色越淡。

（4）简单图案的喷绘

线条喷绘练习得比较熟练后，即可喷绘一些简单的图案（见图 1-3-11）。反复地喷绘图案是练习车身彩绘的基础。

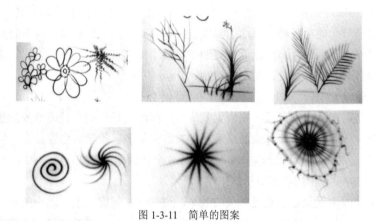

图 1-3-11　简单的图案

4．错误部分的处理

在彩绘中可能会有画错的部分，这是不可避免的。使用有些绘画方法时，如果出现画错的情况，可以直接进行修改。但在彩绘中则不这么简单，因为彩绘的图案是不能出现笔痕的，而且喷笔喷绘出的颜料是散射和呈雾状的，修改时一不小心就会影响周围部分的画面效果，所以需要用遮挡模板遮挡好周围没有绘错的部分后，再用喷笔进行修改。修改时若要重新喷涂颜色，应先用白色或其他覆盖力较强的颜色（一般用白色）把画错的地方覆盖掉，这是很关键的一步。然后在白色的基底上喷涂其他需要的颜色，这样色彩才能保持不变。

（二）制作彩绘模板

1. **图像编辑**

Adobe Photoshop（以下简称 Photoshop）是常用的图片编辑软件，功能非常强大，但我们只使用其中部分功能来完成设计任务。下面以将熊猫图案喷绘于汽车的发动机罩为例，如图 1-3-12 所示，说明用 Photoshop 设计图案的过程。

　　（a）熊猫图案　　　　　　　　　　　　（b）汽车照片

图 1-3-12　熊猫图案与汽车照片

① 启动 Photoshop，执行"文件"→"打开"命令，或按"Ctrl+O"快捷键，打开事先用数码照相机拍摄好的汽车照片。

② 再次执行"文件"→"打开"命令，或按"Ctrl+O"快捷键，打开事先选好的熊猫图案。

③ 单击选中图案，再单击工具面板中的"移动工具"按钮，如图 1-3-13 所示。

图 1-3-13　"移动工具"按钮

④ 在熊猫图案上按住鼠标左键不放，把图案拖到汽车照片中发动机罩的位置，如图 1-3-14 所示。

⑤ 打开"编辑"下拉菜单，执行"变换"→"斜切"命令，如图 1-3-15 所示。

⑥ 用鼠标分别拖曳熊猫图案的 4 个角，将图案调整到合适的位置和尺寸，与发动机罩重合，如图 1-3-16 所示。此过程中最好同时配合使用"编辑"下拉菜单中的"自由变换"功能对图案进行调整。

⑦ 单击工具面板中的"矩形选框工具"，在弹出的对话框中单击"应用"按钮，如图 1-3-17 所示，完成变换。

图 1-3-14　将图案拖到汽车照片中

图 1-3-15　"斜切"命令

图 1-3-16　调整图案位置和尺寸

图 1-3-17　应用变换对话框

⑧ 打开"图层"下拉菜单，执行"添加图层蒙版"→"显示全部"命令，如图 1-3-18 所示。

⑨ 单击工具面板中的"橡皮擦工具"，调整"橡皮擦工具"的参数大小。主直径为 150 像素左右，不透明度为 50%，如图 1-3-19 所示。

图 1-3-18　"添加图层蒙版"命令

图 1-3-19　"橡皮擦工具"参数调整

⑩ 用"橡皮擦工具"擦除图案多余部分，使之与发动机罩大小相符，最终效果如图 1-3-20 所示。

⑪ 打印图稿。把设计好的效果图打印两份，一份是喷绘时参考的效果图，可用 A4 纸打印；另一份是制作模板用的图样，要与实际彩绘画面大小一致。

图 1-3-20　最终效果

对于制作模板用的图样，可先在设计软件里设置成喷绘时的实际尺寸，再用软件分割成多个 A4 纸大小的图样并打印出来，然后拼合成一张大图，这是一种经济、便利的打印方法。也可以去专业喷绘的商店喷绘一张大图，只要事先设定好尺寸即可。例如，发动机罩的实际尺寸是宽 135cm、长 110cm，那么要打印的图样尺寸应与之相等。

2. 制作不同类型的模板

（1）制作硬模板

① 在图样和卡纸（模板纸）之间放上复写纸，图样在上，卡纸在下。

② 在图样上用铅笔（或圆珠笔）描绘图案的形体轮廓线和结构线，如图 1-3-21 所示。

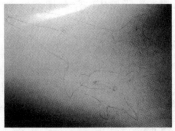

图 1-3-21　描绘图案的形体轮廓线和结构线

③ 用刻纸刀沿着留在卡纸上的痕迹，把需要刻绘的形体轮廓线刻出，如图 1-3-22 所示。刻绘时需要注意的是形体轮廓线要清晰、明确、有条理，用刻刀时要有力度，边缘要刻整齐。形体轮廓线不要都刻断，以免卡纸散乱，刻开的地方可以用胶带粘贴好。

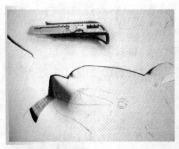

图 1-3-22　刻图

（2）制作软模板

① 在图样的背面涂上炭精粉，然后用纸巾把炭精粉揉入纸内。其目的是把多余的炭精粉擦掉，以免弄脏车体表面。

② 把涂有炭精粉的图样固定在车体需要彩绘的地方。

③ 用铅笔（或圆珠笔）描绘形体轮廓线，这样就能把形体轮廓线印到车体上。

（三）喷涂车身彩绘

以写实火焰为例详细叙述彩绘的方法。写实火焰彩绘底色以深色为宜，因为深色可以更好地展示出火焰明亮的效果。

1．车身处理

（1）打磨板件

用 P1500～P2000 水磨砂纸均匀打磨车身板件表面，打磨时尽可能地让水流动，冲洗车身表面，使砂纸与板件之间没有砂粒残留，以免出现划痕。手动打磨时应将砂纸（布）包在打磨垫块上，往复推动垫块，但不要太用力，也不能只用一两根手指压着砂纸打磨，以免影响打磨的均匀度和平整度。整体打磨两遍即可。

（2）板件平整处理

① 检查车体表面的平整度。在光照下，侧面无明显凹凸感和划痕，无粗糙感，表面光滑为合格。

② 如有因碰撞产生的凹陷或划痕，就要刮原子灰（腻子）填平。在有划痕的地方用 P800～P1500 水磨砂纸打磨，先用粗砂纸后用细砂纸，把表面清理干净。然后刮原子灰，待原子灰干后再次进行打磨，仍先用粗砂纸后用细砂纸，打磨到车体表面平整，手触摸时无凹凸感即可。

③ 打磨后用干净的除尘布和气枪清除表面的灰尘，以利于下一工序的进行。

（3）保护无须喷涂部位

把不需要彩绘的部分用遮护纸遮挡起来，如玻璃窗、车灯、把手等部位。这样处理的好处是彩绘时的颜料不会喷到上面，起到保护作用。遮挡时要使遮护纸边缘对齐，不要留空隙，以免颜料喷入，遮护纸贴好后就可以开始喷绘了。

2．图案喷绘

① 利用火焰模板喷绘出各种火焰的纹理，第一层的火焰纹理喷绘，用白色或白色加一点黄色即可，如图 1-3-23 所示。火焰的形状特征是下面宽上面窄，火焰的燃烧方向是由下向上。火焰的纹理要求自然、流畅，纹理效果一般是随机喷绘出来的，并没有太固定的造型。

② 喷笔内装入品红色或红色颜料，将其均匀喷涂于车体表面，使白色的火焰纹理变成红色，如图 1-3-24 所示。因为只有白色可以很容易地被喷涂成其他颜色，而且白色越白，红色就越红。

③ 在红色的基础上进行第二层火焰纹理的喷绘。同样的原理，这一次使用黄色颜料均匀喷涂于红色的火焰纹理之上，使其转变成一层黄色的火焰，如图 1-3-25 所示。这层黄色的火焰在红色的火焰图层之上，这样火焰就有了层次感。图层越多，火焰的层次感和空间感就越强。

图 1-3-23　喷涂第一层火焰纹理　　　　图 1-3-24　喷涂红色颜料　　　　图 1-3-25　第二层火焰纹理的喷绘

④ 在喷笔中装入白色颜料，开始第三层火焰纹理的喷绘。这次喷绘要保持一定的透明度，不要将上一层的火焰完全覆盖住，并将火焰喷成亮黄色，如图 1-3-26 所示。

⑤ 在喷笔中装入黄色颜料，开始第四层火焰纹理的喷绘，如图 1-3-27 所示。这一层火焰纹理不需要过多，只是一小层而已，给人漂浮在画面上的感觉。完成这一步后的效果：前面是一层层黄色的火焰，后面渗透着红色，充分体现动感和空间感。

彩图 1-3-23～
彩图 1-3-27

图 1-3-26　第三层火焰纹理的喷绘　　　　图 1-3-27　第四层火焰纹理的喷绘

⑥ 在喷笔中装入白色颜料，开始第五层火焰纹理的喷绘。这一层只需要点缀，在弯曲高光的地方喷涂即可。

⑦ 修饰。喷笔内分别装入品红色与亮黄色颜料，喷涂画面，要一层一层地修饰。品红色重点喷涂在后面的红色火焰部位，亮黄色喷涂在前面几层火焰部位。整体用红色与黄色再轻轻地喷涂一层，一定要小心喷涂，这样亮黄色会变成金黄色，增加画面色彩感。

3.喷涂清漆

喷涂清漆可以对彩绘起到保护作用，提高光泽度，同时使画面颜色更加亮丽。

车身彩绘对汽车外观的进一步美化，必须满足图案光亮、平滑、艳丽的要求，达到镜面效果。汽车表面经喷涂后，可能会出现颗粒、砂纸痕、橘皮纹等表面微小缺陷，这些小缺陷必须经抛光处理。

能力评价

请针对任务案例"某红旗汽车 4S 店要参加所在地区的大型车展，销售部门设计营销手段，想要将一辆红旗 H9 轿车进行彩绘后作为展车"，依据所学知识和技能，分析并回答以下问题。

1. 对任务案例中的车身彩绘，你认为以下较为合适的图案有（　　）。
　　A. 国画风格　　　　B. 卡通风格　　　　C. 漫画风格　　　　D. 书法风格
2. 如果将八达岭长城图案喷绘在任务案例中的车身上，你认为合适的设计方案是（　　）。
　　A. 喷绘在发动机舱盖上，会更醒目
　　B. 喷绘在车身一侧，能够让观者欣赏全部图案
　　C. 以发动机舱盖为中心，向车身两侧延伸喷绘，体现长城的蜿蜒、曲折
　　D. 在车身上部，从发动机舱盖、车顶到行李舱盖进行喷绘，给人居高临下之感
3. 若想喷涂红色线条，需要在喷涂红色的部位（　　）。
　　A. 进行遮挡　　　　　　　　　　　　B. 喷涂白色
　　C. 喷涂黑色　　　　　　　　　　　　D. 喷涂灰色

4. 要喷绘一条中间实、两头虚的线条，以下操作描述正确的有（　　　）。

A. 入笔时由远及近，先加气压，再给颜料

B. 收笔时由近及远，先收颜料，再减气压

C. 喷笔至板件的距离要入笔和收笔时近，中途远

D. 颜料由少及多，喷至中途时，颜料给得最多

5. 如果在彩绘中画错，正确的处理方法是（　　　）。

A. 将画错部分擦掉，重新喷绘

B. 将整个画面打磨掉，重新喷绘

C. 用遮挡模板遮挡好周围没有绘错的部分后，再用喷笔修改

D. 先用白色把画错的地方覆盖掉，然后在白色的基底上喷涂需要的颜色

｜项目拓展｜

中国红旗，生而不凡

对中国人而言，红旗不仅是一个著名的汽车品牌，还是一种深深的情怀和记忆。在 20 世纪 60～70 年代，红旗轿车是中国汽车工业的一面旗帜。1959 年，一汽通过逆向研发打造出第一辆型号为 CA72 的国产红旗轿车，可称为中国第一辆自主研发轿车。在改革开放后，"红旗"在继续承担国事用车重任的同时，开始了市场化进程。2018 年，红旗品牌首次独立亮相北京车展，高端 B 级车红旗 H5 上市。如今，红旗布局了 L、S、H、Q 四大产品系列，也开发了新能源车型。在开拓国内市场的同时，逐步走向国际市场。2019 年红旗入选"中国品牌强国盛典榜样 100 品牌"，红旗汽车的发展正式步入新的阶段。

红旗 H5 轿车

红旗 E-QM5 新能源轿车

项目 2
汽车面漆损伤的喷涂修复

汽车车身涂膜是车辆的"衣服"，它主要起到装饰外观及防腐保护作用。当车身涂膜的面漆被划穿或有严重流挂、橘皮纹、失光、脱落等缺陷，且不能用抛光美容的方法修复时，若置之不理，除了影响整体美观，车身面漆损伤处还有被腐蚀的可能。在这种情况下，要采用重新喷涂的工艺，使面漆恢复到良好的状态。

面漆修复不简单，工艺流程别弄乱。1 个中心 3 个点，全部围绕面漆转。底处理，打前站，防锈保护最关键。面漆调色很麻烦，喷上车身显真颜。

本项目主要介绍车身面漆严重划痕损伤的喷涂修复工艺流程，具体内容为旧涂膜的处理、面漆的调色和面漆的喷涂。

| 任务 2.1　旧涂膜的处理 |

知识目标

1. 掌握打磨工具和材料的选用；
2. 掌握喷涂工具和材料的选用。

技能目标

1. 能够根据车身面漆损伤情况进行打磨和防锈；
2. 能够进行中涂底漆的喷涂和打磨操作。

素质目标

1. 培养学生吃苦耐劳、持之以恒的品格；
2. 培养学生爱岗敬业的职业精神。

一、任务分析

面漆划痕严重时，处理旧涂膜是第一步，主要内容包括打磨旧涂膜、裸金属防锈、中涂底漆施工。将面漆损伤部位彻底清除，使其喷涂、维修后不至于留下质量缺陷。对打磨后裸露的金属要做防锈，保证金属不会被腐蚀。中涂底漆的合理选用和施工，能够保证面漆不会出现质量问题。

砂纸磨机手刨，喷枪涂料辅料，打磨喷涂烘烤。生锈鼓包，底处理很重要。

学习本任务需要学生具有车身结构和材料基础相关知识，掌握汽车面漆喷涂前处理工艺，能够根据具体缺陷和损伤，有针对性地做好底处理工作。同时在操作中，要注意劳动安全，不怕辛苦，规范操作，具有爱岗敬业的职业精神。

二、相关知识

汽车面漆喷涂修复要在专业的场所进行，除了用到打磨、喷涂等工具和材料，还要用到喷烤漆房和空气压缩机等大型设备。

（一）打磨的工具和材料

在面漆喷涂中打磨是关键步骤，打磨应用于旧涂膜处理、原子灰整形、中涂底漆修整以及面漆抛光等面漆喷涂维修的全流程中。旧涂膜上的缺陷和损伤需要通过打磨去除，如果需要用原子灰修补变形板件也要打磨原子灰成形，中涂底漆喷涂后需要经过打磨处理以满足面漆喷涂要求。同时打磨能提高涂层间的附着力，有效避免涂层脱落。

1. 砂纸

砂纸是经常使用的打磨材料，用于除锈，打磨旧涂膜、原子灰及面漆。图 2-1-1 所示是典型砂纸结构，将各种不同粒度的磨料通过黏结层粘于带有乳胶涂层的基材上，制成各种规格的砂纸。磨料黏结牢固程度是衡量砂纸质量的一个重要标志。

（1）砂纸的类型

① 按磨料分布的疏密程度不同，砂纸分为密砂纸和疏砂纸，密砂纸上的磨料几乎完全占满磨料面积；疏砂纸上的磨料只占磨料面积的 50%～70%。

② 按砂纸的耐水性不同，砂纸分为水磨砂纸和干磨砂纸。水磨砂纸多为密砂纸，打磨时需要随时用水将磨料间的打磨物清理掉，抛光用的美容抛光砂纸就是典型的水磨砂纸。干磨砂纸多为疏砂纸，是涂装维修中常用的一类砂纸。有些疏砂纸既可作为水磨砂纸也可作为干磨砂纸。

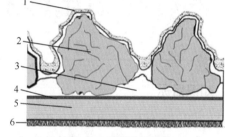

图 2-1-1 典型砂纸结构
1—特制涂层；2—磨料；3—黏结层；
4—乳胶涂层；5—基材；6—丝网连接层

③ 根据打磨实际需求，常用的干磨砂纸有圆形砂纸和方形砂纸，如图 2-1-2 所示。同样形状有不同的尺寸规格，圆形砂纸直径尺寸以 12.7cm（5 英寸）较常用，方形砂纸常用尺寸为95mm×180mm。

（a）圆形砂纸

（b）方形砂纸

图 2-1-2 干磨砂纸

（2）砂纸的规格与用途

砂纸的规格一般标注在砂纸的背面，例如 P80、P240 等。P 代表涂附磨具，后面所接数字越小砂纸越粗。涂装维修中常用的干磨砂纸规格有 P60、P80、P120、P150、P180、P240、P320、P400、P500 等。通常将 P240 及 P240 以下的砂纸归为粗砂纸，适合进行粗打磨，主要用来处理缺陷、打磨成形等；将 P240 以上的砂纸归为细砂纸，适合进行细打磨，主要用来做喷涂前修整和喷涂后涂层缺陷的处理。

选择合适的砂纸规格并正确使用才能产生最佳效果，一般采用干磨砂纸打磨时，规格跨度不要超过 P100。例如，用 P80 打磨后，直接用 P240 打磨会很难消除用 P80 打磨的痕迹。

2．磨机和手刨

多数情况下的打磨操作需要用磨机或手刨配合砂纸进行。

（1）磨机

涂装维修时常用振动式磨机，压缩空气驱动磨机配合砂纸进行打磨，通过空气管路连接吸尘设备，如图 2-1-3 所示。偏心距为 5mm 以上的磨机多与 P240 以下的粗砂纸配合。

（2）手刨

手刨配合砂纸与吸尘系统连接，将打磨掉的粉尘收集。手刨形状多为方形，有大、中、小各种不同的尺寸，如图 2-1-4 所示。

图 2-1-3　磨机

图 2-1-4　手刨

（二）喷涂的工具和材料

1．喷枪的结构和类型

（1）喷枪结构

喷枪是汽车面漆喷涂修复的核心工具之一，能利用压缩空气将涂料雾化后喷涂到车身上形成面漆。喷枪由涂料罐、枪身和喷枪控制装置等几部分组成。涂料罐一般采用不锈钢或耐腐蚀塑料制成，罐盖子上面有防漏塞。枪身由外部壳体、空气通道、涂料通道、喷嘴和风帽等组成。喷枪控制装置包括扳机、流量旋钮、气压旋钮和喷幅旋钮。喷枪结构如图 2-1-5 所示。

喷涂的质量同雾化的关系非常密切，而喷嘴和风帽是雾化的关键。

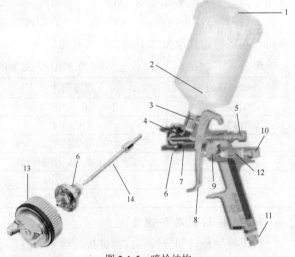

图 2-1-5　喷枪结构

1—防漏塞；2—涂料罐；3—涂料罐与枪身连接处；4—涂料通道；
5—流量旋钮；6—喷嘴；7—空气通道；8—扳机；9—喷幅旋钮；
10—气压旋钮；11—压缩空气接口；
12—空气阀；13—风帽；14—枪针

① 喷嘴上有涂料通道和空气通道，枪针与喷嘴之间精密配合，控制空气和涂料的喷出与停止。当扳动扳机使枪针后移时，喷嘴的涂料通道打开，涂料迅即喷出。喷嘴与枪针闭合时，应配合严密，以防泄漏。为适应各种不同的喷涂要求，喷嘴有不同的口径，喷嘴口径的选用取决于涂料的类型。

② 风帽的作用是将涂料雾化，并形成所要求的喷幅。风帽上配有主雾化孔、辅助雾化孔和喷幅控制孔，如图 2-1-6 所示。

③ 喷枪的喷幅也叫作喷枪雾化扇面，一般维修用喷枪在标准喷涂距离和喷涂压力的情况下，最大喷幅范围为 25～30cm。喷幅由中心湿润区、雾化区和过渡雾化区 3 部分组成，如图 2-1-7 所示。通过喷幅旋钮可将喷幅从圆形调节到椭圆形。椭圆形喷幅应用广泛，主要用于大面积喷涂；圆形喷幅一般应用于较小的被涂物与内表面。

图 2-1-6　喷枪风帽
1—辅助雾化孔；2—主雾化孔；3—喷幅控制孔

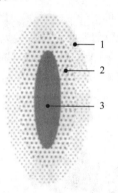

图 2-1-7　喷枪喷幅
1—过渡雾化区；2—雾化区；3—中心湿润区

（2）喷枪类型

喷枪的种类和型号有很多，各家涂装设备制造企业的命名方法有所不同。

①按雾化技术不同，喷枪分为气压雾化喷枪（传统高压喷枪）、气压/气流雾化喷枪（RP，即中压力）和气流雾化喷枪（HVLP，即高流量、低压力）。

② 按喷枪作用的不同，喷枪可以分为面漆喷枪、底漆喷枪、工艺喷枪和喷笔等。面漆喷枪与底漆喷枪性能要求不同，两者对比如表 2-1-1 所示。

表 2-1-1　　　　　　　　　　　面漆喷枪与底漆喷枪的对比

比较项目	面漆喷枪	底漆喷枪
涂料黏度/s	14～20（DIN-4）	22～30（DIN-4）
喷嘴口径/mm	1.3～1.4	1.6～1.9
雾化要求	雾化精细	雾化均匀
喷幅	雾化区宽大、喷幅分散	中心湿润区宽大、喷幅集中
涂装要求	着色、装饰	填充、遮盖
涂装效果	颜色均匀、饱满	平整、易磨

2. 喷枪的使用和调整

扳机控制枪针和空气阀，枪针控制涂料通道，空气阀控制空气通道。手握喷枪柄，用食指与中指压扣扳机。当扳机行程较浅时，只有空气阀打开，压缩空气沿管道由风帽喷出；当扳机行程逐步加深时，空气阀开启，枪针后移，涂料经喷嘴随同气流呈雾状喷出。通过枪针后移行程的变化可控制涂料喷出量的多少。

喷枪参数设定

（1）风帽位置调整

喷涂时，可以根据工作需求调节风帽的位置，需要水平喷涂时，将风帽调成水平，此时的喷幅为竖线；需要上下喷涂时，将风帽调成竖直，此时的喷幅为横线，如图 2-1-8 所示。

（2）喷枪的基本参数

① 气压调整。当气压旋钮处于与枪体平行的位置（最大雾化状态）时，顺时针旋转气压旋钮，可使喷涂气压变小；当气压旋钮处于与枪体垂直的位置（最小雾化状态）时，逆时针旋转气压旋钮，可使喷涂气压变大，如图 2-1-9 所示。

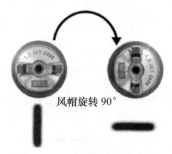

风帽旋转 90°

图 2-1-8　风帽位置与喷幅方向

② 喷幅调整。若要增大喷幅，则需要逆时针旋转喷幅旋钮；若要减小喷幅，则需要顺时针旋转喷幅旋钮，如图 2-1-10 所示。一般情况下，为了获得良好的喷涂效果，建议将喷枪的喷幅调节到最大状态。

③ 流量调整。需增大涂料流量时，应逆时针旋转涂料流量旋钮，增大枪针行程，从而增大涂料流量；需减小涂料流量时，应顺时针旋转涂料流量旋钮，减小枪针行程，从而降低涂料流量，如图 2-1-11 所示。

图 2-1-9　气压调整

图 2-1-10　喷幅调整

图 2-1-11　流量调整

3．涂料及辅料

汽车维修涂装常用的涂料有防锈底漆、中涂底漆、色漆、清漆和原子灰等；辅料有固化剂、稀释剂、添加剂、清洁剂和胶带、遮护纸等。

（1）涂料调配比例

涂料是一种富有黏性的液体，对空气喷涂来说，它的黏度过高，需要加入稀释剂来调整到适合喷涂的黏度。同时，有些双组分的涂料还需要加入固化剂才能成膜。

在调配涂料前首先要在厂家提供的产品使用手册中查找技术说明，找到与其配套的产品型号、配比、使用方法和技术要求等信息。例如，某品牌汽车修补漆系统中的涂料技术说明如表 2-1-2 所示。

表 2-1-2　　　　　　　　　　　涂料技术说明

工艺数据	
混合比例 2∶1∶10%（体积比）①	
清漆（923-155）/份	100
固化剂（929-73）/份	50
稀释剂（352-91）/份	10
活化时间（20℃）（可施工时间）/h	1
喷涂黏度（DIN-4，20℃）/s	18～22
喷枪口径（重力式）/mm	HVLP：1.3～1.4

续表

工艺数据		
喷涂气压/bar①	HVLP：2.0	
喷涂层数	2	
间隔时间（20℃）	层间闪干至亚光，至少5min	
膜厚/μm	50～70	
干燥时间	自然（20℃）/h	3
	加温（60℃）/min	20
	红外线、短波/min	9

注：1bar=10^5Pa。

① 混合比例中的2代表清漆，1代表固化剂，10%代表稀释剂，即稀释剂是清漆的10%。

（2）涂料黏度

涂料黏度是度量涂料黏稠程度的指标，计量单位为s（秒）。涂料按量取出后，按比例加入稀释剂或固化剂，搅拌均匀后才能使用。实际工作中由于环境温度不是恒定的（20℃），需要根据环境实际温度适当调整黏度，以达到施工要求。汽车涂料测量黏度多用DIN-4号杯，也叫作涂-4黏度计（DIN是德国标准化学会简称），用于测定黏度在10～80s之间的各种涂料产品。

知识评价

1. 打磨应用于旧涂膜处理、原子灰整形、中涂底漆修整以及面漆抛光等面漆喷涂维修全流程。（　　）

2. 涂装维修中常用的砂纸属于疏砂纸，只能干磨。（　　）

3. 偏心3mm的振动磨机可以配所有型号的砂纸打磨。（　　）

4. 面漆喷枪与底漆喷枪只是喷涂的涂料不同，必要时可以通用。（　　）

5. 车身打磨用的砂纸中，属于粗砂纸的是（　　）。

　A. P80　　　　　　　B. P150　　　　　C. P320　　　　　　D. P400

6. 喷涂面漆时，喷枪喷嘴口径多用（　　）。

　A. 0.8～1.0mm　　　B. 1.3～1.4mm　　C. 1.5～1.6mm　　D. 1.7～1.9mm

7. 喷涂前首先要设定喷枪参数，需要调整和设定的内容有（　　）。

　A. 风帽位置　　　　　B. 喷涂气压　　　C. 喷幅　　　　　　D. 流量

8. 汽车面漆涂料是一种富有黏性的液体，喷涂施工时（　　）。

　A. 加入稀释剂调整黏度　　　　　　　　B. 双组分涂料需加入固化剂

　C. 烘烤加温才能固化　　　　　　　　　D. 面漆配比均为2∶1∶10%（体积比）

三、任务实践

任务案例：邹先生有一辆2013年的长安逸动轿车，车身左后翼子板发生碰撞，送去修配厂维修，1年以后他发现翼子板下部出现腐蚀痕迹，如图2-1-12所示。请分析原因，并思考如何正确处理才能避免车身腐蚀。

（一）处理涂膜损伤部位

在进行涂装维修操作前，必须根据工作内容的不同

图2-1-12　维修后的车身出现腐蚀

选择工作服、防护眼镜、防护口罩、手套、工作鞋等安全防护装备。如图 2-1-13 所示，进行打磨、抛光等不接触溶剂的操作时，需要佩戴防尘口罩和手套；进行除油、小面积喷涂等少量接触溶剂的操作时，应佩戴过滤式防毒面具和耐溶剂手套；进行大面积喷涂、长时间喷涂等大量接触溶剂的操作时，应佩戴外送风全面式面罩。操作中还要严格遵守安全操作规范。

（a）不接触溶剂时的防护　　　（b）少量接触溶剂时的防护　　　（c）大量接触溶剂时的防护

图 2-1-13　涂装维修个人防护

1. 打磨旧涂膜

（1）板件清洁

板件清洁是进行涂装修复每道工序前必须做的，作业内容包括用压缩空气除尘、除油和喷涂前用粘尘布彻底清洁板件。

① 用压缩空气初步除尘时，要将板件表面以及缝隙部位等容易藏灰尘的位置彻底清洁干净。除尘时注意通风，防止粉尘污染。

② 除油时，将除油剂均匀地喷涂在板件表面。稍等片刻，用干净的擦拭纸将整个板件擦拭一遍，如图 2-1-14 所示。

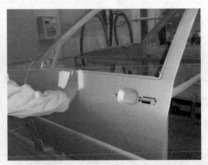

图 2-1-14　除油时先喷后擦

（2）打磨划痕和缺陷

① 如果划痕严重，已经露出金属底材，必须将划痕打磨掉。对流挂、橘皮纹、颗粒等缺陷也采用同样的打磨法处理。

② 在打磨时，首先要选用 P240 砂纸配套 3 号磨机，将划痕打磨平整，如图 2-1-15 所示。

③ 用 P320 砂纸扩大范围打磨，将所有需要喷涂的部位打磨、修整一遍，为喷涂中涂底漆做准备。

④ 打磨完成后，要求将缺陷全部磨平，打磨部位光滑、平整，外表呈现无光泽状态，表面无明显的砂纸痕迹。

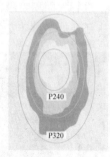

图 2-1-15　打磨划痕

 注 意

在用打磨法处理流挂、橘皮纹、颗粒等缺陷时，尽可能不要将面漆磨穿，只需将缺陷部位处理平滑即可，这样可以省去喷涂防锈底漆和中涂底漆工艺，省时省力。

2．防锈处理

（1）防锈底漆准备

① 操作前必须穿好安全防护装备，并严格遵守安全操作规范。

② 如果打磨后漏出底层金属，则必须对裸露部分进行防锈处理，汽车涂装维修中常用环氧树脂底漆防锈。防锈底漆既可喷涂也可刷涂，一般大面积防锈时用喷涂保证质量，小面积防锈时采用刷涂方便又快捷。

车身旧涂膜的处理

③ 预估防锈底漆用量，按产品说明向防锈底漆中加入相应比例的固化剂和稀释剂，充分搅拌均匀。

（2）防锈底漆施工

① 如果采用喷涂，要对不需要喷涂的部位进行合理遮挡。

② 喷涂或刷涂防锈底漆时，只需形成薄层涂膜，将裸金属全部遮盖即可，如图 2-1-16 所示。

③ 用红外线烤灯烘烤，加速双组分的防锈底漆固化，如图 2-1-17 所示。若在防锈底漆上直接喷涂中涂底漆，防锈底漆至少需要干燥 20～30min；若在防锈底漆上刮涂原子灰，则防锈底漆需要干燥 45～60min。

④ 通常不要求打磨防锈底漆表面。

图 2-1-16　刷涂防锈底漆　　　　　　　　图 2-1-17　烘烤防锈底漆

（二）喷涂与打磨中涂底漆

在操作前要做好个人的安全防护，并严格遵守安全操作规程。

1．喷涂中涂底漆

（1）喷涂前准备

中涂底漆的喷涂

① 预估中涂底漆用量，按产品说明加入相应比例的固化剂和稀释剂，充分搅拌均匀。中涂底漆用专用漏斗过滤后加入底漆喷枪。

② 用压缩空气清除板件表面的粉尘并除油。将不需要喷涂的部位进行遮挡，如图 2-1-18 所示。用粘尘布进行喷涂前的最后清洁。

（2）喷涂操作

① 调整好喷枪和相关参数（参阅涂料的说明书）。

② 首次喷涂不要喷得太厚，以免起皱，如图 2-1-19 所示。涂膜闪干至亚光后再进行二次喷涂。

③ 二次喷涂要厚喷，将所有缺陷部位完全遮盖，无露底。涂层丰满、厚度均匀（膜厚 50～70μm），无咬底、油点，无严重橘皮纹、流挂等缺陷，车身其他部位无漆雾附着，边缘部位过渡平滑，如图 2-1-20 所示。

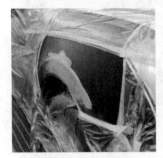
图 2-1-18　板件遮挡

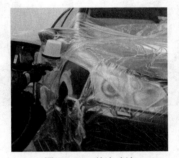
图 2-1-19　首次喷涂

图 2-1-20　二次喷涂

2．打磨中涂底漆

在操作前要做好个人的安全防护，并严格遵守安全操作规程。

（1）中涂底漆干燥

① 常温干燥。参考涂料说明书建议的常温干燥时间，将板件置于喷漆间密封干燥。

② 加温干燥。对于中涂底漆面积较小的情况，采用红外线烤灯烘烤，方便、快捷，如图 2-1-21 所示。在使用红外线烤灯时，一定要注意对车身其他非烘烤部位的保护。比如，烘烤部位附近的车灯、车轮、保险杠蒙皮等，可以用锡箔纸或湿毛巾进行保护，防止过度受热而变形。

③ 干燥测试。中涂底漆干燥完成后，不要直接进行打磨，先进行简单的干燥测试。方法为用指甲轻划中涂底漆表面，若无明显划痕和脱落的情况，说明干燥彻底，如图 2-1-22 所示。等烘烤表面冷却到室温时，即可进行打磨操作。

（2）打磨操作

① 在需要打磨的表面涂一层碳粉作为打磨指示层，如果打磨后有黑色碳粉残留，说明该处涂膜有缺陷或打磨不合格。

图 2-1-21　中涂底漆的加温干燥

图 2-1-22　中涂底漆的干燥测试

② 选用 P240 砂纸，用手刨进行打磨。打磨范围限定在损伤区域、中涂底漆较厚部位。打磨时用力要轻，尤其在板件的边缘和棱线等部位，防止磨穿，如图 2-1-23 所示。

③ 选用 P320～P400 干磨砂纸，配 3 号偏心磨机，打磨整个板件中涂底漆。

④ 在砂纸和打磨头之间要安装干磨软垫，然后将砂纸安装在干磨软垫上。将磨机轻压在中涂底漆上，控制磨机沿车身表面移动，如图 2-1-24 所示。

图 2-1-23　用手刨打磨中涂底漆

图 2-1-24　用磨机打磨中涂底漆

（3）打磨效果

① 打磨后表面光滑、无橘皮纹。不能有遗漏，尤其是窗口饰条、板件边缘等部位更要打磨到。

中涂底漆打磨与修整

② 无露底现象。对于整板喷涂，打磨露底范围要控制在 20mm×20mm 内，并且露底情况不明显。

③ 如果面漆是单工序的素色面漆，最后要用 P400 干磨砂纸或 P800 水磨砂纸打磨整板；如果面漆是金属色面漆，最后要用 P500 干磨砂纸或 P1000 水磨砂纸打磨一遍。

④ 如果需要做过渡喷涂，过渡部位用 P1500 美容抛光砂纸（或相同粒度的其他打磨材料）打磨。

能力评价

请针对任务案例"邹先生有一辆 2013 年的长安逸动轿车，车身左后翼子板发生碰撞，送去修配厂维修，1 年以后他发现翼子板下部出现腐蚀痕迹"，依据所学知识和技能，分析并回答以下问题。

1. 任务案例中出现车身腐蚀的原因可能是（　　）。

　　A. 该车属于经济型轿车，质量不佳　　　B. 维修部位进行了焊接

　　C. 维修部位的裸金属未做防腐处理　　　D. 维修时未使用原厂涂料

2. 如果任务案例中车身板件无变形，由你来处理车身腐蚀部位，需要（　　）。
　　A. 确定损伤范围和程度
　　B. 确定面漆的工艺类型
　　C. 用 P80 砂纸打磨掉旧涂膜
　　D. 用 P240 砂纸打磨掉旧涂膜

3. 维修中，裸露金属防锈通常使用（　　）。
　　A. 电泳底漆　　　　B. 磷化处理　　　　C. 环氧底漆　　　　D. 中涂底漆

4. 用防锈底漆处理任务案例中的损伤部位，可采用（　　）。
　　A. 喷涂　　　　　　B. 刮涂　　　　　　C. 刷涂　　　　　　D. 浸涂

5. 若任务案例中车身使用素色面漆，你认为打磨中涂底漆的正确方式是（　　）。
　　A. 先用 P180 砂纸打磨中涂底漆，再用 P240 砂纸打磨旧涂膜
　　B. 先用 P180 砂纸打磨中涂底漆，再用 P240、P320 砂纸打磨旧涂膜
　　C. 先用 P240 砂纸打磨中涂底漆，再用 P320、P400 砂纸打磨旧涂膜
　　D. 先用 P320 砂纸打磨中涂底漆，再用 P400、P500 砂纸打磨旧涂膜

|任务 2.2　面漆的调色|

知识目标

1. 掌握颜色基础知识；
2. 掌握车身颜色配方的获得方法。

技能目标

1. 能够根据车身面漆颜色获得精准配方；
2. 能够喷涂样板并进行颜色微调。

素质目标

1. 培养学生爱岗敬业的职业精神；
2. 培养学生精益求精的工匠精神。

一、任务分析

汽车面漆调色是一项技术性很强的工作，工作人员不能有色盲、色弱等颜色感知缺陷。眼睛物体阳光，明度彩度色相，色号色母配方。软件真强，微调最难定量。

学习本任务需要学生具有一定的颜色基础知识，掌握调色相关的理论，会使用调色的设备和材料，能够查询颜色配方并调配色漆，能够解决车身颜色色差等问题。同时在操作中，要注意劳动安全，具有爱岗敬业的职业精神，从分辨颜色、查询配方到添加色母等都要做到精益求精。

二、相关知识

（一）颜色基础知识

1. 颜色三要素

颜色是光线照射到有色物体上，反射的光线投射在视网膜上后，形成感觉信息，大脑对这种信息进行辨认，而产生的一种生理感觉。感知颜色需要具备可见光、有色物体和视觉器官（或观察者）3 个要素，通常称为颜色三要素，如图 2-2-1 所示。

图 2-2-1　感知颜色过程

（1）可见光

太阳光线由不同波长的电磁波所组成，电磁波波长范围很广。只有约 400～800nm（通常是 380～780nm）波长的光线，人眼才能看见，因此将这段波长范围所构成的光谱叫作可见光谱。可见光谱由红、橙、黄、绿、青、蓝、紫 7 色所组成，如图 2-2-2 所示。在可见光谱中，从红端到紫端两个相邻的波长范围中间带（区）可见到各种中间颜色，如红与橙之间的颜色叫作橙红、绿与黄之间的颜色叫作绿黄、蓝与紫之间的颜色叫作蓝紫等。

红　橙　黄　　　绿　　青　　蓝　　紫

图 2-2-2　可见光谱

彩图 2-2-1 和
彩图 2-2-2

① 人的视觉在辨识波长的变化方面，因波长不同而不同。在某些光谱部位，只要波长改变 1nm，便能看出差别，而在多数部位要改变数纳米以上才能看出其变化。

② 人的视觉在辨识波长的变化方面，因光强度不同而不同。光谱中除了黄、绿和蓝随着光强度的变化而不变化，其他色光几乎都随着光强度增减而稍向红或紫变化。例如，早晨和傍晚的太阳光并非纯白，而是或多或少带有红、黄色，这时的光谱就与正午太阳光的光谱（红端光比较多，而紫端光比较少）不太相同。

（2）有色物体

物体受到光的照射时，会展现选择性吸收、反射、透射等光谱特性，如图 2-2-3 所示，这种特性是物体产生不同颜色的主要原因。物体的颜色是由物体的反射或透过光线的波长决定的。物体反射的光线通常不是单一波长的，所以物体呈现多彩的颜色。透明物体的颜色是由透过光线的波长来决定的，例如，红玻璃主要透过红光，观察者就感觉它是红色的。

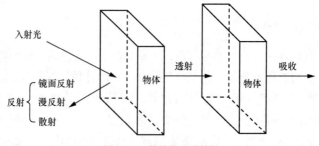

图 2-2-3　物体的光谱特性

① 如果白光照射在物体上时被有选择地吸收，即吸收了某些波长的光而反射了一定波长的光，则物体便会呈现反射光的颜色。例如，当太阳光（白光）照到红色物体上，物体就吸收其他波长的光线，反射呈红色的波长的光线。同理，其他光被吸收，绿光被反射，物体就呈绿色。也就是说，组成光的各组分被选择性吸收，使物体呈现出红、橙、黄、绿等各种颜色，这便构成了颜色的彩色一类。

② 如果一个物体把照射在它表面的白光中的所有光全部反射出来，则物体呈白色。白光中的所有组分都以同样的比例被物体所吸收，物体则呈灰色，被吸收的量越大，灰色越深，全部吸收时物体便呈黑色（实际上，完全反射或完全吸收太阳光的物体几乎是没有的，物体表面对可见光的反射率达到 85%～90% 时产生的颜色让人感觉为白色；若反射率低于 4%，则让人感觉为黑色）。"白→浅灰→中灰→深灰→黑"一系列颜色便构成了颜色的非彩色一类。

（3）视觉器官

人眼不但能辨识物体的形状、大小，且能辨别各种颜色。这种辨别颜色的能力，叫作颜色视觉，通称色觉。颜色视觉反映的是人的生理与心理特性，人形成色觉的结果常带有一定的主观性（受记忆、经验、实物对比的影响）。在汽车面漆调色工作中需要正确辨认颜色，色盲或色弱者因辨色可能有误，不建议从事调色工作。

2．颜色的三属性

色相、明度和彩度是颜色的 3 个重要属性，用它们来标明颜色的特性和颜色的差别，如图 2-2-4 所示。

彩图 2-2-4

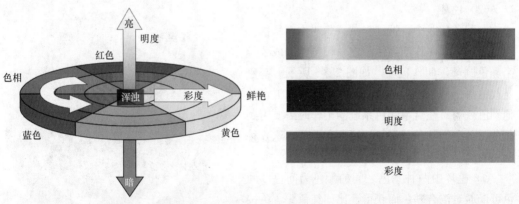

图 2-2-4　颜色三属性

（1）色相

色相用"H"表示，又称为色调，是色彩的首要特征。它取决于光源的光谱组成以及物体表面对各种波长的可见光的反射比例，是表示物体的颜色在"质"方面的特性。

颜色三属性

（2）明度

明度用"L"表示，其本质是从有色物体表面反射能量的数量，是人眼对物体明亮程度的感觉，是表示物体的颜色在"量"方面的特性。明度与光源亮度有对应关系，光源亮度越高，则观察到的颜色明度也越高。但由于人的视觉灵敏度有限，所以当光源亮度变化不大时，往往感觉不到明度的变化，所以明度和亮度又是有区别的。任何色彩都存在明暗变化，其中黄色明度最高，紫色明度最低，绿、红、蓝、橙等颜色的明度相近，为中间明度。另外在同一色相的明度中还存在深浅的变化，如绿色中由浅到深有粉绿、淡绿、翠绿等明度变化。不同色相也有不同亮度，如在太阳光谱中，紫色亮度最低，红色和绿色亮度中等，黄色亮度最高。

（3）彩度

彩度用"C"表示，又称为饱和度，是表示颜色是否饱和、纯洁的一种特性。彩度取决于物体表面对光的反射选择性程度，若对某一很窄波段的光有很高的反射率，而对其余波长的光反射率很低，则说明其反射选择性程度很高，颜色的彩度也高。物体反射出的光线掺入白光成分越多，就越不饱和。当掺入的白光比例大到足以压倒或掩盖其余光线时，看到的就不再是彩色而是白色了。所以白色、灰色和黑色等非彩色颜色的彩度最低。

3．颜色调配

将两个颜色调到视觉上相同或等同的方法称为颜色调配，简称配色。汽车面漆配色便是利用不同颜色的色母，按规定比例混合得到需要颜色的过程。

（1）配色类型

配色有两种不同的类型，一类是颜色相加混合，另一类为颜色相减混合。

① 颜色相加混合是色光相加后的混合色光，其明度是原来各单色光的明度之和，所以加色混合，明度与彩度都提高，颜色鲜艳。例如，彩色电视机呈现的各种颜色是通过红、绿、蓝 3 种颜色叠加而获得的。在颜色相加混合中，称红、绿、蓝为三原色，三原色光混合后为白色光。

② 颜色相减混合的实质是色料（物体）混合后的选择性吸收，使色光能量削弱。故色料相加，能量减弱，越加越暗，彩度下降。涂料呈色就属于这一类。在颜色相减混合中，称红、黄、蓝为三原色，三原色涂料混合后为黑色。

（2）色环

在配色实践中，把红、黄、蓝叫作三基色，将橙、绿、紫叫作次级色。这 6 种颜色构成了一个颜色圆环，叫作色环，如图 2-2-5 所示。基色是其他每一种颜色的基础，基色无法通过混合其他颜色获得。在从事颜色系统的工作时需要用到红色、黄色、蓝色、绿色、黑色和白色，这 6 种颜色叫作基本色。

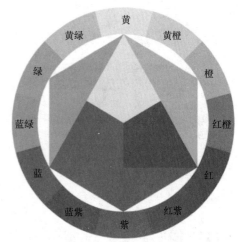

图 2-2-5　色环

① 色环中两种基色之间的颜色为间色，间色可以通过混合基色而获得。比如红色跟蓝色按比例混合，可以获得紫色；红色与黄色按比例混合，可以获得橙色；黄色与蓝色按比例混合，可以获得绿色。若某种基色的比例大则混合色会偏向它的色相，比如红色与蓝色混合时，若蓝色比例大则为蓝相紫，若红色比例大则为红相紫。

② 色环中相互对应的颜色叫作补色，比如红色和绿色、黄色和紫色、橙色和蓝色互为补色。如果混合两种补色，将得到一个灰暗的颜色，这两种补色相互减弱对方。所以在实际配色工作中，应尽量避免使用补色。

彩图 2-2-5

（3）配色原则

两种颜色只有其色相、彩度、明度三者都相同，这两种颜色才相同。否则，其中任何一个属性不同，两种颜色都不相同。在某一颜色的基础上同时改变其色相和明度、明度和彩度、色相和彩度，或同时改变色相、明度和彩度 3 个属性，就会得到千差万别的颜色。

① 用红、黄、蓝 3 色按一定的比例混合便可获得不同的间色。间色与间色混合或间色与红、黄、蓝其中一种颜色混合又可得到复色。这些颜色的获得是通过改变颜色的色相来实现的。

② 在调配好颜色的基础上，加入白色或黑色都会降低颜色的彩度。加入白色会提高明度，将原来的颜色冲淡；加入黑色会降低明度，使颜色变暗，如图 2-2-6 所示。

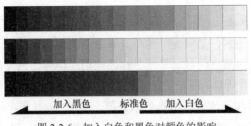

加入黑色　　标准色　　加入白色

图 2-2-6　加入白色和黑色对颜色的影响

彩图 2-2-6

（4）颜色的同色异谱现象

当一对颜色在某一光源下所呈现的颜色是相同的，而在另外的光源下呈现的颜色有差异时，此现象称为同色异谱，也称为同色异构或条件等色。如果颜色不匹配是由光源的变化所引起的，则产生的现象称为光源同色异谱。发生光源同色异谱现象，说明这对颜色本身不相同或不相近。在实际配色中，要在不同的光源下对比颜色，避免发生光源同色异谱现象。

① 国际照明委员会（CIE）规定了多个标准光源，如 D65 光源、A 光源、F 光源等。较常用的光源为 D65 光源。A 光源以白炽灯为代表，色温为 2856 K，光色为黄橙色。F 光源以荧光灯为代表，F2 光源（冷白荧光灯）色温为 4200 K，光色偏蓝色。D65 标准光源即模拟正午日光，其色温为 6504 K。

 注　意

色温以绝对温度 K 来表示（0℃相当于 273K），将一标准黑体（例如铂）加热，温度升高至某一程度时颜色开始从红、橙、黄、绿、蓝、紫逐渐改变，利用这种光色变化的特性，光源的光色与黑体在某温度呈现的光色相同，它们的光谱功率分布曲线也相吻合，将黑体当时的温度称为该光源的色温度，简称为色温。它是描述光源本身颜色的重要指标。色温在 3000K 左右时，光色偏黄；色温在 5000K 以上时，光色偏蓝。

② 在天气情况良好的前提下，汽车面漆调色的最佳时间是上午 10 点到下午 3 点。当太阳光的条件不具备，而还需要调色时就需要使用比色箱。它能提供接近日光的光源，同时还配备了几种 CIE 规定的标准光源，如 D65 光源、A 光源、F 光源等，可以避免发生同色异谱现象，且可以分辨某种颜料的特殊性，使所调颜色尽可能准确。

③ 在汽车面漆调色中，如果出现了严重的同色异谱现象，基本上都与色母选用不当有关，这时一定要改变所用的色母。

（5）环境对配色的影响

观察者对颜色的感觉会受到被观察物体周围环境的影响，如将一块灰色纸片放在白色背景上纸片会看起来发暗，而放在黑色背景上则看起来发亮，同时也受到观察者观察前眼睛观看过其他颜色的影响。例如，刚看过鲜红色，移开眼睛至白色底板上，就会感觉看到原物体绿色的影子。

彩图 2-2-7

因此，在做汽车面漆调色时，一定要保证辨色时没有受到环境的影响，所看的颜色是真实的反映。图 2-2-7 中白车的右后部须修补，对于配色工作，其中犯了 6 处错误，分别是调色人员穿着黄色的工作服、后部的蓝色墙面、黄色的发动机舱盖、左侧红色的汽车、红外线烤灯光以及选取的对比颜色的位置。

（二）车身颜色配方

1. 车身颜色配方的查询方法

车身颜色配方是面漆调色的依据，是调配一种车身颜色需要的色母类型及每种色母含量的方法。车身颜色配方里通常包含颜色代号、车色名称、使用的车型、色母代号、色母量等信息。色母混合后体积为 1L 或者质量为 1kg 的配方称为标准配方。无论是单量配方还是累计配方，配方中色母的量均以质量计，数值精确到十分位。在图 2-2-8 所示的标准配方中，1L 单量配方色母下的数代表该色母在配方中的实际质量。1L 累计配方下的数为该色母本身和其前面色母的质量和。实际调色中多使用单量配方，因为累计配方容易产生误差。

图 2-2-7 影响配色的因素

车色：25G/钛灰（偏浅蓝）		
车型：马自达6		
色 母	1L单量/g	1L累计/g
352-91	174.0	174.0
55-M99/19	411.1	585.1
55-M800	19.0	604.1
55-A929	75.9	680.0
55-A974	85.4	765.4
55-A548	38.6	804.0
55-A427	24.1	828.1
55-A430	26.9	855.0
55-M1	46.2	901.2
55-M105	19.0	920.2

图 2-2-8 标准配方

查询配方是面漆调色的第一步，精准的颜色配方是精准调色的前提。可通过传统的色卡和调色软件获得颜色配方。

颜色配方的获得

（1）利用色卡获得颜色配方

利用涂料供应商提供的调色色卡，按需要调色的车型或车身颜色找到色卡本，用颜色相近的色卡逐一与车身对照，选出最接近的颜色，从色卡背面读取颜色配方，如图 2-2-9 所示。利用色卡获得颜色配方虽然简单、方便，但车身颜色数量庞大，仅用于轿车的颜色配方就有数万个。近些年，国内车身颜色更新速度迅猛，用传统的色卡获得颜色配方的方法已经远远不能满足调色需求，将逐渐被淘汰。

车色:070/珍珠白(标准)		
车型:凯美瑞		
色 母	1L单量/g	1L累计/g
工序1		
352-91	174.0	174.0
55-M25	644.1	818.1
55-A137	119.8	937.9
55-A927	89.4	1027.3
55-A553	11.6	1038.9
工序2		
352-91	174.0	174.0
55-M919	135.2	309.2
11-E440	8.2	317.4
55-M0	550.2	867.6
55-M1	45.6	913.2

（a）色卡　　　　　（b）对比颜色　　　　　（c）获得颜色配方

图 2-2-9 对照车身选出最接近的颜色

（2）利用调色软件获得颜色配方

随着信息化技术的不断进步，各个汽车涂料供应商都开发了针对自己色母系统的调色软件，可以在网络上方便地查询不同车型的车身颜色配方。比如巴斯夫鹦鹉汽车修补漆的"颜色在线"（Color Online），以手机软件的形式来查询车身颜色配方，如图 2-2-10 所示。厂家及时更新颜色配方数据库，基本能满足市场上所有车型颜色配方查询需求。

调色软件使用方便，获得标准颜色配方后，可以根据实际需要的目标量进行调整。例如，需要调配 0.5L 面漆，只需在"目标"处填入 0.5，软件会自动计算实际用量的颜色配方。

（a）调色软件
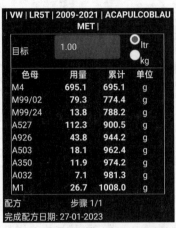
（b）获得配方
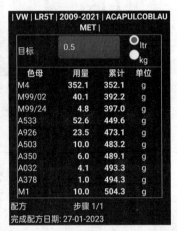
（c）调整配方

图 2-2-10　利用软件查询颜色配方

2．面漆色母

汽车面漆五颜六色、种类繁多，按颜色类型分为素色和金属色。素色又可分为彩色（指红、黄、蓝、绿等）和非彩色（指白、灰、黑等）。金属色常见的为银粉色和珠光色，并有彩色化的倾向。

（1）色母类型

面漆的颜色都是由数量有限的色母调配而成的。在汽车涂料中，颜料是涂料中的不挥发物质之一，起美观、装饰作用，同时使涂料具有遮盖力、改变面漆光泽等。利用色母调配的色漆能赋予面漆色彩，它的主要成分为着色颜料。素色色母用无机或有机颜料，呈微粉末状；金属色母用铝粉（俗称银粉）或铜粉（俗称金粉）等金属颜料，金属呈片状；珍珠色母多用珠光云母做颜料，颗粒细小，如图 2-2-11 所示。由于在汽车面漆调色中，金属色以银粉色母为主，因此习惯用银粉色代指金属色。

彩图 2-2-11

（a）素色颜料

（b）金属颜料

（c）云母颜料

图 2-2-11　汽车面漆用颜料

（2）色母存放

涂料供应商会将不同系列的色母进行编号，作为该色母的代号。比如巴斯夫鹦鹉汽车修补漆 22 系列为单工序色母，55 系列为双工序底色漆色母，90 系列为水性底色漆色母，100 系列为珍珠色母，如图 2-2-12 所示。

（a）单工序色母　　（b）双工序底色漆色母　　（c）水性底色漆色母　　（d）珍珠色母

图 2-2-12　巴斯夫鹦鹉汽车修补漆色母

 注　意

涂料品牌众多，不同品牌的涂料色母不宜掺和使用。

① 色母按包装的不同有 0.5L、1.0L、4.0L 等不同规格，根据不同的容积大小选择相应的搅拌头。小心地将搅拌头放入色母罐中，确定好搅拌头的位置。注意一定要保证涂料出口与色母罐上的色母标签保持一定的角度，防止在倾倒涂料过程中，涂料黏附到标签。

② 安装完搅拌头后将色母罐摆放到调色架上。摆放时要分好系列，同一系列的色母要根据色母代号的顺序摆放，如图 2-2-13 所示。

③ 调色架应安装在干燥、通风良好、远离热源（可燃气体）、避免阳光直射的地方。搅拌色母前要检查色母罐是否摆放牢固，搅拌头是否正常驱动，如果有问题要及时调整，保证色母被充分搅拌。每天上午工作前，搅拌 15min，下午工作前再搅拌 15min。

图 2-2-13　色母摆放在调色架上

3．色母特性

为了调色方便，涂料供应商都会提供配套的色母特性表（也叫作色母挂图），从色母特性表中能很容易地找到各个色母的特性。图 2-2-14 所示为巴斯夫鹦鹉汽车修补漆 90 系列色母特性表，同品牌其他色母系列或其他品牌的色母特性表的原理与之相似，只是表现方式不同。

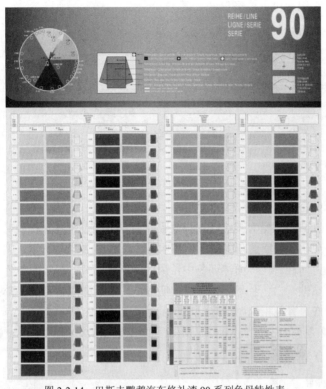

彩图 2-2-14

图 2-2-14   巴斯夫鹦鹉汽车修补漆 90 系列色母特性表

（1）色母特性图标

在色母特性表中有色母特性图标，如图 2-2-15 所示。色母特性图标中大长方形内部的颜色表示该色母的主色相，上方小长方形内部的颜色表示色相的偏向。图中颜色可读为"偏紫的蓝（色）"，或"紫相蓝"。左侧三角形内部的颜色表示正面观察时的颜色偏向。右侧三角形内部的颜色表示侧面观察时的颜色偏向。外部边框内的背景表示该颜色的彩度。右上角的黑色小正方形内有白色圆，表示金属颗粒大小。该色母颜色特性为紫相蓝，彩度纯净，与大颗粒银粉混合后，正面观察偏绿，侧面观察偏红。

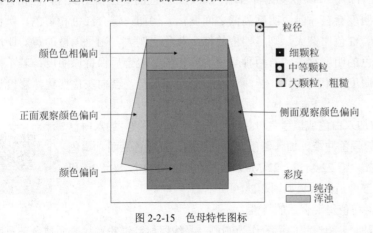

彩图 2-2-15

图 2-2-15   色母特性图标

正面和侧面观察角度如图 2-2-16 所示，在实际观察颜色时，正、侧面观察角度并不仅仅指眼睛与物体所成的角度是垂直的还是 45°的，还要考虑入射光的方向。一般素色只取 45°作为对比颜色的观察角度，银粉色则要多角度观察。

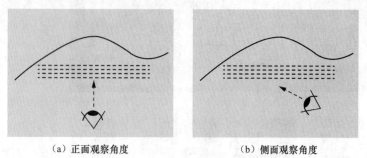

（a）正面观察角度　　　　　　　（b）侧面观察角度

图 2-2-16　观察颜色角度

（2）素色色母混合后的特性

光线照射到素色面漆表面，颜料对其进行选择性吸收后，再经过颜料颗粒散射到各个方向，只要在入射光的一侧观察，观察的角度对颜色影响不大，如图 2-2-17 所示。因此素色色母只具有颜色属性，并无方向性。汽车面漆调色中常用的红、蓝、黄、绿等彩色色母，具有不同的色相、明度和彩度属性。白色色母无色相，但明度高，没有彩度也不显得浑浊。黑色色母明度低，有色相偏向，但无彩度属性。图 2-2-18 所示为巴斯夫鹦鹉汽车修补漆 22 系列 M52（红相蓝）、M60（白色）、M974（蓝相黑）的色母特性。

彩图 2-2-18

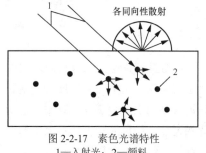

图 2-2-17　素色光谱特性　　　　　　　　（a）M52　　　　（b）M60　　　（c）M974
1—入射光；2—颜料　　　　　　　　　　　　　　图 2-2-18　素色色母特性

① 将素色色母混合后，其颜色变化符合配色原则。彩色的颜色相互混合，色相会向间色变化，彩度降低，明度会在原颜色明度高低之间变化。例如，混合红色和黄色，颜色会变橙，同时变浑浊。若红色比例大，则呈偏橙的红；黄色比例大，则呈偏橙的黄。明度变化与混合的红色和黄色的明度有关，若两种颜色明度相同，混合后保持原明度；若不同，则混合后明度向两者明度的中间变化。若两种互补色相互混合，会向灰色变化，彩度迅速降低。

② 向彩色色母中加入白色或黑色色母，都会降低颜色的彩度。加入白色会提高明度，将原来的颜色冲淡。加入黑色会降低明度，使颜色变暗。黑色和白色混合，颜色变灰。将 22-M52、22-M974 分别与 22-M60 按 80∶20 和20∶80 的比例混合，混合后的效果如图 2-2-19 所示。

彩图 2-2-19

（3）素色色母与银粉色母混合后的特性

银粉色母多用不同大小和形状的铝粉作为颜料，光线照射到银粉颗粒表面被全部反射，而无吸收和透射，其光谱特性如图 2-2-20 所示。因此，银粉色本身不会呈现出颜色属性，但光线在光滑、平整表面发生镜面反射，在边缘和粗糙部位发生漫反射，使不同方向上反射光线不同。随着观察角度的不同，颜色的明暗也随之变化，此现象被称为随角异色效应。

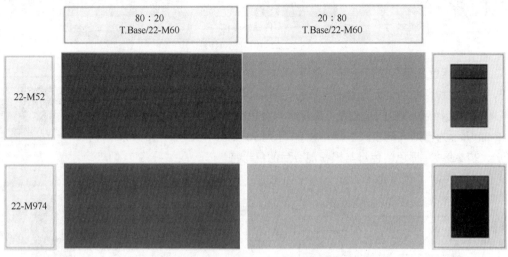

图 2-2-19　素色色母混合后的效果

① 银粉颗粒在面漆中的排列状态会影响反光性。如果片状铝粉在面漆中呈无规律排列，则光线呈漫反射，随角异色效应很小。如果呈规则排列（平行于表面或底材），则入射光在其表面呈定向反射，正面反射光强，侧面反射光弱，有强烈的随角异色效应。

② 银粉颗粒的大小和外观形状也会影响反光性。通常按银粉的粒径不同分为细银粉（10μm）、中银粉（20～40μm）和粗银粉（50μm），按外观形状不同有椭圆形银粉和闪光银粉等。一般银粉颗粒越小反光性越弱，形状越不规则反光性越弱，如图 2-2-21 所示。随着颜料技术的进步及完善，铝粉粒径逐渐变小，表面进行"镀铬"等装饰化处理，面漆也向彩色化发展。图 2-2-22 所示为巴斯夫鹦鹉汽车修补漆 90 系列 M99/00（细银粉）、M99/04（中银粉）、M99/21（粗银粉）的色母特性。

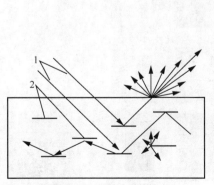

图 2-2-20　银粉光谱特性
1—入射光；2—铝粉

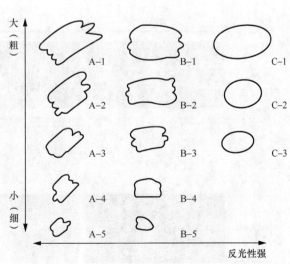

图 2-2-21　银粉颗粒大小与外观形状对反光性的影响
A—形状不规则；B—形状稍不规则；C—形状规则

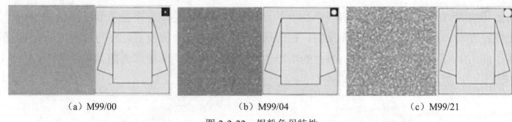

（a）M99/00   （b）M99/04   （c）M99/21

图 2-2-22　银粉色母特性

③ 将素色色母与银粉色母混合后，入射光经颜料选择性吸收和散射的同时，还经银粉颗粒的镜面反射和漫反射，如图 2-2-23 所示。此时的颜色有金属颗粒的光泽感，在正面和侧面观察时均有色相、明度和彩度的变化。图 2-2-24 所示为巴斯夫鹦鹉汽车修补漆 90 系列 90-A115（黄色）、90-A031（白色）、90-A997（黑色）色母与银粉混合后的色母特性。

彩图 2-2-22

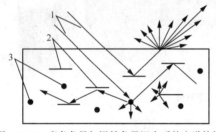

图 2-2-23　素色色母与银粉色母混合后的光谱特性
1—入射光；2—银粉；3—颜料

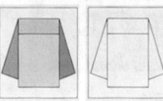

（a）90-A115   （b）90-A031   （c）90-A997

图 2-2-24　素色色母混合银粉后的色母特性

④ 将 90-A115、90-A031、90-A997 这 3 种色母分别与银粉色母 M99/04 按 80∶20 和 20∶80 的比例混合，混合后的效果如图 2-2-25 所示。同时，由于银粉色母无色相，遮盖力较素色色母弱得多，因此在车身浅银粉色配方中，银粉色母用量较大。在调色中要想用银粉色母冲淡颜色，需要加入大量银粉色母。相反，素色色母量稍有变化，就会引起混合后颜色明显改变。这也是在颜色微调时，微调色母量难以把握的原因之一。

彩图 2-2-24

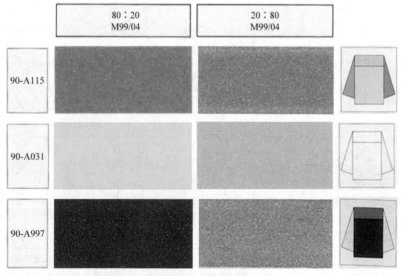

彩图 2-2-25

图 2-2-25　素色色母与银粉色母混合后的效果

（4）特殊色母

为了满足实际调色需求，不同的色母系统都会提供几种特殊色母，银粉调整剂就是常用的一种特殊色母。它可以在涂料成膜过程中，调整银粉颗粒的排列状态。在按配方调配好的涂料中，加入银粉调整剂，可使所调颜色在正面观察时变亮，侧面观察时变暗。

在配色原理中，一个颜色不可能同时具有互补的色相，色相互补的两个颜色混合后，彩度会迅速降低。例如，一个颜色不可能既红又绿，既黄又蓝。在实际汽车面漆调色中，有一类特殊色母与银粉色母混合后，正侧面会显示互补色的效果。例如，巴斯夫鹦鹉汽车修补漆色母 90-A097，它本身是白色，与银粉色母 M99/04 混合后会呈现在正面观察时偏黄、在侧面观察时偏蓝的效果，如图 2-2-26 所示。

彩图 2-2-26

图 2-2-26　特殊色母与银粉色母混合后的效果

熟悉了所使用的色母特性，有助于快速、准确地调配颜色，特别是遇到容易产生色差的车身颜色，需要进行颜色微调时，更需对使用的色母特性做到了然于胸。还要特别注意，在调配金属色时，色母对颜色正、侧面的影响。使用了较多（5%～10%）的无光银粉时，无法消除正面的灰暗和颜色的不纯；使用大量（30%以上）的珍珠色母后，很难把侧面调暗。

知识评价

1. 光、物体和观察者是颜色三要素。（　　　）
2. 红、绿、蓝三原色光混合后成白色光，红、黄、蓝三原色涂料混合后成黑色。（　　　）
3. 一个颜色在某一光源下与在另外的光源下，其呈现的颜色有差异的现象称为同色异谱现象。（　　　）
4. 向彩色色母中加入白色或黑色色母，都会降低颜色的彩度和明度。（　　　）
5. 一般素色只取 45° 作为对比颜色的观察角度，银粉色则要多角度观察。（　　　）
6. 人的视觉在辨识可见光颜色变化方面的特点有（　　　）。
    A. 因波长不同而不同　　　　　　　B. 因光强度不同而不同
    C. 因性别不同而不同　　　　　　　D. 因心情不同而不同
7. 物体受到光的照射，发生的光谱特性有（　　　）。
    A. 吸收　　　　　　B. 反射　　　　　　C. 辐射　　　　　　D. 透射
8. 用来标明颜色的特性和区分颜色差别的属性有（　　　）。
    A. 波长　　　　　　B. 色相　　　　　　C. 明度　　　　　　D. 彩度
9. 以下对色母特性描述正确的有（　　　）。
    A. 白色色母无色相，但明度高，没有彩度也不显得浑浊
    B. 黑色色母明度低，有色相偏向，但无彩度属性
    C. 向彩色色母中加入白色或黑色色母，都会降低颜色的彩度

题 10 彩图

D. 银粉色母本身无颜色属性，但银粉颗粒在面漆中的排列状态、大小和外观形状会影响反光性。

10. 在手机上下载颜色设计器类软件辅助练习分辨颜色属性，试着描述下图两组颜色的差异，并分析向样板中加入何种颜色可调配到目标颜色。

第一组目标颜色　　第一组样板颜色　　第二组目标颜色　　第二组样板颜色

要素	描述差异：目标的颜色更……	第一组	第二组
颗粒	大 / 小或闪烁度		
色相	红 / 绿或蓝 / 黄或橙或紫		
明度	白 / 黑或亮 / 暗		
彩度	鲜艳 / 浑浊		
向样板中加入的调整颜色			

三、任务实践

任务案例：王女士的红色本田思域轿车，左前门受到碰撞，到维修站喷涂修复，维修技师在车间内没有发现问题，准备交车时发现车辆开出车间后车门的颜色与其他部位的颜色不一致，如图 2-2-27 所示。分析产生该现象的原因并探讨解决方案。

图 2-2-27　维修后的车身出现色差

彩图 2-2-27

（一）查询车身颜色配方

下面以巴斯夫鹦鹉汽车修补漆"颜色在线"软件查询颜色配方为例，介绍车身颜色精准配方的查询方法。

1. 初步查询颜色配方

有些车型在车辆铭牌上能够直接找到车身颜色代码，比如宝马车系、现代车系等。将颜色代码输入软件，再参考汽车生产商、整车型号（简称车型）、颜色类别等信息进行查询。对于无法直接查询车身颜色代码的车型，可以通过高级搜索，按汽车生产商、车型、制造年月、颜色类别等信息进行查询。

① 例如，查询一辆 2020 年的蓝色奇瑞瑞虎 5X 颜色配方时，先到车辆铭牌上查找车身颜色代码。如果找不到，如图 2-2-28 所示，则按车型、车身颜色等信息进行查询。

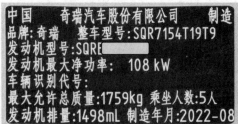

中国　　奇瑞汽车股份有限公司　　制造
品牌: 奇瑞　　整车型号: SQR7154T19T9
发动机型号: SQRE▮▮▮▮
发动机最大净功率：　108 kW
车辆识别代号：
最大允许总质量:1759kg 乘坐人数:5人
发动机排量:1498mL 制造年月:2022-08

图 2-2-28　查找车身颜色代码

② 将该车生产商 CHERY、车型 TIGGO 5X 等信息输入软件。搜索到颜色名称为水冰蓝金属色，然后选择使用的色母系列 90，从而获得车身颜色配方，如图 2-2-29 所示。

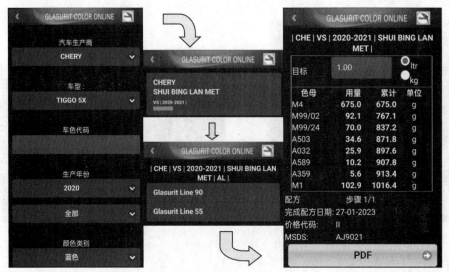

图 2-2-29　获得车身颜色配方

但是，按此方法查询到的颜色配方由于没有实际颜色与之对应，因此需要按颜色配方调配出涂料，再喷涂样板，并与实车颜色进行比对，才能确定调配的颜色是否与实际车身颜色一致。实际上，按查询到的配方调配出的颜色与车身颜色一致的概率很低。因为不同批次生产的汽车车身颜色总会有差异，同时汽车使用一段时间后，随着面漆老化颜色也会发生变化，特别是一些浅色银粉漆和珍珠漆，它们对色差反应非常灵敏，调配的颜色稍有不同，就能看出颜色差异。为了减少烦琐的微调操作，有些涂料供应商会提供成套的全能对色卡（CPS 色卡），辅助查询尽可能精准的颜色配方。

2．获取精准颜色配方

涂料供应商制作成套的 CPS 色卡，色卡全部采用真实涂料喷涂，如图 2-2-30 所示。有些颜色系列中，一个颜色会有数百个差异色 CPS 色卡，如图 2-2-31 所示。最新的 CPS 色卡基本能够涵盖市场上所有车身颜色，因此造价不菲。

彩图 2-2-30 和
彩图 2-2-31

图 2-2-30　成套 CPS 色卡

图 2-2-31　差异色 CPS 色卡

① 当用软件查询到"选择色母系列"后，会给色差量大的颜色提供标准色和偏差色的选项，如图 2-2-32 所示。此时，需要按软件提示的 CPS 色卡范围找到对应的 CPS 色卡，如图 2-2-33 所示。

图 2-2-32　确定 CPS 色卡范围

图 2-2-33　找到对应的 CPS 色卡

② 将色卡与车身颜色对比，如图 2-2-34 所示。首先将需要调色的部位清洁干净，若有必要可进行抛光处理，尽可能恢复车身的本色。如果车身颜色是金属色，先确定金属颗粒是否一致，然后从正、侧面多角度观察色相、明度和彩度是否一致。比色时，还要注意光线是否满足要求。

③ 找到与车身颜色最接近的色卡，取背面的 CPS 色号，如图 2-2-35 所示。一般选择彩度和明度比车身颜色高的 CPS 色卡，在这个颜色的配方基础上调色，很容易从鲜艳、明亮向灰暗的方向调整。

彩图 2-2-34

图 2-2-34　对比颜色

图 2-2-35　确定 CPS 色号

④ 将调色软件返回到初始界面，把 CPS 色号输入"车色代码"处，如图 2-2-36 所示的 MM283.70，即可获得与目标颜色较为一致的精准颜色配方，如图 2-2-37 所示。

图 2-2-36　输入车色代码

<table>
<tr><td colspan="4">GLASURIT COLOR ONLINE</td></tr>
<tr><td colspan="4">| CPS2M | MM283.70 | MM283.70 |</td></tr>
<tr><td>目标</td><td>1.00</td><td>ltr</td><td>kg</td></tr>
<tr><td>色母</td><td>用量</td><td>累计</td><td>单位</td></tr>
<tr><td>M4</td><td>737.8</td><td>737.8</td><td>g</td></tr>
<tr><td>M99/03</td><td>79.4</td><td>817.2</td><td>g</td></tr>
<tr><td>M99/02</td><td>24.8</td><td>842.0</td><td>g</td></tr>
<tr><td>M919</td><td>12.0</td><td>854.0</td><td>g</td></tr>
<tr><td>A926</td><td>147.9</td><td>1001.8</td><td>g</td></tr>
<tr><td>A430</td><td>4.5</td><td>1006.4</td><td>g</td></tr>
<tr><td>A347</td><td>1.5</td><td>1007.9</td><td>g</td></tr>
</table>

图 2-2-37　获得精准颜色配方

（二）添加颜色配方中的色母

查询到颜色配方后，按实际需要的目标量调整颜色配方，练习时通常一次调配 0.5L。如图 2-2-38 所示，准备好色母和调色工具，依照颜色配方添加色母。

1. 计量添加色母

（1）电子秤的使用

电子秤是称量色母的工具，是精密仪器。

① 一般汽车面漆调色中使用电子秤的精度为 0.1g（十分位），量程为 7.5kg，使用时要仔细阅读说明书，不要超量程使用。

② 将电子秤水平放置在调色架的附近以方便称量，同时避免使其在工作中受到振动而影响精度。按下电子秤电源键，通电预热。放好调漆容器，若按单量颜色配方添加色母，每次添加色母前均需按归零键，进行归零操作，如图 2-2-39 所示。还可以通过"F"键调整系数，就不用再调整颜色配方量。例如，要调配 0.25L 涂料，设定系数为 0.25，色母 M4 在 1L 涂料中的用量为 737.8g，电子秤显示数值为 737.8g，实际质量是 737.8g×0.25=184.45g。

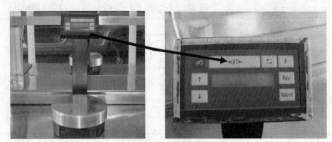

<table>
<tr><td>目标</td><td>0.5</td><td>ltr</td><td>kg</td></tr>
<tr><td>色母</td><td>用量</td><td>累计</td><td>单位</td></tr>
<tr><td>M4</td><td>368.9</td><td>368.9</td><td>g</td></tr>
<tr><td>M99/03</td><td>39.7</td><td>408.6</td><td>g</td></tr>
<tr><td>M99/02</td><td>12.4</td><td>421.0</td><td>g</td></tr>
<tr><td>M919</td><td>6.0</td><td>427.0</td><td>g</td></tr>
<tr><td>A926</td><td>73.9</td><td>500.9</td><td>g</td></tr>
<tr><td>A430</td><td>2.3</td><td>503.2</td><td>g</td></tr>
<tr><td>A347</td><td>0.8</td><td>503.9</td><td>g</td></tr>
</table>

图 2-2-38　添加色母的颜色配方　　　　　图 2-2-39　电子秤及其归零键

③ 在称量色母的过程中，色母罐应避免与电子秤接触，以免引起度数不稳定。如果不小心将色母漏到电子秤上，一定要及时将其清除，以免影响称量结果。

④ 电子秤使用完毕后，要及时关闭电源，有条件的加保护罩。按说明书定期校正精度。

（2）按颜色配方加入色母

① 将电子秤预热并调校好，在秤座上垫上一张纸，将干净的调色容器放于纸上。

② 按颜色配方所列顺序添加色母，“M4→M99/03→M99/02→M919→A926→A430→A347”。

③ 第一种色母通常是树脂或溶剂等无色色母。第一种色母添加完成后先转动容器，让树脂等充分黏附容器壁，保证后续添加的有色色母不会附着在容器壁上而影响颜色精度。

④ 添加色母时，先倾斜色母罐，然后拉操纵杆，开始添加。结束时，用拇指辅助推回手柄，保证结束得干脆利落。

⑤ 色母要添加到容器的中心部位，不要黏附到容器壁上。

⑥ 当色母添加到接近目标值时，要小心操作，逐滴添加色母，以免加多，如图 2-2-40 所示。

⑦ 添加完所有色母后，充分搅拌均匀，以得到均匀的颜色。

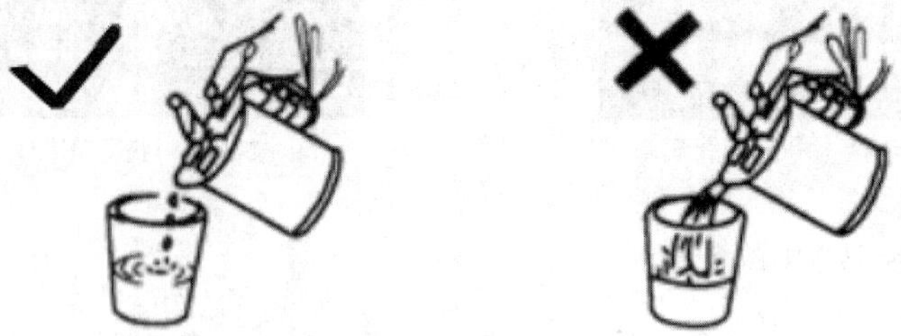

图 2-2-40　逐滴添加色母

2．色母添加的精准控制

色母添加不能超量，如果某个色母添加多了，会影响调配颜色的准确性。由于色母加入后与其他色母相溶，很难再取出，因此要想调整只能重新计算颜色配方。调整颜色配方时，要将其他所有色母的量都按多加色母与其正常值的比例增加，计算起来非常麻烦。即使有些电子秤具有重计算功能，操作也很烦琐。因此，添加色母要力争精准，绝对不能多加。

通常情况下，色母罐能控制的一滴色母的最小质量为 0.02～0.05g，3 滴约为 0.1g。在添加用量较少的色母时一定要加倍小心。通常颜色配方中用量小的色母对颜色的影响大。不同用量的色母同时多加后对用量大的色母影响较小，而对用量小的色母影响很大。多加 0.1g 在不同用量色母中的占比如表 2-2-1 所示。

表 2-2-1　多加 0.1g 在不同用量色母中的占比

色母	用量/（g/0.5L）	多加量/g	占比（多加量/用量）
M4	368.9	0.1	0.00027
M99/03	39.7	0.1	0.00252
M99/02	12.4	0.1	0.00806
M919	6.0	0.1	0.01667
A926	73.9	0.1	0.00135
A430	2.3	0.1	0.04348
A347	0.8	0.1	0.125

要想添加色母操作又快又准，需要分段添加并熟练控制色母罐手柄。

（1）分段添加

比如颜色配方中 M4 色母用量为 368.9g，分段添加色母方法如图 2-2-41 所示。

① 第一段添加到距离目标差 100g。将目标省去后 2 位再减去 100g 得 260g，为停止节点。此段添加量超过 100g，称为百位段。

添加时，色母罐口全开，大量快速添加色母，可以有±20g 的误差。

② 第二段添加到距离目标差 10g。将目标省去后 1 位再减去 10g 得 358g，为停止节点。此段添加量在 10g 和 100g 之间，称为十位段。

添加时，色母罐口半开，添加量较大，可以有 ±5g 的误差。

③ 第三段添加到距离目标差 1g。将目标减去 1g 得 367.9g，为停止节点。此段添加量在 1g 和 10g 之间，称为个位段。

添加时，控制色母罐手柄大滴添加色母，可以有 ±0.5g 的误差。

④ 第四段添加到目标 368.9g 停止。此段色母添加量在 0.1g 和 1g 之间，称为十分位段。

添加时，控制色母罐手柄小滴添加色母。一滴色母大约为 0.03g，因此，距离目标差 0.1g 时，可以少添加 1 滴，绝不能添加过量。

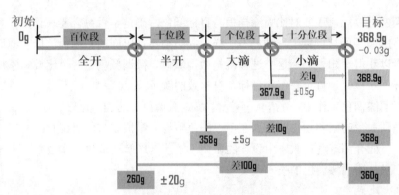

图 2-2-41　分段添加色母方法

色母分段添加要点总结为：色母添加要分段，百十个位别弄乱；十分位上最关键，注意停止控节点。

（2）控制手柄

添加时，色母罐手柄的控制也很重要。全开时，将手柄压到底，色母会快速流出；半开时，将手柄推回到开度的一半，色母呈细条状流出；将手柄推回到出口呈三角形，色母大滴滴出；继续推回手柄，控制色母小滴滴出，如图 2-2-42 所示。添加结束，用手指辅助快速推回手柄到关闭状态，能迅速停止色母添加。

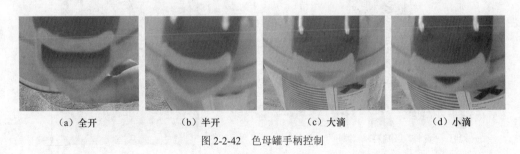

（a）全开　　　　　　（b）半开　　　　　　（c）大滴　　　　　　（d）小滴

图 2-2-42　色母罐手柄控制

色母罐手柄控制要点可总结为：手柄操控有变化，全开半开手不滑；大滴小滴精准控，添加精准数不差。

用乳胶漆代替色母练习精准添加技能，既绿色环保又可以节省材料，如图 2-2-43 所示。熟练掌握技能以后，可以适当弱化停止节点，精准控制色母罐手柄，添加色母才会又快又准。

施工性能相似

黏度：18~22s
细度：20~60μm

图 2-2-43　用乳胶漆代替色母练习

（三）微调面漆颜色

颜色调配好以后，还要对比喷涂样板与目标颜色，确定是否符合要求。如果颜色的对比结果表明，所调颜色与目标车身颜色不一样，则必须鉴定出应调整哪种色母，继而添加一定量的该色母以获得理想效果，这个过程就是微调颜色。微调颜色是一个比较和添加色母的循环，此循环不断重复，直至获得与目标车身一致的颜色。

在实际面漆调色工作中，分辨颜色差异，确定微调色母的类型比较容易。耗费调色技师大量时间和精力的原因在于，颜色差异的量很难与色母调整的量相对应。下面介绍编者在教学中设计的微调色工艺，以解决调色工作效率低的问题，供从事面漆调色的技术人员参考。

微调色母

1．首次比色

（1）喷涂第 1 块样板

① 将调配的 0.5L 涂料均分为 5 份，分别标记为涂料 1、2、3、4、5，如图 2-2-44 所示。准备 5 块样板，分别标记为样板 1、2、3、4、5。样板最好采用与车身相同类型的钢板，常用的样板尺寸为 105mm×150mm，并喷涂了底漆，如图 2-2-45 所示。

均分为5份

图 2-2-44　均分涂料

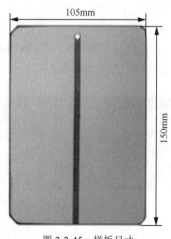

图 2-2-45　样板尺寸

② 取涂料 1 按比例加入辅料。将样板 1 固定好，并做表面清洁。喷涂样板 1 时，调整好喷涂参数（喷幅、气压、流量等），用与喷涂车身一致的方式喷涂样板 1，如图 2-2-46 所示。

③ 样板 1 喷涂完成后，静置 5min 左右，放入烤箱中进行烘烤干燥。

（2）对比样板 1 与目标颜色

① 待样板 1 干燥并冷却后，取出样板 1 与目标颜色进行对比，如图 2-2-47 所示。

② 对比颜色最好在自然光下进行，也可在可重现自然光的比色箱内进行，若想更精确则要在几种标准光源下对比。

③ 如果是金属色，要在多个角度对比观察。

④ 比色时，以第一印象为准，盯视时间越长，越难以判断。

⑤ 对比后，颜色如果一致，调配的涂料就可以交付使用。

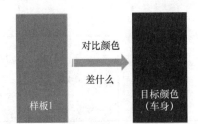

彩图 2-2-47

图 2-2-46　喷涂样板 1　　　　　　图 2-2-47　对比样板 1 与目标颜色

2．试验性微调

（1）确定微调色母

如果对比颜色后，发现样板 1 与目标颜色不一致，首先确定样板 1 与目标颜色的差异并记录。用色母特性表分析颜色配方中的哪个或哪几个色母是造成颜色差异的原因，具体分析方法如表 2-2-2 所示，通过分析确定需微调的色母是 A347。务必注意如果经过分析发现颜色配方中的色母都不是造成差异的原因，尽可能不要用颜色配方以外的色母进行微调，需要重新查询颜色配方。

表 2-2-2 彩图

表 2-2-2　　　　　　　　　　　样板 1 与目标颜色分辨及微调色母确定

颜色代码：	车身（目标颜色）		样板 1	
车型：				
年款：				
颜色名称：				
CPS 代码：				
正面观察				
目标颜色比样板 1	颗粒：相似（更大或更闪亮）		色相：更红（更蓝或更黄）	
	明度：暗（更亮或更暗）		彩度：鲜艳（更鲜艳或更浑浊）	
侧面观察				
目标颜色比样板 1	颗粒：相似（更大或更闪亮）		色相：更红（更蓝或更黄）	
	明度：暗（更亮或更暗）		彩度：鲜艳（更鲜艳或更浑浊）	
色母	用量/（g/0.1L）	色母特性	特性说明	是否为微调色母
M4	73.8	树脂	无色	否
M99/03	7.9		中银粉，闪烁	否
M99/02	2.5		中银粉，不闪烁	否

续表

侧面观察				
色母	用量/（g/0.1L）	色母特性	特性说明	是否为微调色母
M919	1.2		蓝珍珠，大颗粒	否
A926	14.8		黄相黑，浑浊	否
A430	0.5		红相紫，正蓝侧红	否
A347	0.2		红，正侧偏浅	是

（2）确定微调色母量

① 向涂料2、涂料3、涂料4、涂料5中加入微调色母A347，添加的量分别为0.1L颜色配方中A347含量的10%（0.02g）、30%（0.06g）、50%（0.1g）、100%（0.2g），如图2-2-48所示。按比例加入辅料。

② 在对应样板后面标注调整的色母及调整量，用对应序号的涂料喷涂对应样板，如图2-2-49所示。喷涂完成后进行干燥。

彩图 2-2-48～
彩图 2-2-51

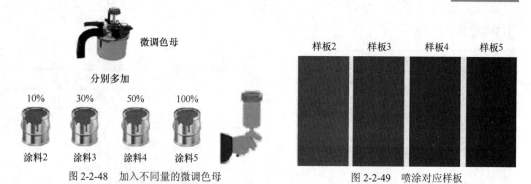

图 2-2-48　加入不同量的微调色母　　　　图 2-2-49　喷涂对应样板

③ 将样板1、2、3、4、5依次摆好，观察颜色情况。如果与目标颜色趋近，说明微调色母选择正确，如图2-2-50所示。

④ 确定与目标颜色最接近的为样板3，如图2-2-51所示，从样板3后面记录的添加量，确定微调色母量为0.06g。即使目标颜色与样板颜色不完全一致，也可以通过与相邻样板对比，大致分析出微调色母量。

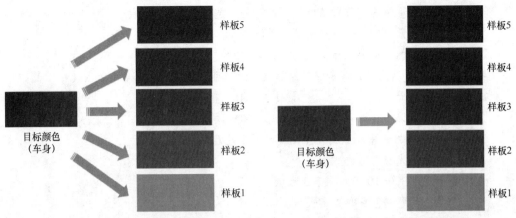

图 2-2-50　确定微调色母选择是否正确　　　　图 2-2-51　确定微调色母量

（3）建立实用颜色配方

经过微调分析，确定涂料 3 符合要求，根据 0.1L 颜色配方中多加微调色母的量，恢复 1L 标准颜色配方，如表 2-2-3 所示。此颜色配方可在今后遇到相同车身颜色时直接使用，无须再进行烦琐的微调色母过程。同时，将喷涂的所有样板保存，日积月累，实用的资料会越来越多。

微调颜色难又难，数量调整忙半天。巧设工艺勤钻研，调色精准人人赞。

表 2-2-3　　　　　　　　　　　　　建立实用颜色配方

色母	用量/（g/0.1L）	微调量/g	用量/（g/1L）
M4	73.8	0	737.8
M99/03	7.9	0	79.4
M99/02	2.5	0	24.8
M919	1.2	0	12.0
A926	14.8	0	147.9
A430	0.5	0	4.5
A347	0.2	+0.06	1.5+0.6=2.1

能力评价

请针对任务案例"王女士的红色本田思域轿车，左前门受到碰撞，到维修站喷涂修复，维修技师在车间内没有发现问题，准备交车时发现车辆开出车间后车门的颜色与其他部位的颜色不一致"，依据所学知识和技能，分析并回答以下问题。

1. 造成任务案例中车门颜色与其他部位颜色不一致的原因是（　　　）。
   A. 发生了同色异谱现象
   B. 车间内光线有问题
   C. 面漆颜色没有调配准确
   D. 车身颜色本身存在问题

2. 任务案例中车门与相邻部位的颜色差异可描述为（　　　）。
   A. 色相更蓝　　　　　B. 明度更暗　　　　C. 彩度更浑浊　　　D. 彩度更高

3. 为了获得准确的面漆颜色，调色时（　　　）。
   A. 查询的配方要精准，选择比车身颜色更鲜艳的

  B. 添加用量多的色母要精准，不能有一点误差

  C. 添加用量少的色母要更精准，不能多加

  D. 调配好的色漆要喷涂样板，与实车比对颜色

4. 要将车门颜色调整到与车身其他部位一致，可在调配好的色漆中加入（ ）。

  A. 白色色母   B. 蓝色色母

  C. 红色色母   D. 黑色色母

5. 要避免任务案例中现象的发生，调色时要注意（ ）。

  A. 在多个光源下对比颜色

  B. 一定在上午 10 点到下午 3 点调色

  C. 调色时穿灰色系的工作服

  D. 查配方和对比颜色时，对比颜色的位置为与维修部位相邻的板件

| 任务 2.3   面漆的喷涂 |

"

知识目标

  1. 掌握车身面漆的喷涂要点和技巧；

  2. 掌握车身面漆的性能和检测标准。

技能目标

  1. 能够整板喷涂面漆并进行美容处理；

  2. 能够局部修补、喷涂面漆并进行美容处理。

素质目标

  1. 培养学生爱岗敬业的职业精神；

  2. 培养学生精益求精的工匠精神。

"

一、任务分析

  面漆质量的好坏是维修技师技术水平的真实体现，面漆维修的最高境界是将损伤部位维修到与车身其他部位一致。要达到外观上看不出被维修痕迹，面漆厚度与原车面漆接近的水平，需要熟练掌握面漆喷涂技术，特别是喷枪的精准控制。

  面漆质量如何判，平整光滑无缺陷。不能光靠眼睛看，还需仪器来诊断。

  损伤小的局部补，范围大了喷整板。修旧如新不用赞，修旧如旧真手段。

  学习本任务需要学生具有旧涂膜处理和喷枪基本操作基础知识，了解面漆性能和要求，熟练掌握喷枪控制技术，能够进行面漆喷涂。在工作中要注意个人安全防护，具有爱岗敬业的职业精神和精益求精的工匠精神。

二、相关知识

（一）面漆的性能与检测

1. 面漆的缺陷

新车生产制造工艺标准，质量把控严格，面漆平整、光亮、无色差，涂膜厚度和纹理均匀。在喷涂维修时，受到场地、设备、材料和维修工艺等因素影响，会产生流挂、橘皮纹、脏物、打磨痕迹、起云、缩孔、针孔、起皱等施工缺陷。在使用过程中，面漆会老化，加上保养不善，还会产生失光、剥落等使用缺陷。施工缺陷可评估面漆是否经过维修，使用缺陷可作为车辆使用时间和车况好坏的评估依据。

（1）施工缺陷

① 流挂是指在面漆施工过程中，多数在垂直表面上，部分湿膜向下流坠，形成上部薄、下部厚的现象，如图 2-3-1 所示。

② 橘皮纹是指在面漆施工过程中，表面呈疙瘩状、不平整的现象，如图 2-3-2 所示。其外观类似橘子皮，因此称为橘皮纹。

图 2-3-1　流挂缺陷　　　　　　　　　图 2-3-2　橘皮纹缺陷

③ 脏物是指在面漆施工过程中，面漆内部进入异物，形成表面突出的现象，如图 2-3-3 所示。

④ 打磨痕迹是指在面漆施工过程中，面漆内部有砂纸打磨痕迹，如图 2-3-4 所示。

图 2-3-3　脏物缺陷　　　　　　　　　图 2-3-4　打磨痕迹缺陷

⑤ 起云是指在面漆施工过程中，局部颜色变得较浅或较深，呈条纹、云团状的现象，如图 2-3-5 所示。起云一般出现于金属色面漆上，素色面漆上很少会出现起云。

⑥ 缩孔是指在面漆施工过程中，面漆上出现不规则的凹陷，使面漆变得不平整的现象，如图 2-3-6 所示。缩孔多数是由喷漆前板件表面受到污染造成的。

⑦ 针孔是指在固化的面漆上有小泡，或顶部破裂呈针尖状的现象，如图 2-3-7 所示。

⑧ 起皱是指在施工完成的面漆上出现程度不同的隆起、起皱现象，又称为咬起，如图 2-3-8 所示。

图 2-3-5　起云缺陷

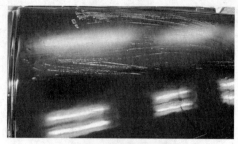

图 2-3-6　缩孔缺陷

图 2-3-7　针孔缺陷

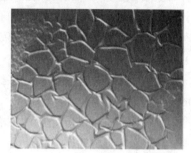

图 2-3-8　起皱缺陷

（2）使用缺陷

① 失光是指在面漆使用过程中，面漆表面缺少光泽，在显微镜下观察面漆，发现其表面粗糙的现象，失光又被称为异常失光，如图 2-3-9 所示。

② 剥落是指面漆出现片状脱落，其边缘呈上卷状，脱离基材表面的现象，又称为起皮、脱漆等，如图 2-3-10 所示。

图 2-3-9　失光缺陷

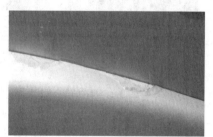

图 2-3-10　剥落缺陷

2．涂膜性能检测

（1）厚度检测

车身涂膜是多层结构，如图 2-3-11 所示，不同涂层的主要功能不同。底层主要作为防腐蚀涂层，中涂底漆起到缓冲作用并为喷涂面漆打好基础，面漆在最外层主要起装饰作用。一般新车涂膜从底材表面到外表的总膜厚约为 100～200μm，不同车型、不同部位的涂膜厚度可能不一致。但是新车上同一个板件上的涂膜厚度均匀，膜厚差异一般不超过 5μm。

车身涂膜厚度常用磁感应式膜厚仪检测，该膜厚仪可用来测量非金属底材上涂膜的厚度，如图 2-3-12（a）所示。

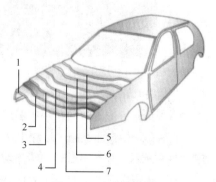

图 2-3-11　新车涂膜结构

1—钢板；2—镀锌层；3—磷酸锌层；4—电泳底漆层；5—中涂底漆层；6—色漆层；7—清漆层

测量时，膜厚仪探测端要抵靠到车身板件上，不能偏斜，如图 2-3-12（b）所示。通常在一个车身板件四周和中心取 5 个测量点，重点分析这 5 个测量点的厚度差异。

（a）磁感应式膜厚仪

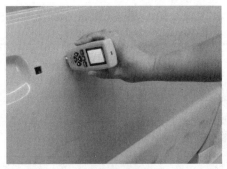

（b）测量膜厚

图 2-3-12　涂膜厚度检测

要想获得面漆厚度，需要在喷涂面漆前测量中涂底漆之前的膜厚，面漆喷涂完成再在该点测量涂膜总厚度，两次测量差值即为该点的面漆厚度。如果新喷涂的面漆过厚，可以通过抛光进行调整，抛光打磨时要随时测量厚度，以防处理过度。

（2）附着力检测

车身涂膜附着力多采用划格法检测，用百格刀切割涂层，评定涂层脱离性。

百格刀的刀刃间距有 1mm、2mm、3mm 等，如图 2-3-13（a）所示。切割间距的选择取决于涂层厚度和底材的类型。如 0~60μm 涂膜厚度的硬底材用 1mm 间距，相同厚度的软底材用 2mm 间距；60~120μm 涂膜厚度的硬底材或软底材用 2mm 间距；121~250μm 涂膜厚度的硬底材或软底材用 3mm 间距；大于 250μm 的涂层不适用百格刀。

检测附着力时，用百格刀十字交叉切穿涂膜，如图 2-3-13（b）所示。切割完毕后（如果是硬底材要使用胶带粘撕）按切口处涂膜损伤情况进行评级。常用的 ISO 涂膜附着力评级如表 2-3-1 所示。一般来说，前 3 级符合汽车涂膜对附着力的要求。

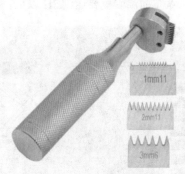

（a）百格刀

（b）检测附着力

图 2-3-13　涂膜附着力检测

表 2-3-1　　　　　　　　　　　　涂膜附着力评级

附着力等级	损伤评估	损伤现象
0	切口边缘光滑，无脱落现象，100%完好	

续表

附着力等级	损伤评估	损伤现象
1	切口交叉处有少许脱落，划格区破损不超过 5%	
2	切口边缘和交叉处有脱落，损伤面积范围为 5%～15%	
3	切口边缘部分或整片脱落，部分格子整片脱落，损伤面积范围为 15%～35%	
4	切口边缘大片或整片脱落，部分格子整片脱落，损伤面积范围为 35%～65%	
6	损伤面积超过 65%	

（3）硬度检测

面漆硬度反映面漆软硬程度，是涂膜机械强度的重要性能之一。铅笔硬度法是汽车面漆硬度检测的常用方法。

铅笔笔芯的硬度分为 13 级，从 6H 到 6B 硬度依次降低，如图 2-3-14（a）所示。H 表示硬度（hardness），B 代表黑度（blackness）。随着硬度降低，笔芯颜色变深。颜色深浅与石墨含量有关，颜色越深，石墨含量越高，笔芯越软。

检测时，将试样样板放在平面上，铅笔与试样成 45°角，施加一定的力以 1mm/s 的速度向前推进。如图 2-3-14（b）所示。从最软的铅笔开始划 5 道长约 10mm 的划痕，5 次试验中只有 2 次或 2 次以下划穿面漆时，换用硬度大一号的铅笔进行同样的试验。当面漆被划穿 2 次以上时的铅笔硬度即代表面漆的硬度。通常，汽车面漆硬度要达到 3H 以上。

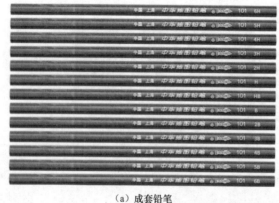
（a）成套铅笔

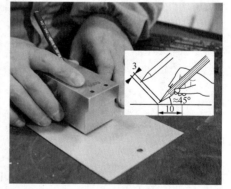
（b）检测硬度

图 2-3-14　面漆的硬度检测

（4）光泽检测

光泽用于评估涂膜表面反射光的情况，直接反射的光越多，光泽越明显。光泽度的高低可用来评价涂膜老化程度，涂膜老化越严重，光泽度越低。由于多工序面漆的外层清漆和金属底色漆均会影响光的反射，因此检测光泽多用于单工序素色面漆。

光泽仪是测定涂膜光泽度的仪器，如图 2-3-15（a）所示。光泽仪常用的测量角度有 20°、60° 和 85°。60° 光泽度测定适用于所有色漆，但对于光泽度很高的色漆，20° 光泽度测定则更为适宜。对于接近无光的色漆，85° 则更为适宜。

检测光泽度时，要选取平整部位，稍微弯曲或局部不平整都会影响检测结果，如图 2-3-15（b）所示。面漆光泽用优、良、中、差、劣 5 个等级评定，如表 2-3-2 所示。

（a）光泽仪　　　　　　　　　　　（b）检测光泽度

图 2-3-15　面漆的光泽度检测

表 2-3-2　　　　　　　　　　　　面漆光泽等级与失光程度评价

等级	失光程度	光泽度
优	无	90%以上
良	轻微	60%～90%
中	明显	30%～60%
差	严重	6%～30%
劣	完全	小于 5%

（5）色差检测

色差是两种颜色之间的差异，在汽车涂装维修中产生颜色差异的概率是非常高的，色差检测能定量判断两种颜色差异的大小。利用颜色空间将颜色进行量化，所有的颜色都可以在颜色空间中占据一个位置，空间中的一个位置代表唯一的颜色，两种颜色之间的距离就代表该两种颜色之间的色差大小。常见的颜色空间为 Lab 颜色空间，它是测色仪计算色差的基础。

在 Lab 颜色空间中，L 代表颜色明度，a 代表红绿色相，b 代表黄蓝色相，L、a、b 为三维坐标轴。通过颜色匹配试验，将明度坐标 L 量化为 0 到 100；a 坐标 0 到 100 为红色相，0 到 -100 为绿色相；b 坐标 0 到 100 为黄色相，0 到 -100 为蓝色相。这样就可以将一种颜色用位置坐标(L,a,b)定位，两种颜色 A 和 B 之间的色差即 A、B 两点之间的距离，如图 2-3-16 所示。色差用 ΔE 表示，计算公式为

$$\Delta E_{AB} = [(L_A - L_B)^2 + (a_A - a_B)^2 + (b_A - b_B)^2]^{1/2}$$

车身面漆色差的检测要通过目测观察和测色仪配合评定。观察颜色差异的方法在任务 2.2 中已经详细介绍，通过观察初步判定两种颜色的色差能否接受。如果需要更精准地判断颜色差异可用测色仪检测。汽车涂料领域常用的颜色测量仪器是分光光度测色仪（简称测色仪或分光光度计），如图 2-3-17 所示。测色仪通过测量，分别计算每种颜色的 L、a、b 值，并计算出两种颜色的属性差 ΔL、Δa 和 Δb 以及总色差 ΔE。

在实际应用中，不同的颜色用测色仪测量的色差与人观察的颜色差异不能完全对应。一般来说，当 $\Delta E < 0.5$ 时，人眼几乎无法判定颜色差别。新车面漆色差（ΔE）一般控制在 1.0 左右。

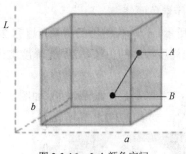

图 2-3-16　*Lab* 颜色空间

图 2-3-17　面漆的色差检测

（二）面漆的喷涂要点

1. 喷枪的控制参数

面漆的很多施工缺陷是由喷枪控制不佳引起的，喷涂面漆时要精准控制喷涂距离、喷涂角度、喷幅重叠率和喷涂速度，才能获得外观优良的面漆。

（1）喷涂距离

喷涂距离是指喷嘴与工件之间的距离，喷枪的最佳喷涂距离是固定的。一般传统高压喷枪标准喷涂距离为 20cm 左右，HVLP（高流量低气压）喷枪喷涂距离为 10～15cm，如图 2-3-18 所示。标准喷涂时，喷枪与被喷工件要一直保持距离均衡。喷涂距离过近则面漆厚，易产生流挂和纹理不均匀等缺陷；距离过远则涂膜薄、表面粗糙、缺少光泽。在实际操作中，喷涂距离要根据喷涂要求、涂料黏度等灵活调整。

喷枪基本要素控制

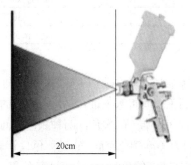

（a）传统高压喷枪标准喷涂距离　　　　（b）HVLP 喷枪标准喷涂距离

图 2-3-18　喷涂距离

（2）喷涂角度

在标准喷涂时，要求喷枪与被喷工件永远保持垂直，如图 2-3-19（a）所示。这样才能保证喷涂的面漆厚度、纹理均匀，不致产生流挂、橘皮纹等缺陷。但是在局部修补板件时，要采用甩枪法（渐淡喷涂法），才能使面漆边缘渐淡过渡，不致产生明显的断层，如图 2-3-19（b）所示。

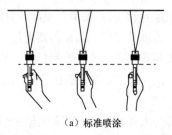

（a）标准喷涂　　　　　　　　　　（b）甩枪法

图 2-3-19　喷涂角度

（3）喷幅重叠率

由于喷幅中间实两端虚，要想获得均匀的面漆，就需要两个喷幅之间有重叠，如图 2-3-20 所示。标准喷涂时，传统喷枪要求喷幅重叠 50%～60%，而 HVLP 喷枪则要求重叠 70%～80%。在实际喷涂操作中，喷幅重叠率要根据不同涂料和喷涂要求随机调整。

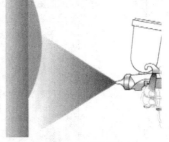

图 2-3-20　喷幅重叠率

（4）喷涂速度

喷涂速度是指喷枪移动速度，是影响面漆厚度、外观质量的重要控制参数。速度过慢面漆厚，涂料堆积，容易产生流挂缺陷；速度过快面漆薄，表面粗糙，容易产生橘皮纹。标准喷涂速度为 60～90cm/s，喷枪移动要保持平稳、匀速。在实际喷涂操作中，要根据喷涂距离、喷涂角度、喷幅重叠率和涂料的黏度、涂料喷出量等因素灵活调整喷涂速度。

2．车身板件的喷涂手法

（1）基本喷涂手法

① 将压缩空气管从背部跨过右肩，右手持枪，左手握住压缩空气管，站在板件中心偏左处，保证手臂摆动幅度能够完全覆盖板件。如果板件较大，需要摆腰、弯腿配合喷涂。

② 喷涂板件时要遵循先边缘再中间的原则，即先喷涂板件边缘的侧面，再喷涂板件的正面。

③ 正常喷涂时，喷幅中心与板件上边线对齐，在喷枪距离板件边缘 10cm 处扣下扳机，喷出涂料。控制好喷涂参数，进行喷涂。到另一端超过板件 10cm 处松开扳机，涂料停止喷出。按喷幅重叠要求（如重叠 1/2 喷幅）移动喷枪，反向完成下一次喷涂。以此类推，完成整个板件的喷涂，如图 2-3-21 所示。

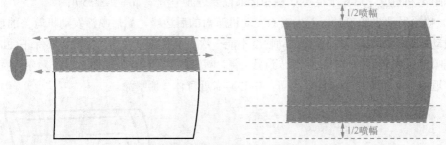

图 2-3-21　板件的基本喷涂手法

④ 练习喷涂手法时可以用自制喷枪控制练习板，配合手机下载的节拍器，如图 2-3-22 所示。练习板边长为 90cm，均分为 3 份并做标记线，从上至下每隔半个喷幅做标记线。在喷枪端部安装定位尺，可以在 10～15cm 之间调节。将节拍器设定为 1s 1 个节拍。反复练习喷涂距离、喷涂角度、喷幅重叠率、喷涂速度等喷枪控制要点，熟练以后再用水或乳胶漆模拟喷涂，直至能够熟练控制喷枪再用真实涂料喷涂。

（2）不同车身板件的喷涂手法

① 喷涂车门时，首先喷涂车门框部分，然后从上到下直到车门的底部。喷涂门把手时应该特别小心，因为某点的涂料太多会导致下垂，如图 2-3-23 所示。

② 喷涂前翼子板时，首先喷涂前照灯周围部分、车轮上部、与前门相邻侧面、上部翻边等。然后从上到下喷涂正面，如图 2-3-24 所示。

（a）喷枪控制练习板　　　　　（b）节拍器

图 2-3-22　喷涂手法练习

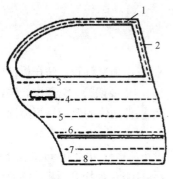

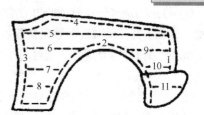

图 2-3-23　车门的喷涂　　　　　　图 2-3-24　前翼子板的喷涂

③ 喷涂后翼子板时，首先喷涂边缘，然后喷涂面板正面。后翼子板形状复杂，要控制好喷涂距离和角度。后翼子板与C柱相接部位要过渡平滑，如图2-3-25所示。

④ 喷涂发动机舱盖时，首先喷涂发动机舱盖的后边缘，然后喷涂发动机舱盖的前部。由于发动机舱盖面积较大，手臂摆动幅度不能一次完全覆盖喷涂面。因此，喷涂正面时要站在一侧喷涂距离较近的一半，然后转到另一侧，喷涂剩下的一半，如图2-3-26所示。喷涂时，可从靠近身体一侧向中心喷涂，也可从中心向靠近身体一侧喷涂。

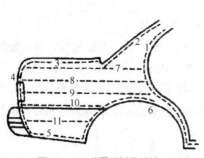

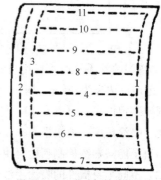

图 2-3-25　后翼子板的喷涂　　　　　图 2-3-26　发动机舱盖的喷涂

知识评价

1. 面漆维修后涂膜越新、光泽度越高，维修质量越好。（　　　）

2. 维修后的面漆应该厚度和纹理均匀，不能产生面漆缺陷。（　　）

3. 面漆产生失光说明车辆使用过久或车身保养不善。（　　）

4. 新车涂膜总厚度约为 100～200μm，典型特点是同一板件上膜厚均匀。（　　）

5. 汽车面漆硬度常用铅笔硬度法检测，面漆硬度要达到 3B 以上。

6. 在 *Lab* 颜色空间中，*L* 代表颜色明度，*a* 代表黄蓝色相，*b* 代表红绿色相。（　　）

7. 起云是指在喷涂后，局部颜色变得较白并呈云团状，常发生于（　　）。

  A. 素色面漆　　　　　B. 银粉色面漆　　　　　C. 黑色面漆　　　　　D. 白色面漆

8. 以下能反映面漆被维修过的缺陷有（　　）。

  A. 流挂　　　　　B. 脏物　　　　　C. 缩孔　　　　　D. 失光

9. 要想获得外观优良的面漆，喷涂时要精准控制的喷涂参数有（　　）。

  A. 喷涂距离　　　　　B. 喷涂角度　　　　　C. 喷幅重叠率　　　　　D. 喷涂速度

10. 观察你身边的车身面漆，试着评估车身是否被维修过。

三、任务实践

任务案例：卢先生的东风风神 A30 轿车，车身右后门和右后翼子板发生刮碰，面漆被划穿，但是板件未发生变形，如图 2-3-27 所示，他来到维修站进行面漆修复。该如何进行面漆的喷涂呢？

图 2-3-27　面漆严重划伤

（一）整板喷涂面漆

所谓整板喷涂是指整个板件全部重新喷涂，比如整个翼子板、车门、发动机舱盖的喷涂等。车身上所有板件全部喷涂称为整车喷涂。施工前穿戴好防护眼镜、防毒面具、耐溶剂手套、防静电工作服和安全鞋等防护用品。

1．工具材料的准备

（1）准备涂料

① 按用量调配面漆，根据涂料说明书建议的各成分（涂料、固化剂和稀释剂）比例选择合适规格的比例尺。

② 选择干净的调漆杯，依次加入涂料、固化剂（双组分涂料需要）、稀释剂。各个组分按比例添加完成后，搅拌均匀。

③ 测试涂料黏度，根据施工要求和环境温度，用稀释剂进行调整。将调配好的涂料过滤后加入喷枪。

④ 将喷枪流量和喷幅调整为最大，气压调整为 2.0bar（0.2MPa）。

面漆的喷涂

（2）板件准备

① 将车身或板件移入喷漆房，用压缩空气清除表面的粉尘并彻底吹干水分，用除油剂清洁除油。如果板件残留水汽，面漆会产生针孔。如果除油不彻底或有除油剂残留，面漆会产生缩孔缺陷，如图 2-3-28 所示。

② 将不需要喷涂的部位进行遮挡。用粘尘布再次除尘，防止面漆产生脏物缺陷，如图 2-3-29 所示。

图 2-3-28　除油不正确　　　　　　　　图 2-3-29　用粘尘布再次除尘

2. 底色漆工序的喷涂

（1）喷涂第 1 层底色漆

① 先在中涂底漆范围内薄喷，然后喷涂整个板件。喷涂整个板件时，距离稍远，喷幅重叠 1/2 左右，适当提高喷涂速度，从上至下完成喷涂操作。

② 第 1 层底色漆不可喷涂过厚，喷涂完成后能够遮盖底色的 50%～70%即可，如图 2-3-30 所示。

（2）喷涂第 2 层底色漆

① 涂膜闪干至表面呈亚光状态后进行第 2 层底色漆喷涂，如图 2-3-31 所示。

② 喷涂时，喷涂距离稍近些，喷幅重叠 2/3 左右，控制好喷涂速度。完全将底层颜色遮盖，涂膜丰满，颜色一致，不得有流挂等缺陷。

图 2-3-30　喷涂第 1 层底色漆　　　　　　图 2-3-31　喷涂第 2 层底色漆

（3）喷涂效果层

① 如果面漆是金属色，需要在第 2 层底色漆闪干至表面呈亚光状态后，再喷涂半层效果层。如果面漆为素色，则直接喷涂清漆，不需要喷涂效果层。

② 喷涂效果层时，喷涂距离要远些（HVLP 喷枪为 25～30cm），喷幅重叠 1/4 左右，加快喷涂速度。效果层喷涂完成后，表面有金属质感。

3. 清漆工序的喷涂

（1）喷涂第 1 层清漆

① 喷涂清漆前，保证底色漆中溶剂完全挥发，干燥彻底。

② 喷涂时，喷涂距离标准，喷幅重叠 1/2 左右，适当提高喷涂速度，从上至下完成喷涂。

③ 第 1 层清漆不可喷涂过厚，喷涂完成后表面有光泽，如图 2-3-32 所示。

（2）喷涂第 2 层清漆

① 第 1 层清漆喷涂完成后，闪干 5min（20℃）。涂膜自然流平，同时溶剂适当挥发，增加黏度，防止流挂。比较实用的测试方法是，用手指按与板件最近的遮护纸上的涂料，当感觉不粘手指时即可进行第 2 层清漆喷涂。

② 喷涂时，保持喷涂距离标准，喷幅重叠 2/3 左右，控制好喷涂速度。

③ 喷涂完成后，涂膜表面光亮，纹理均匀，无流挂等缺陷，如图 2-3-33 所示。

图 2-3-32　喷涂第 1 层清漆

图 2-3-33　喷涂第 2 层清漆

4．清漆的干燥和缺陷的修整

（1）清漆的干燥

如果不急于交车可采用常温干燥，将板件置于喷漆房或规定场所，避免涂膜表面黏附灰尘或者被意外磕碰。常温干燥时间参考涂料说明书规定。

对于喷涂面积较小的情况，采用红外线烤灯加温干燥。如果喷涂面积较大，分布的位置较多，可以利用烤漆房加温干燥。一般短波红外线干燥时间在 10min 左右，烤漆房加温到 60℃ 烘烤 30min 即可。

（2）缺陷的修整

由于施工环境、材料等原因，新喷涂的清漆表面避免不了有脏物、光泽不均匀，甚至流挂等缺陷，需要进行抛光处理。

对于清漆表面的脏物、橘皮纹、流挂等缺陷，先用美容抛光砂纸打磨掉，再进行抛光。一般新喷涂膜比旧涂膜厚，如果需要调整涂膜厚度，则先测量膜厚，再用美容抛光砂纸打磨调整。抛光时，要将与维修部位相邻的板件一起进行细抛光，以使新旧涂膜光泽一致。

（二）局部修补面漆

1．局部修补工艺

与整板喷涂不同，局部修补喷涂是在一块板件上进行修补、喷涂等操作。在同一个板件上做修补一定会产生分界区域，如果不采取适当的工艺消除，很容易被看出区别。局部修补是一块板件上出现了损伤，但是损伤的面积较小，同时位置靠近边缘，为了节省时间和材料，而进行的涂装维修工艺。如图 2-3-34 所示，车辆的左前翼子板靠近前照灯部位受损，损伤范围未超过板件面积的 1/5，损伤程度轻微，可做局部修补。

局部修补工艺

（1）局部修补类型

局部修补多用于需要喷涂清漆的双工序面漆，单工序面漆进行局部修补喷涂很难做到颜色一致。另外，单工序面漆施工简单，进行局部修补后要做烦琐的抛光处理。双工序面漆常用的局部修补类型有以下两种。

① 局部喷涂底色漆，整板喷涂清漆。

② 局部喷涂底色漆，局部喷涂清漆。

（2）局部修补边界的选择

局部修补边界的选择很重要，能使修补后的涂膜与原涂膜差异减小。

① 选在车身板件面积较窄处，比如前翼子板中部、C柱与后翼子板相接部位等处。

② 选在车身拐角部位，比如保险杠蒙皮拐角处等。虽然是同一个板件但是处在空间的两个面上，对观察者来说对比性要小很多。

③ 选在板件的棱线部位，因为大多数车身棱线分界的两个面都是不在同一平面上的，所以对比性要小些。

④ 不适合进行局部修补的部位。发动机舱盖在车辆的显眼位置，并且处在水平面上，最好不要在上面"打补丁"，因为再好的修补也不是完美无缺的。同理，行李舱盖上表面也不适合进行局部修补。

2．过渡喷涂工艺

过渡喷涂是指在维修浅银粉色或珍珠色车身时，为了解决容易产生色差的问题，而被迫将维修区域向相邻的板件扩展的方法，如图2-3-35所示。一辆银粉色车身汽车的左前翼子板需要修补，如果只维修前翼子板，有可能跟相邻板件形成色差。经过多次微调色还是不能解决色差时，为了消除这种视觉上的颜色差异，就要考虑向左前门进行过渡喷涂。过渡喷涂左前门时要求底色漆必须局部喷涂，清漆整板喷涂。

图 2-3-34　局部修补

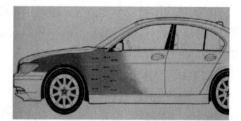

图 2-3-35　过渡喷涂

能力评价

请针对任务案例"卢先生的东风风神A30轿车，车身右后门和右后翼子板发生刮碰，面漆被划穿，但是板件未发生变形，他来到维修站进行面漆修复"，依据所学知识和技能，分析并回答以下问题。

1．对任务案例中的右后门喷涂面漆时，需要（　　　）。

　　A．整板喷涂　　　　B．局部修补喷涂　　　　C．过渡喷涂　　　　D．自动喷涂

2．对任务案例中的右后翼子板喷涂面漆时，需要（　　　）。

　　A．整板喷涂　　　　B．局部修补喷涂　　　　C．过渡喷涂　　　　D．自动喷涂

3．如果经过反复调色，依然不能准确调配出与车身一致的颜色，可（　　　）。

　　A．将右后门旧涂膜全部打磨到露出金属

　　B．将整个右侧车身重新喷涂

C. 向右前门做过渡喷涂

D. 进行抛光处理消除色差

4. 在任务案例中右后翼子板部位喷涂面漆时，要采用（　　）。

A. 实喷工艺　　　　B. 湿碰湿喷涂　　　　C. 甩枪法　　　　D. 标准喷涂手法

5. 若想喷涂后的面漆达到原厂标准，可用抛光工艺调整（　　）。

A. 膜厚　　　　　　B. 附着力　　　　　　C. 光泽　　　　　D. 色差

| 项目拓展 |

世界冠军，大国工匠

世界技能大赛由世界技能组织举办，被誉为"技能奥林匹克"，是世界技能组织成员展示和交流职业技能的重要平台。我国选手杨金龙和蒋应成分别在第 43、第 44 届世界技能大赛中，获得汽车喷漆项目金牌。

他们都是从职业院校走出的选手，能够登上世界技能之巅，靠的是对岗位的热爱和平时的刻苦训练。按照世界技能大赛的要求，涂膜的厚度误差不能超过 $10\mu m$，相当于一根头发丝直径的 1/6 左右。要达到如此精度，就需要将喷涂参数控制得非常精准。我们在平时工作中，也要向世界标准看齐，热爱自己的本职工作。"要想登上技能巅，核心技术天天练。不怕辛苦多流汗，撸起袖子加油干。"请记住：岗位无贵贱，适合自己的才是最好的。

项目 3
汽车内饰的美容与装饰

一辆汽车（特别是轿车）配置的高低，大多体现在内饰中。汽车内饰设计者为了迎合人们对驾乘舒适性的要求和不同客户的品位，内饰外观和材质各具特色，内饰功能越来越多。例如，同一车型的不同车款会在座椅、仪表板、车门饰板等部位采用不同材质的蒙皮加以细分，高级车款会用真皮、仿木内饰提升档次；普通车款会用织物、硬质塑料内饰降低成本。高级车款内饰功能也更多，比如自动空调、电动和记忆座椅、自动巡航等。在售后服务中，汽车内饰的美容与装饰需求也在不断提高。

内饰配置功能强，清洁护理保健康。会检查、能拆装，修复改色真是靓。

本项目主要介绍内饰的清洁和养护、内饰的拆装和维护，以及内饰的修复和装饰等内容。

| 任务 3.1　内饰的清洁和养护 |

知识目标

1. 掌握汽车内饰污染类型和美容方法；
2. 掌握汽车内饰清洁护理用品和设备的选用。

技能目标

1. 能够规范地清洁和护理汽车内饰；
2. 能够清除不同的内饰污染。

素质目标

1. 培养学生吃苦耐劳、持之以恒的品格；
2. 培养学生爱岗敬业的职业精神。

一、任务分析

汽车内饰零件大部分采用化学工艺制作，不可避免会有甲醛、苯等对人体有害的化学溶剂残留，狭小的车内空间会被这些化学成分充斥。再加上不注意内饰的清洁和护理，车内空气质量变差，内饰也会老化、受损。

异味烟头残渣，座椅地板旮旯，先吸再喷后擦。空气净化，消毒剂别用差。

学习本任务需要学生具有车身结构和材料基础知识，掌握汽车内饰污染类型和清洁方法，能够根据具体车况选用合理的清洁护理用品和设备，进行内饰保养操作。同时在操作中，要注意劳动安全，不怕辛苦，规范操作，具有爱岗敬业的职业精神。

二、相关知识

（一）内饰污染的类型及美容方法

1．内饰污染的类型

汽车内饰污染除了明显灰尘、杂物和各种污渍以外，还有一些看不到的污染物。例如，难闻的异味甚至有害气体、可吸入颗粒物等都会污染车内空气。

（1）有害气体

车内的有害气体多为具有挥发性有机化合物（Volatile Organic Compound，VOC），如甲醛、苯等。内饰在生产过程中要使用一些具有挥发性的有机溶剂，它们在成品中会有一定量的残留，所以在使用过程中会不断地挥发，如转向盘、座椅和扶手、仪表板、地毯和顶棚、车门饰板等。有时在车上闻到的"新车气味"很多就是从这些部位散发出来的，这些气味会影响人体健康。甲醛、苯等有害气体的挥发速度与温度有关。随着温度的升高，尤其是到了夏季，其挥发速度加快，对健康危害更加严重。

同时，车内残留的食品、饮料等腐败、变质后会产生异味，危害健康。

（2）可吸入颗粒物

可吸入颗粒物的直径小于10μm，颗粒物越小对人体危害越大。这些颗粒物可能会损害人体的呼吸系统，从而诱发哮喘病、肺病等，其大多来自空气中的小颗粒灰尘，如雾霾、尾气等，少数来自内饰的地毯、长绒毛饰品等。

2．杀菌消毒方法

驾驶室杀菌消毒方法多种多样，但按原理不同大体可分为物理法和化学法。从发展趋势看，由于人们对环保越来越重视，更多地注重采用物理法和臭氧、离子等新型净化空气的方法；化学法中的普通消毒液会伤害内饰，并且气味较重，很少采用。

（1）化学法

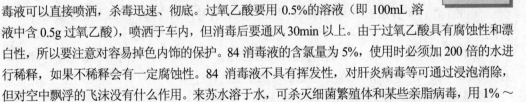

内饰杀菌消毒方法

① 普通消毒液。日常生活中常用的杀菌消毒试剂有过氧乙酸、84消毒液、来苏水等。在特定情况下，可以用这些消毒液有针对性地处理内饰污染。这些消毒液可以直接喷洒，杀毒迅速、彻底。过氧乙酸要用0.5%的溶液（即100mL溶液中含0.5g过氧乙酸），喷洒于车内，但消毒后要通风30min以上。由于过氧乙酸具有腐蚀性和漂白性，所以要注意对容易掉色内饰的保护。84消毒液的含氯量为5%，使用时必须加200倍的水进行稀释，如果不稀释会有一定腐蚀性。84消毒液不具有挥发性，对肝炎病毒等可通过浸泡消除，但对空中飘浮的飞沫没有什么作用。来苏水溶于水，可杀灭细菌繁殖体和某些亲脂病毒，用1%～3%的溶液对汽车内饰进行擦拭或喷洒，若将来苏水与肥皂和洗衣粉一起使用，将减弱其杀菌力。

② 臭氧。这种方式主要通过采用一个能迅速产生大量臭氧的汽车专用消毒机来进行消毒。臭氧是一种广泛的、高效的快速杀菌剂，它可以杀灭多种病菌及微生物，通过氧化反应除去车内的有毒气体。臭氧机制造出来的大量臭氧可以在较短的时间内破坏细菌、病毒和其

他微生物的结构，使之失去生存能力。臭氧的杀菌作用起效非常快，当其浓度超过一定数值后，甚至可以瞬间完成消毒杀菌。与化学消毒不同，臭氧消毒杀菌一般不残存有害物质，不会对汽车造成第二次污染。因为，臭氧消毒杀菌后很快就分解成氧气，对人体无害，缺点是杀毒成本过高。

③ 光触媒。其杀菌原理是利用二氧化钛在光的作用下产生正、负离子，其中正离子与空气中的水分子结合，生成具有氧化分解能力的氢氧自由基；而负离子则与空气中的氧结合成活性氧。二者均具有强大的消毒杀菌能力，对车内常见的甲醛、氨、苯等有机化合物具有分解作用，同时可以清除车内的浮游细菌。

（2）物理法

① 高温蒸汽。用高温蒸汽给汽车消毒，相当于给汽车做"桑拿"，利用蒸汽的高温对车内部进行杀菌消毒。这种方法对蒸汽机的品质要求高，有的蒸汽机在蒸汽消毒的同时还附带红外线、负离子消毒功能，不仅能有效地清除车内的烟味、油味、霉味等各种异味，还能杜绝细菌、螨虫的滋生和某些皮革因表面的保护层遭受酸性物质的破坏而出现的褪色、发黄等现象。但是高温蒸汽容易引起电气设备故障及塑料件老化，因此不建议经常使用。

② 吸附法。市场上采用吸附法净化空气的产品较多，如竹炭、活性炭等，它们具有发达的空隙结构、很大的比表面积和超强的吸附能力，对苯、甲醛等都有吸附作用。

有些车主在车内放橘子皮、香水等，以为能净化车内空气。实际上只是利用水果和香水的清新味道来遮盖其他异味，并不能消毒杀菌。

（二）清洁护理用品和设备

1．清洁护理用品

由于内饰材料种类不同，使用的清洁护理用品也不同，因此选择和使用清洁护理用品时一定要根据其使用说明辨别清楚。很多专业的汽车清洗剂生产厂家，会根据车上零件材质的不同而开发专门的清洁护理用品。这些清洁护理用品使用简便、清洗效果好，并且安全、环保、没有污染。

（1）内饰清洁剂

内饰清洁剂（见图 3-1-1）主要用于汽车棉麻制品的干洗，如汽车织物座椅、绒毛顶棚和地毯等，也可以用于清洁塑料内饰上的各种污垢。高质量的内饰清洁剂应该具有以下特性。

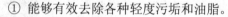
内饰清洁用品

① 能够有效去除各种轻度污垢和油脂。

② 具有污染物屏蔽功效，有效防止被清洗纤维短期内再度遭受污染。

③ 呈中性，不含强酸、碱类物质，不会损伤各种材质的物品，对人体健康无害，对环境无污染。

④ 使用较为简单，直接喷洒在被清洁的物品上，稍等片刻，用清洁软布擦干净即可，无须用水冲洗。对于顽固的污垢，可以借助刷子刷洗。

⑤ 防止静电的产生。

（2）皮革护理剂

皮革护理剂（见图 3-1-2）专门用来清除皮革饰件上的污染物，同时对皮革本身没有损坏。皮革护理剂根据皮革毛孔的特性，通过特有的渗透功能，用天然的营养精华对皮革进行滋润，使之更加柔和、富有弹性，延长使用寿命。高质量的皮革护理剂应具有如下品质。

图 3-1-1　内饰清洁剂

图 3-1-2　皮革护理剂

① 富含天然动植物滋补营养成分，具有卓越的渗透和滋润作用，使皮革保持柔软的质感和自然的皮质色泽，对真皮有着深层、持久的保护作用。

② 其有效成分可阻挡紫外线，抗静电、防水，且能有效防止真皮老化、龟裂和失色等。

③ 内含杀菌、防霉活性成分和疏水剂，可以阻止真皮受潮、霉变。

（3）仪表板护理剂

仪表板护理剂（见图 3-1-3）俗称仪表板上光蜡，主要的作用是对仪表板进行有效的保护，抗静电，防止板材失色、龟裂和老化等。仪表板护理剂也可用于其他塑料件、木制件、橡胶密封条和皮革制品等的保养。仪表板护理剂有自喷式和液体式，对于自喷式仪表板护理剂，只要将其摇匀，喷射到被养护的表面，稍等片刻后，用干净的软布轻轻擦拭即可使仪表板光亮如新；液体式仪表板护理剂应被蘸在干净的软布上，再将其轻涂在被保养的表面，稍等片刻后，被涂表面就会光洁如新。劣质或不合格的仪表板护理剂含大量的有机溶剂，异味浓重，令人窒息，且久不干燥，容易吸附尘土，对车内环境造成严重污染，对人体健康存在潜在的威胁。高质量的仪表板护理剂应具有如下特点。

① 具备抵御紫外线侵蚀、抗静电等特点。

② 采用纯天然制剂，不含有机溶剂，避免给人体健康带来威胁，也不会损伤内饰或污染车内空气。

（4）内饰消毒剂

专业的内饰消毒剂（见图 3-1-4）用于清除车内的异味，杀灭有害细菌。内饰消毒剂可以单独喷洒，也可以加到蒸汽机中使用。

图 3-1-3　仪表板护理剂

图 3-1-4　内饰消毒剂

2．设备

（1）汽车内饰清洁专用吸尘器

汽车内饰清洁专用吸尘器是汽车清洁过程中常用的设备，它可以通过更换各种不同形状的吸尘头将隐蔽处的杂物、灰尘等清除干净。

（2）蒸汽机

蒸汽机（见图3-1-5）通过将机器里的水加热，产生高温蒸汽，将顽固污渍溶解、清除，起到消毒杀菌的效果。蒸汽熨斗（见图3-1-6）是蒸汽机的附件，可以用来熨平内饰，对应不同材质的内饰有不同的调节挡位。使用时要注意其加热的温度，不要将内饰损坏。

图3-1-5　蒸汽机

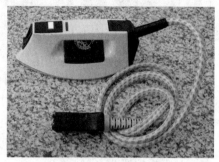

图3-1-6　蒸汽熨斗

使用蒸汽机时，将除臭消毒剂与水按比例混合后加入蒸汽机。加注完成后一定要将加注盖拧紧，防止压力升高后蒸汽喷出伤人。调整温度和喷雾压力（见图3-1-7），打开加热开关加热。蒸汽机大约加热15min，就可以使用了。使用蒸汽机时一定要注意以下几点。

① 蒸汽不要喷到电子元件上，否则很容易将其损坏，高温蒸汽不得对着他人喷。

② 尽量不要用高温蒸汽清洁皮革制品。

③ 使用完以后，要将蒸汽机里的残余液体排干净，防止机体被腐蚀。

（3）臭氧消毒机

臭氧消毒机（见图3-1-8）能迅速产生大量臭氧，对车内进行消毒杀菌。臭氧消毒机使用方法简单，杀菌彻底。

图3-1-7　设定喷雾压力

图3-1-8　臭氧消毒机

知识评价

1. 通过内饰能够看出一辆轿车的配置情况。（　　　）

2. 通过内饰的磨损情况能够准确评估车辆的使用年限。（　　　）

3. 具有挥发性的有机溶剂的挥发速度与温度有关，温度升高，挥发速度加快。（　　　）

4. 在车内放橘子皮、苹果等果皮或水果能净化车内空气。（　　　）

5. 以下能够污染车内空气的物质有（　　　）。

　　A. 二氧化碳　　　　　　B. 酒精　　　　　　C. 苯　　　　　　D. 甲醛

6. 具有腐蚀性和漂白性的消毒试剂是（　　）。

　　A. 84 消毒液　　　　B. 过氧乙酸　　　　C. 来苏水　　　　D. 甲醛消除灵

7. 以下对织物内饰清洁剂描述错误的是（　　）。

　　A. 能有效去除各种轻度污垢和油脂，有效防止被清洗纤维短期内再度遭受污染

　　B. 使用较为简单，直接喷洒在被清洁的物品上，稍等片刻后用清洁软布擦干净即可

　　C. 呈酸性，不会伤及各种材质，对人体健康且对环境无害

　　D. 防止和消除静电的产生

8. 以下对蒸汽机使用描述错误的是（　　）。

　　A. 可以在加水的时候混合一定量的内饰消毒剂

　　B. 蒸汽不要喷到电子元件上，否则很容易将其损坏

　　C. 能够完美地清洁所有汽车内饰

　　D. 使用完以后要将蒸汽机里的残余液体排干净，防止腐蚀机体

三、任务实施

任务案例：张先生购买了一辆 2004 年的二手丰田凯美瑞轿车，内饰脏污，残留大量杂物，有很大的霉味，要翻新内饰。如图 3-1-9 所示，请问如何清洁翻新？

图 3-1-9　脏污的汽车内饰

（一）常规保养内饰

1. 日常清洁

（1）常规检查

① 检查转向盘外表是否损坏和脏污，转向盘上的缓冲垫和副驾驶座一侧

汽车内饰的清洁护理

仪表板内安全气囊模块的表面上，不能粘贴、放置物品，如饮料托架、电话支座等。这两处只允许用干燥的或用水浸湿的抹布清洁。

② 检查仪表板蒙皮有无裂纹、破损等。

③ 检查座椅和头枕表面有无撕裂、破损等，安装是否牢固。

④ 检查安全带，安全带限位器滑槽内应保持清洁，否则限位器将不能正常工作。

⑤ 车顶内饰主要为汽车顶衬等部分，多为皮革或合成纤维制品。蒙皮与车体之间附有隔热层，该隔热层不仅有助于调节温度，还可降低车内噪声，隔热层填充材料越多，开车时车内人员所能听到的噪声就越小。汽车顶衬的边缘十分容易脏污，要注意检查。

⑥ 检查地板下面是否潮湿，如图 3-1-10 所示。确保脚垫在汽车行驶期间被固定并且不妨碍驾驶员操控踏板。只允许使用能保证踏板区域畅通无阻且防滑的脚垫。如果不能畅通无

阻地操控踏板，则易发生事故。

⑦ 车门内饰板是经常被磨损的地方，容易损坏。并且在它的上面有很多控制装置，如玻璃升降开关、外后视镜调节开关、门锁拉手等。要仔细检查，为清洗做好准备。

（2）清除灰尘和杂物

① 将车内的脚垫等无关的杂物取出，倒掉烟灰缸内的烟灰和烟蒂，如图 3-1-11 所示。尽量清除车内的垃圾，车门保持开启状态。

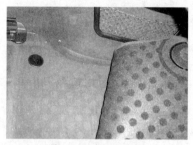
图 3-1-10　检查地板

图 3-1-11　清理烟灰缸

② 打开车载空调到最大挡，并拨弄空调出风口风向调节钮。清除空调系统内部的灰尘，同时借助车载空调清除车内的灰尘。

仪表板上凹凸不平的地方需用自己设计的专用工具清洁。可以用各种不同厚度的木片或尺子，把其头部修理成斜三角形、矩形或正三角形等不同样式，然后包在干净的抹布里面进行清洁。

③ 取出脚垫，并将脚垫清洁干净，如图 3-1-12 所示。

④ 用吸尘器清除座椅下部等边角处的灰尘和杂物，如图 3-1-13 所示。座椅要配合着前后调节，靠背放平，尽量将夹缝清洁干净。

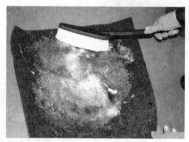
图 3-1-12　清洁脚垫

图 3-1-13　用吸尘器清洁灰尘和杂物

2．清洁特殊部位

（1）清除顽固污渍

车门上方的顶棚处和车门扶手部位，由于经常被触碰，污渍最多、最难清洁，应用以下方法清洁。

① 用蒸汽辅助清洁，还能将顶棚内的有害细菌杀灭。

② 边清洗边擦拭顶棚，逐步将污渍清除，如图 3-1-14 所示。

　注　意

　在清洗安全带时，要使用内饰清洁剂或温水清洗并自然干燥，不能使用人工加热（如烘烤等）方式，因为这样会影响安全带的安全性能和使用寿命。

（2）整理定型

对不平整的部位（如褶皱）可以用蒸汽熨斗熨平。使用蒸汽熨斗时要根据内饰的材料选择相应挡位，以免对汽车造成不必要的损坏，如图3-1-15所示。

图3-1-14　清洗顶棚

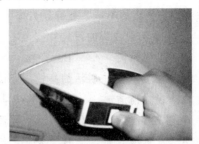

图3-1-15　熨平褶皱

（3）保养护理

取护理剂喷涂于柔软毛巾（或无纺布）上，再将柔软毛巾（或无纺布）上的护理剂均匀涂于需要保养的内饰表面，用另一条柔软毛巾（或无纺布）擦干，或者直接将护理剂均匀地喷涂于内饰表面，如图3-1-16所示，再用柔软毛巾（或无纺布）擦匀、擦干。需要保养的部位都要擦拭到，保养后的部件应光亮如新，如图3-1-17所示。

图3-1-16　喷涂护理剂

图3-1-17　擦匀喷涂的护理剂后的效果

（二）净化车内空气

1．清理污染源

要想彻底治理车内异味，首先要找到产生异味的源头。例如，腐败、变质的食物等，特别是异味严重的污渍和受潮发霉部位。先将这些污染物彻底清除干净，必要时可以用普通消毒液清理，清理完成后注意通风。

2．净化空气

（1）高温蒸汽消毒

使用高温蒸汽对座椅底部、顶棚等部位消毒杀菌，最好不要关闭车门，喷蒸汽的量要把握好，达到目的即可。对于真皮座椅等贵重材料部位，消毒时要加倍小心，不要让蒸汽凝结的水在这些表面因停留时间过长而渗入内部，影响其使用性能和质量。

（2）臭氧消毒

使用臭氧消毒时，将臭氧机放在车厢内，接通电源，关闭门窗。开机释放臭氧到足够消毒杀菌的浓度和时间即可，如图3-1-18所示。

图3-1-18　臭氧消毒

能力评价

请针对任务案例"张先生购买了一辆 2004 年的二手丰田凯美瑞轿车，内饰脏污，残留大量杂物，有很大的霉味，要翻新内饰"，依据所学知识和技能，分析并回答以下问题。

1. 任务案例中内饰的污染物有（　　）。

　　A. 顽固污渍　　　　B. 杂物　　　　　　C. 异味　　　　　D. 噪声

2. 清洁任务案例中脏污的座椅，应该用（　　）。

　　A. 真皮清洁剂　　　B. 内饰清洁剂　　　C. 臭氧　　　　　D. 光触媒

3. 保养任务案例中的仪表板、中控面板等，应该用（　　）。

　　A. 皮革清洁剂　　　B. 内饰清洁剂　　　C. 皮革护理剂　　D. 仪表板护理剂

4. 如果任务案例中的发霉部位是副驾驶座椅垫，消毒可以用（　　）。

　　A. 含 0.5%过氧乙酸的溶液　　　　　B. 未稀释的 84 消毒液

　　C. 1%~3%的来苏水溶液　　　　　　D. 洗衣液

5. 要想全面净化车内空气，可以使用（　　）。

　　A. 活性炭　　　　　B. 高温蒸汽　　　　C. 臭氧　　　　　D. 过氧乙酸

| 任务 3.2　内饰的拆装和维护 |

"

知识目标

1. 掌握汽车座椅的结构和调节机构的知识；
2. 掌握汽车门锁的结构和使用方法。

技能目标

1. 能够更换汽车常见的内饰；
2. 能够检查并排除汽车门锁故障。

素质目标

1. 培养学生独立分析和动手的能力；
2. 培养学生爱岗敬业的职业精神。

"

一、任务分析

汽车损伤严重的内饰需要进行更换，有时更换真皮座椅、内饰改色等也需要进行内饰拆装。内饰多采用卡扣和固定螺栓的连接方式，为了美观，固定螺栓外部通过装饰条遮盖起来。在拆装内饰时不要损伤卡扣等，更不能野蛮拆卸。

内饰更换不用慌，正着卸、反着装。饰条多数能拆下，固定螺栓里边藏。

车门锁，打不开，备用钥匙派用场。没有试着用气囊，实在没辙找锁王。

学习本任务需要学生具有车身结构基础知识，能够规范地拆装汽车内饰件。在操作中要注意劳动安全，遇到问题能够独立分析并解决，不断提高自己的动手能力，要有爱岗敬业的职业精神。

二、相关知识

（一）汽车座椅

座椅是重要的车身内饰，为乘员提供舒适的乘坐条件，保证驾驶安全，减轻长时间乘坐的疲劳。轿车座椅多采用 5 座式布置，也有 6 座式布置或 7 座式布置，一般前排多采用独立座椅，后排多采用一体式座椅，如图 3-2-1 所示。

 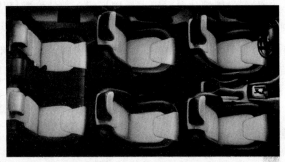

（a）5 座式布置   （b）7 座式布置

图 3-2-1 轿车座椅布置

座椅通常由座椅主体、调节机构以及扶手、加热装置、通风装置等辅件构成。座椅主体通常由坐垫、靠背、头枕 3 部分构成，图 3-2-2 所示为座椅主体结构。

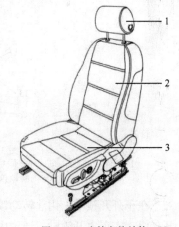

1. 坐垫骨架和靠背骨架

坐垫骨架由钢管框架焊接成形，钢管框架起加强和连接作用。钢管框架中部有中间导轨，导轨上面有若干孔，它们是调节前后移动距离的定位孔。钢管框架两侧连接和固定靠背，钢管框架上还焊有内、外滑板。在滑板上装有塑料导向块，在座椅前后移动时无响声且耐磨。座椅移动导轨焊在车身地板上。骨架上装有操纵杆，操纵座椅前后移动。

靠背骨架由左/右侧骨架、上框加强板、左/右侧成形框、连接管、横拉钢丝、靠背调角器组成。左/右侧成形框由钢丝冲压成形，焊在侧骨架上，使靠背骨架加强侧支承并符合人体形态。连接管由钢管制成，内有传动管通过，以传递力矩，使靠背调节轮调整时左右达到同步，控制靠背角度。钢丝骨架总成用拉簧安装在靠背骨架焊接总成上，起支承垫作用。

图 3-2-2 座椅主体结构
1—头枕；2—靠背；3—坐垫

2. 软垫和蒙皮

软垫由聚氨酯发泡成型或用其他软性材质制作，在坐垫骨架与软垫之间装设弹性元件，以减缓和吸收由车身传到人体的振动和冲击。有的轿车座椅靠背内设有气垫，由一个电动气泵来控制充气。气垫有较好的缓冲性，并且可以通过充、放气改变靠背形状以适应不同的身材。

包裹坐垫与靠背总成的表面材料称为蒙皮（或饰面），一般用棉织品、毛织品、皮革、人造革等材料缝制。蒙皮应具有良好的弹性和伸缩性，耐磨，并有良好的透气性和透湿性。蒙皮总成通过卡子固定在软垫和骨架总成上。

3．头枕

头枕有与座椅一体的，也有不一体的。头枕骨架总成由泡沫、塑料整体发泡而成，金属支杆直接插入靠背的导向套，靠卡簧锁止。蒙皮材料与坐垫及靠背的相同。在撞车或受冲击时，头枕可防止乘员头部向后方移动，减轻颈部受伤程度。

（二）汽车门锁

1．汽车门锁的结构

汽车门锁锁体多采用卡板锁形式，它的控制机构较为复杂，图3-2-3所示为某车型主驾驶门锁系统的结构组成。锁体通过螺栓固定在车门内，锁扣安装在B柱上。开锁机构包括外部用钥匙控制的锁芯、车门外把手和内解锁拉索、车门内把手拉索等。其他附件还有支架、饰盖、垫片和固定螺栓等。

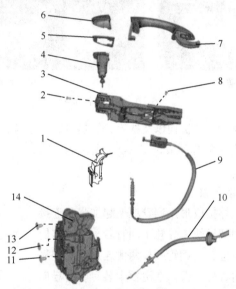

图3-2-3　某车型主驾驶门锁系统的结构组成
1—盖板；2、8、11、13—固定螺栓；3—支架；4—锁芯；5—垫片；6—罩盖；7—车门外把手；
9—内解锁拉索；10—车门内把手拉索；12—饰盖；14—门锁

在车外开锁时，钥匙转动锁芯带动内解锁拉索解除锁止，解锁后才能拉动车门外把手打开车门。在车内开锁时，通过内解锁开关带动内解锁拉索解除锁止，解锁后才能拉动车门内把手打开车门。轿车的内解锁开关的类型有上下提压式和侧面推拉式，如图3-2-4所示。如果是中控门锁，在主驾驶车门内部还有一键解锁按钮。轿车后车门锁除了具有常规功能外，还设计有儿童锁。当儿童锁启动后，从内部无法打开车门，只能从外部开启。

2．中控门锁

中控门锁全称为中央控制门锁，是指车门及行李舱盖的锁具，它由电动机驱动，能够同时开启或锁止，其他车门锁的开关随主驾驶车门锁同步动作。

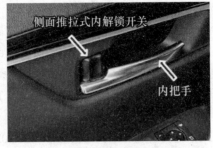

（a）上下提压式　　　　　　　　（b）侧面推拉式

图 3-2-4　内解锁开关类型

（1）遥控钥匙

现代轿车的中控门锁的钥匙多为遥控钥匙，有些车型还设计了无钥匙进入功能。遥控钥匙多具有防盗和遥控功能，除了可以遥控车门锁开关以外，还集成了熄火后关闭车窗、遥控寻车、自动打开行李舱盖等其他功能。

（2）纽扣电池

遥控钥匙需装配纽扣电池，选用时要注意电压和尺寸规格等要与原配件相符。通常在电池的表面标出规格，如 CR2016、CR2025、CR2032 等，其中 CR 表示电池类型（锂二氧化锰电池），后面 4 位数字表示尺寸，前 2 位代表电池直径（mm），后 2 位代表电池厚度（mm）。图 3-2-5 所示的纽扣电池规格为电压 3V，直径 20mm，厚度 2.5mm。

图 3-2-5　纽扣电池的规格

拿取纽扣电池时，不能赤手用两指同时捏住正极面和负极面，因为会造成电池短路，影响电池的寿命；方便的话可以戴手套或捏着电池的侧缘拿取，如图 3-2-6 所示。

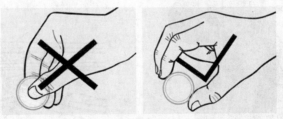

图 3-2-6　纽扣电池的拿取方式

知识评价

1. 一般轿车的前座椅多采用独立座椅。（　　　）

2. 杂物箱一般跟仪表板一体制作，不能单独拆卸。（　　　）

3. 遮阳板用来遮挡前方和侧方的强光。（　　　）

4. 轿车座椅头枕属于装饰，可以拆下不用。（　　　）

5. 汽车车门多采用卡板锁。（　　）

6. 汽车遥控钥匙装配的纽扣电池的标准电压为 12V。（　　）

7. 轿车的后车门锁除了常规功能外，还增加了（　　）。

    A. 遥控锁　　　　　B. 中控门锁　　　　　C. 儿童锁　　　　　D. 辅助安全锁

8. 轿车上的内解锁开关的类型有（　　）。

    A. 上下提压式　　　B. 侧面推拉式　　　　C. 中控解锁　　　　D. 机械钥匙解锁

9. 汽车遥控钥匙的纽扣电池规格 "CR2025" 表示（　　）。

    A. 直径 20mm　　　B. 2016 年生产　　　　C. 厚度 16mm　　　　D. 厚度 2.5mm

10. 观察生活中常用电池的类型，注意其规范使用方法。

三、任务实践

任务案例：宋先生有一辆尼桑逍客汽车，冬天洗完车，第二天早晨开车时发现，主驾驶位的车门从外部打不开了，如图 3-2-7 所示。请分析故障原因并排除。

图 3-2-7　车门无法从外部开启

（一）拆装内饰

由于内饰多为塑料，采用卡扣方式安装，因此拆卸时要使用专用工具，先从边角处撬开，再顺势将内饰拆下，如图 3-2-8 所示。特别注意装饰条下隐藏的固定螺栓，如图 3-2-9 所示，避免未全部拆卸固定螺栓而强行撬拉饰条。

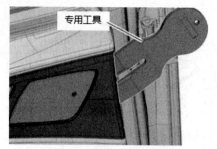

图 3-2-8　用专用工具拆卸内饰

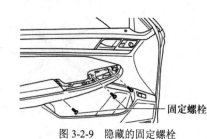

图 3-2-9　隐藏的固定螺栓

1. 拆装一般内饰

（1）杂物箱的拆装

① 拆卸过程：拆下侧面盖板，打开杂物箱盖，松开固定螺栓，断开线束插头，取下杂物箱，拆卸其他附件，如图 3-2-10 所示。

② 安装过程按照与拆卸相反的顺序进行。

（2）遮阳板的拆装

① 拆卸过程：将遮阳板从内侧的固定钩中脱开，旋转遮阳板到遮阳位置，撬开螺栓帽，卸下螺栓，取下遮阳板，如图 3-2-11 所示。

② 安装过程按照与拆卸相反的顺序进行。

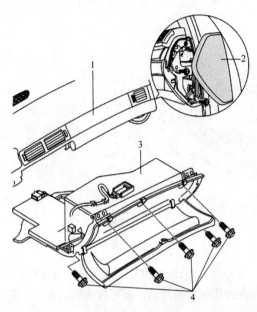

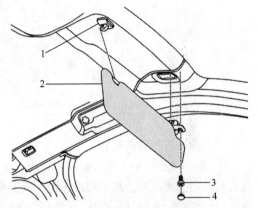

图 3-2-10　杂物箱的拆卸
1—仪表板；2—侧面盖板；3—杂物箱；4—固定螺栓

图 3-2-11　遮阳板的拆卸
1—固定钩；2—遮阳板；3—固定螺栓；4—螺栓帽

（3）A 柱盖板的拆装

① 拆卸过程：卸下车顶扶手处的固定螺栓，撬开夹子，取下盖板，如图 3-2-12 所示。注意不要损坏盖板和车身。

② 安装过程按照与拆卸相反的顺序进行。其他立柱护板的拆装可以参照 A 柱盖板的拆装方法操作。

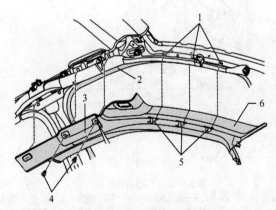

图 3-2-12　A 柱盖板的拆装
1—固定架；2—密封条；3—车顶扶手；4—固定螺栓；5—夹子；6—A 柱内盖板

（4）车顶内饰板的拆装

① 拆卸过程：拆下左/右遮阳板、车顶扶手、车身立柱内饰板和天窗盖板框架等；拆下

车内照明灯、阅读灯等；卸下固定螺栓，向外拉下车顶内饰板，使其与车顶分离；断开线束插头连接，取下车顶内饰板，拆卸其他附件，如图3-2-13所示。

② 安装过程按照与拆卸相反的顺序进行。

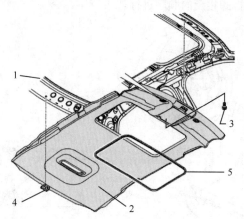

图 3-2-13　车顶内饰板的拆卸
1—车顶；2—车顶内饰板；3—固定螺栓；4—卡子；5—天窗盖板框架

（5）车门内饰板的拆装

① 拆卸过程：取下车门装饰条和扶手盖板，卸下所有的固定螺栓；向外拉车门内饰板，使其与车门分离；向上抬车门内饰板，取下车门内操作装置的拉索，断开线束插头连接；取下车门内饰板，拆卸其他附件，如图3-2-14所示。

② 安装过程按照与拆卸相反的顺序进行。

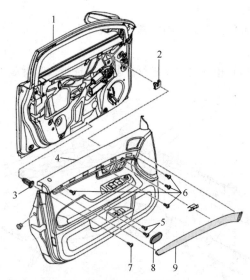

图 3-2-14　车门内饰板的拆卸
1—车门；2—卡扣螺母；3—膨胀螺母；4—车门饰板；5—扶手盖板处螺栓；
6—装饰条处螺栓；7—螺钉；8—扶手盖板；9—装饰条

2．拆装座椅

（1）拆装前座椅

① 将前座椅向后推到底。拆下导轨盖板，卸下固定螺栓，断开线束插头，取下前座椅。

② 卸下安全带锁，取下靠背调节轮，卸下座椅侧盖板，卸下固定螺栓，取下座椅靠背，如图 3-2-15 所示。

③ 安装过程按照与拆卸相反的顺序进行，注意线束插头的连接。

（2）拆装后座椅

① 将座椅向 *A* 方向抬起，再向 *B* 方向拉，如图 3-2-16 所示。断开线束插头，取下座椅。

② 卸下座椅头枕。将后座椅靠背向上从支架的钢丝夹中取出。

③ 安装过程按照与拆卸相反的顺序进行。

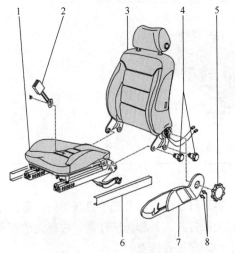

图 3-2-15　前座椅的拆卸
1—座垫；2—安全带锁；3—靠背；4—固定螺栓；
5—靠背调节轮；6—导轨盖板；7—座椅侧盖板；8—卡子

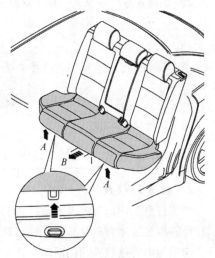

图 3-2-16　后座椅的拆卸

（二）检查和维护门锁

1. 拆装车门锁

（1）拆卸

① 打开车门，拆下内饰板。在车门侧面卸下门锁固定螺栓。

② 分离车门锁与车门外把手、内操纵杆以及门锁电动机的连接，如图 3-2-17 所示。取下锁体和车门外把手。

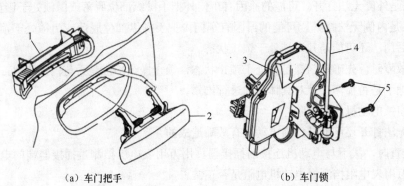

（a）车门把手　　　　　　　　　（b）车门锁
图 3-2-17　车门锁的拆卸
1—车门外把手支座；2—车门外把手；3—车门锁；4—内操纵杆；5—固定螺栓

（2）安装

安装过程按照与拆卸相反的顺序进行。安装完毕后，检查是否安装准确。

 注 意

车门外把手、内操纵杆以及门锁电动机与门锁的连接形式为球头插入开口槽，槽的开口窄内部宽，能够将球头锁住。分离门锁操纵部位如图3-2-18所示，先将操纵杆或拉索的固定支架松开，并按方向a翻转角度，将球头按方向b从开口槽内取出，才能将操纵杆或拉索按方向c与门锁分离。球头从槽内脱落或损坏都能造成门锁无法打开的故障。

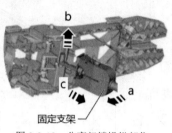

图 3-2-18　分离门锁操纵部位

2．排除门锁故障

要想打开车门，首先要解除门锁的锁止状态，再通过车门内、外把手拉开车门。车门无法打开的常见故障有单个车门无法打开、四门同时无法打开、外部无法打开、内部无法打开等。排除故障时按照先四门后单个、先门锁后把手的顺序进行排查。

（1）四门同时无法打开

无法同时打开4个车门的故障多发生于配备中控门锁的车辆，开锁机构机械故障的可能性较小，多为遥控钥匙或蓄电池电路问题。遥控钥匙无法开锁时，先用机械钥匙从主驾驶车门解除锁止。

① 若能解除锁止，则可能是遥控钥匙电池电量不足，应及时更换相同规格的电池。

② 若不能解除锁止，则可能是汽车蓄电池电量不足。此种情况处理起来较麻烦，因为无法进入驾驶室，发动机舱盖打不开，无法排除蓄电池故障，所以需要通过应急方式来处理。

（2）单个车门无法打开

① 只是外侧无法打开。可能的原因有车门外把手操纵部位脱落或门锁处于锁止状态。

② 只是内侧无法打开。可能的原因有车门内把手操纵部位脱落或门锁处于锁止状态。若发生在后门，还可能是儿童锁处于锁止状态。

排除故障时，先确定门锁是否处于锁止状态，锁止操纵部位是否与门锁脱离，再检查车门内、外把手是否损坏，针对具体问题进行维修。

（3）门锁电动机故障排除

车门无法打开还可能是门锁电动机有故障造成的。

① 检查时，拔下与电动机连接的插接器，用万用表电压挡测量插接器端的电路是否正常，再用万用表电阻挡测量电动机电阻是否正常。

② 也可以用导线将电动机的端子与蓄电池连接，看电动机能否完成开锁或锁门动作，从而确定门锁电动机是否损坏。

（4）门锁故障的应急处理

当遇到钥匙意外落到车内或丢失，又没有备用钥匙，或者蓄电池严重馈电等情况，车门锁止无法进入驾驶室时，可以采用以下应急处理办法。

① 若内解锁开关为上下提压式。可以从车窗玻璃饰条处伸入一根铁丝钩，用钩子向上提拉锁止开关连接杆，从而将车门解锁，如图3-2-19所示。注意不要损伤车窗饰条、玻璃等。

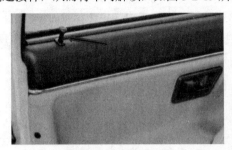

（a）上下提压式解锁开关　　　　　　　　（b）钩子开锁

图3-2-19　用钩子开锁

② 若内解锁开关为侧面推拉式。可以将车门开锁气囊塞入车门上边缘，充气后将其拉开一条缝隙，从缝隙处伸入钩子拉动锁止开关，可将车门解锁，如图3-2-20所示。

（a）侧面推拉式解锁开关　　　　（b）开锁气囊等工具　　　　（c）撑开车门

图3-2-20　用开锁气囊辅助开锁

 注　意

应急处理方法只可在突发紧急情况下使用，依法依规操作，不要造成车辆更大的损伤。若不能处理，需要找专业汽车开锁技术人员处理。

能力评价

请针对任务案例"宋先生有一辆尼桑逍客汽车，冬天洗完车，第二天早晨开车时发现，主驾驶位的车门打不开了"，依据所学知识和技能，分析并回答以下问题。

1. 轿车门锁通常使用（　　）。
   A. 钩子锁　　　　B. 舌簧锁　　　　C. 卡板锁　　　　D. 磁力锁
2. 能够控制车门开启的机构有（　　）。
   A. 车门外把手　　B. 车门内把手　　C. 锁芯　　　　D. 儿童锁
3. 针对任务案例中的故障现象，需要确定的故障点有（　　）。
   A. 车门内把手和内开锁机构是否正常工作
   B. 车门外把手和锁芯是否正常工作

C. 遥控钥匙及中控门锁电动机是否损坏

D. 儿童锁开关是否损坏

4. 若在内部能够打开车门而在外部无法打开，则应检查（　　）。

A. 车门外把手与门锁连接是否断开　　　　B. 车门内把手与门锁连接是否断开

C. 车门内开锁开关与门锁是否断开　　　　D. 车门锁芯与门锁是否断开

5. 检查和维修任务案例中的故障，需要拆卸的汽车内饰有（　　）。

A. 车门内饰板　　　B. 车门外把手　　　C. 车门玻璃及升降器　　　D. 车门锁

| 任务 3.3 　内饰的修复和装饰 |

知识目标

1. 掌握汽车内饰装饰应该遵循的原则；
2. 掌握汽车内饰皮革材料的种类和损伤。

技能目标

1. 能够进行一般的汽车内饰装饰；
2. 能够进行内饰修复和改色。

素质目标

1. 培养学生独立分析和动手的能力；
2. 培养学生爱岗敬业的职业精神。

一、任务分析

汽车内饰装饰内容五花八门，涉及内饰的各个方面，经过装饰可以提高舒适性，改变内饰的风格，提升车辆的档次。同时修复在使用过程中皮革、塑料等出现的划伤、磨损、老化、褪色等。

脚垫蒙皮座套，纤维皮革塑料，实用安全环保。颜色磨掉，改色修复真好。

学习本任务需要学生具有内饰保养和拆装基础知识，掌握内饰装饰原则，能够根据车辆具体情况选用饰品，修复真皮内饰破损。在操作中要注意安全，遇到问题能够独立分析并解决，不断提高自己的动手能力，要有爱岗敬业的职业精神。

二、相关知识

（一）内饰装饰的原则

1. 内饰材料的选用

在选用内饰材料时，除了要求其具有良好的装饰性和实用性外，还应重点考虑材料的一些其他性能。例如，要求所选材料有足够的抗撕裂强度、耐磨性能良好。另外还需有一定的透气性和吸湿性，以及较强的抗腐蚀性和阻燃性，色泽耐久并易于清洁。在使用过程中还应具有防止积带电荷的特性，以防止静电的产生等。此外，随着人们健康意识的日益加强，选用材料的环保性也成为衡量汽车内饰材料的一项重要指标。

2．内饰材料的发展

现代汽车内饰多采用可回收利用、安全性高、加工方便的材料，来代替传统的金属、硬质塑料等。例如，许多轿车的内饰件普遍使用软性的PP（聚丙烯）材料，或在塑料基础上进行镀铬及贴仿木纹外皮装饰等。

为了使轿车更加舒适和美观，汽车内饰材料的品质不断提升。例如，中高级轿车大多采用手感柔和、色调高雅的皮革材料。一些高级轿车还用贵重的胡桃木等材料制作装饰板，嵌在仪表板或车门饰板上，来提高车辆的档次。

3．内饰装饰的要求

汽车内饰装饰虽然不像车身外观装饰有明确的法规要求，但也不能随心所欲地选择。选用饰品或进行其他装饰时，要充分考虑装饰的安全性、实用性、舒适性和协调性等。

安全性永远都是第一位，车内饰品绝不能有碍行车安全，如车内顶部吊物不宜过长（见图3-3-1）、过大、过重，后风窗玻璃上的饰物不要影响倒车视线。安全气囊外部不要安放装饰物，在进行拆装、修复等装饰施工时，也要特别注意。当涉及电路改装时，要注意取电位置和用电设备是否与汽车电源匹配。

图3-3-1　过长的吊物

提高实用性和舒适性是进行内饰装饰的目的。车内空间本就有限，放入过多的饰品会更显拥挤，不利于行车安全。车内装饰的色彩和质感要与车型及颜色相协调，不可盲目追求高价位的东西，以免弄巧成拙。所有的装饰操作均应以实用性为原则，最好在原厂预留位置进行功能性改装。

（二）内饰的皮革材料

1．皮革材料的种类

目前，市场上流行的皮革材料有真皮和人造皮革两大类。

（1）真皮

汽车内饰的真皮材料多采用牛皮，真皮分为头层皮和二层皮，二层皮的强度、弹性和透气性都不如头层皮。汽车真皮座椅多选用质量优良的头层皮，头层皮表面有全粒面和半粒面之分，未经修磨的为全粒面皮革，经过修磨加工的为半粒面皮革。

内饰皮革材料

① 全粒面皮革由伤残较少的上等原料皮加工而成，皮面上保留完好的天然状态，能展现出动物皮自然的花纹美。它不仅耐磨，而且具有良好的透气性。全粒面皮革的特点是完整保留原皮粒面，毛孔清晰、细小、紧密、排列不规律，表面丰满、细致，富有弹性。

② 半粒面皮革选用表面有伤残及疤痕的原料皮，经修磨加工后只剩一半的粒面，故称为半粒面皮革。半粒面皮革保持了天然皮革的部分风格，毛孔平坦、呈椭圆形，排列不规则，手感稍硬。

③ 对于表面伤残或疤痕严重的原料皮，利用磨革机将表面轻磨后进行涂饰，再压上相应的花纹制成修面皮革。该种皮革的特点是表面无毛孔及皮纹。

（2）人造皮革

人造皮革是由纺织布或无纺布作底基，用聚氨酯涂覆并采用特殊发泡处理工艺制成的。有的人造皮革表面手感酷似真皮，但透气性、耐磨性、耐寒性都不如真皮。

（3）真皮与人造皮革的区别

质量优良的头层皮经抗紫外线、耐热、耐磨等处理，成本较高。有一些商家以汽车真皮座椅为噱头，实际上使用的是人造皮革。可以通过外观、气味、耐热性和弹性等鉴别真皮和人造皮革。

① 真皮的花纹、毛孔天然生成，排列不规则，皮面有光泽，气味自然。人造皮革花纹基本一致，表面平滑，光泽度高，断面处能看到底层的织物。制作工艺差的人造皮革会有严重的刺激性气味。

② 取小块的皮材样品，用手对角拉拽，真皮变形不大，牢靠度较好、富有韧性；若延展性较大，则说明是人造皮革，质量较差的还会出现缝痕或露出底色。用火烧时，真皮的耐热性好，不会马上收缩变形。

2．皮革材料的损伤

汽车内饰的皮革材料优点很多，但在使用过程中也会出现老化、破损等问题。

（1）皮革老化

松面、僵硬等都是皮革材料老化的典型现象，要延缓老化，保持皮革材料的良好性能，日常要注意规范的清洁和保养。

① 将皮革制品向内弯曲90°，表面如出现较大的褶皱且展平后不易消失的现象为松面。例如，汽车真皮座椅使用时间过长，加上不进行日常保养，乘坐部位就会明显松弛，如图 3-3-2 所示。

② 皮革变硬、无弹性是由于使用时间太长，皮革内油脂渗出太多或皮革自然老化造成的，若经过水浸泡，晾干后也会变硬。选用的皮革清洁、护理用品不当同样会影响皮革弹性。

图 3-3-2　座椅皮面产生松面现象

（2）皮革破损

皮革材料虽然具有众多优点，常作为高档内饰材料被选用，但在使用中要注意，皮革怕被尖锐物划。质量高的皮革耐磨性好，但与比它硬的粗糙物摩擦时容易掉色。皮革划伤、破损后可以黏结修复。皮革或塑料内饰掉色后，可以用内饰涂料重新上色修复，还可以改变内饰颜色。

知识评价

1. 现代汽车内饰多采用可回收、安全性高、加工方便的材料。（　　　）
2. 为了使轿车更加舒适和美观，汽车内饰的制作材料档次越高越好。（　　　）
3. 汽车内饰装饰没有明确的法规要求，可以根据个人喜好随心所欲地选择。（　　　）
4. 汽车真皮座椅多选用质量优良的头层皮。（　　　）
5. 质量优良的头层皮经抗紫外线、耐热、耐磨等处理，成本较高。（　　　）

6. 选用饰品或进行其他装饰时，要充分考虑装饰的（　　　）。

  A. 安全性   B. 高档性   C. 实用性   D. 舒适性

7. 真皮按层次不同，可以分为（　　　）。

  A. 头层皮   B. 二层皮   C. 粒面皮革   D. 修面皮革

8. 以下属于全粒面皮革特点的是（　　　）。

  A. 花纹、毛孔排列规则   B. 皮面光泽度高

  C. 气味自然   D. 耐热性好

9. 以下属于典型皮革老化现象的是（　　　）。

  A. 松面   B. 盐霜

  C. 掉色   D. 僵硬

10. 观察生活中遇到的汽车内饰装饰情况，针对装饰问题帮助车主设计改进方案。

三、任务实践

  任务案例：温先生的宝马 530 轿车副驾驶的真皮座椅被划破，他去维修站咨询更换蒙皮的价格，被告知单独更换坐垫蒙皮需要 3000 多元，如图 3-3-3 所示。如何修复该损伤才能既满足质量要求还能节约成本？

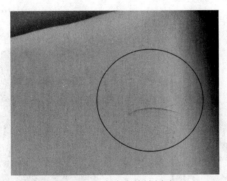

图 3-3-3　真皮座椅被划破

（一）常规内饰装饰

1. 座椅装饰

（1）座椅套

安装座椅套时不用对座椅进行任何改动，直接加装在座椅的外面就可以。加装座椅套主要是为了改变座椅的风格、保护座椅、提高舒适性等，如图 3-3-4 所示。

内饰的装饰

（2）坐垫

  汽车坐垫方便、实用，夏季可以解暑降温，冬季可以防寒保暖，只需要简单的粘扣或挂钩就可以安装和拆卸，使用起来十分方便。汽车坐垫按使用季节的不同可以分为冬季坐垫、夏季坐垫和通用坐垫；按制造材料的不同可以分为毛坐垫（羊毛居多）、天然织物坐垫、混纺坐垫、竹制坐垫、石制坐垫等。

  ① 夏季坐垫。夏季坐垫大多采用凉爽、透气的材料制成，如棉毛混纺坐垫、亚麻坐垫、草编坐垫、竹制坐垫、石制坐垫等。部分夏季坐垫示例如图 3-3-5 所示。

图 3-3-4 布艺座椅套

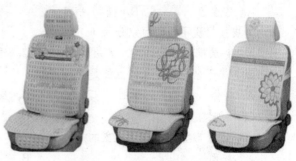

图 3-3-5 部分夏季坐垫示例

② 冬季坐垫。冬季坐垫一般采用保暖性好的材料制成，如毛坐垫，如图 3-3-6 所示。毛坐垫的装饰效果好，还可以有效防止静电。

（3）儿童座椅

一些汽车生产商为了解决儿童（或身高低于 150cm 的人）乘车安全性问题，在成人座椅上设置了可以临时挂接儿童座椅的连接机构（如 LATCH 接口和 ISOFIX 接口）。此类型的儿童座椅，由蒙皮和软垫构成的靠背、坐垫、头枕、扶手等相互连接在一起，然后用挂钩等连接在成人座椅上，如图 3-3-7 所示。

图 3-3-6 冬季毛坐垫

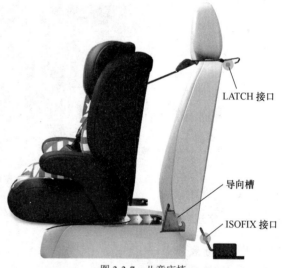

LATCH 接口

导向槽

ISOFIX 接口

图 3-3-7 儿童座椅

（4）蒙皮

座椅蒙皮严重损坏或想更换不同风格和材质的蒙皮时，需要按座椅尺寸购买成品或定制蒙皮，按座椅拆装和分解步骤完成蒙皮更换。

2．转向盘装饰

（1）转向盘套

① 汽车转向盘套类型繁多，主要作用为使转向盘免受磨损、增加摩擦力、防止手出汗打滑等。图 3-3-8 所示为简易转向盘套，选用时要注意尺寸、规格匹配，安装后要牢固，转向盘转动时不能滑动。

图 3-3-8 简易转向盘套

② 市场上还流行一类缝制的转向盘套，多为真皮材质，实用性和装饰性都优于简易转向盘套。可以手动缝合在转向盘上进行保护，施工简单但需要有耐心。

（2）转向盘装饰片

① 按转向盘外观选择合适的装饰片进行美观装饰。

② 用内饰清洁剂清洁安装处的表面，再用酒精仔细擦拭。清理完成并确保安装处干燥后进行下一步操作。

③ 将装饰片安装到位，查看各处是否贴合并做适当调整。

④ 将专用胶水均匀涂于待黏结表面，在通风处静置。

⑤ 待胶水表面基本干燥，将装饰片安装到位，并进行固定，如图 3-3-9 所示。

（a）安装前　　　　　　　　（b）安装后

图 3-3-9　转向盘装饰片

 注　意

安装、固定装饰片之前必须保证胶水基本干燥，否则影响安装效果。切勿将胶水涂到涂料表面，胶水要涂匀，尽量涂薄。

3．脚垫装饰

（1）脚垫的类型

脚垫类型多种多样，主要有防水、防尘的塑料脚垫（见图 3-3-10）或橡胶脚垫，保暖的纤维、麻毛脚垫，四季都能通用的丝圈脚垫（见图 3-3-11）等。有些脚垫是按车型地板形状开模制作的，也有些脚垫在安装前按需要进行形状裁切。

（2）脚垫的安装

选用与驾驶室地板结构一致的脚垫，并放置到位、安装牢靠，以免脚垫妨碍驾驶员操纵踏板。对于需要裁切的整张脚垫，在裁切时可以先用纸板做出模型，然后按纸板模型在脚垫上划线裁切，这样能够保证位置合适、安装牢靠、不浪费材料等。

图 3-3-10　塑料脚垫

图 3-3-11　丝圈脚垫

（二）修复和改色

1．修复皮革内饰损伤

（1）工具和材料

① 皮革修复剂。常用的皮革修复剂是一种白色膏状物，加热固化后为无色透明状。其韧性好、强度高，可修复真皮、人造革、塑料等汽车内饰件。

② 纹理压片。用纹理压片将皮革表面压出与其他部位相似的纹理。

③ 内饰改色涂料。内饰改色涂料是柔性的水基涂料，安全、环保，可用于真皮、人造皮革、塑料以及棉麻织物等材料，有很好的黏附力，持久、耐用。将其喷涂于内饰表面，可使皮革等还原到较新状态。其颜色大多与汽车原厂内饰配套，也可以根据配方调配出需要的任意颜色。

（2）修复步骤

① 将破损部位的毛边修剪整齐，做出斜坡状的茬口。

② 使用专用的清洁剂彻底清洗表面，并晾干。

③ 用塑料护理剂、皮革护理剂清洗待黏结部位。

④ 用 P400～P600 水磨砂纸打磨破损处的边缘，再次用皮革护理剂清洗，晾干。

⑤ 填充薄层皮革修复剂，用热风枪加热至修复剂由白色变为透明为止。逐层填补，直到将破损部位填平。

⑥ 用纹理压片压制出与皮革相似的纹理。

⑦ 用内饰改色涂料上色。修复后的效果如图 3-3-12 所示。

2．内饰改色

转向盘、车门内饰板等处因被磨损而掉色是避免不了的，香水等化学用品滴漏到仪表板等部位也有可能对其造成腐蚀、掉色。解决这些问题要用到内饰改色工艺。

（1）拆卸零件

将需要改色的内饰拆卸下来，如车门内饰板、仪表板、A 柱内饰板、B 柱内饰板、C 柱内饰板、变速杆下装饰板、转向盘下装饰板、扶手箱等，如图 3-3-13 所示。注意不要损坏板件上的卡子等安装部件。

（2）重新上色

① 对拆卸下来的内饰件进行清洁，并进行打磨处理。

② 按要求喷涂内饰改色涂料，并进行干燥，如图 3-3-14 所示。

③ 将改色后的内饰重新安装，如图 3-3-15 所示。

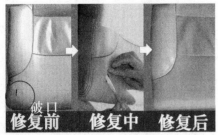

图 3-3-12　修复后的效果

图 3-3-13　拆卸需要改色的内饰

图 3-3-14　喷涂内饰改色涂料后

图 3-3-15　重新安装

能力评价

请针对任务案例"温先生的宝马 530 轿车副驾驶的真皮座椅被划破，他去维修站咨询更换蒙皮的价格，被告知单独更换坐垫蒙皮需要 3000 多元"，依据所学知识和技能，分析并回答以下问题。

1. 正确鉴别真皮与人造皮革的方法有（　　　）。

   A. 看外观，真皮的花纹、毛孔天然生成，排列不规则，皮面光泽自然

   B. 闻气味，真皮气味自然，质量差的人造皮革有刺激性气味

   C. 人造皮革断面处能看到底层的织物

   D. 用力拉拽皮革样品，真皮弹性好，容易被拉长

2. 以下属于汽车皮革内饰缺点的是（　　　）。

   A. 易老化　　　　　　　　　　　　B. 不抗划

   C. 不耐磨　　　　　　　　　　　　D. 易掉色

3. 任务案例中，在夏天乘坐真皮座椅会让人感到很热，可以（　　　）。

   A. 改装成通风座椅　　　　　　　　B. 加真皮座椅套

   C. 加夏季坐垫　　　　　　　　　　D. 更换织物蒙皮

4. 要修复任务案例中真皮座椅的损伤，需要准备的工具和材料有（　　　）。

   A. 皮革修复剂　　　　　　　　　　B. 砂纸

   C. 纹理压片　　　　　　　　　　　D. 内饰改色涂料

5. 能够进行内饰改色的部位有（　　　）。

   A. 真皮座椅　　　　　　　　　　　B. 塑料仪表板

   C. 织物车门内饰　　　　　　　　　D. 绒布车顶饰板

| 项目拓展 |

汽车内饰，彰显品位

车内空间常见的布局形式有 T 形、水平对称、驾驶员为轴等。T 形布局，内饰左右对称，强调与造型融合，简洁、实用，应用广泛。水平对称布局，仪表板左右对称，强调仪表板在驾驶舱前方的横向宽度和悬浮感，清爽、大气，适用于中高端车型。驾驶员为轴布局，内饰不对称，操控元素都集中在驾驶员一侧，显示车型的运动气质，常见于跑车和 SUV。

汽车内饰风格多种多样，有的简约、实用，有的个性明显，有的具有科幻感、现代感。红旗作为我国汽车行业的代表性品牌之一，它旗下的高端大型 SUV LS7 整体内饰可谓是雍容华贵、典雅端庄。其大量采用红色桃木装饰面板，车门内把手、中控扶手区域的金色喷漆装饰，再搭配上整车的真皮座椅，营造了舒适的驾乘体验。

2022 款红旗 SUV LS7 内饰

项目 4
汽车玻璃的美容与装饰

汽车玻璃在汽车的整体安全上扮演着重要角色，是关系行车安全的重要因素之一。随着汽车玻璃技术的不断发展，汽车玻璃的科技含量越来越高，功能也在不断完善。

玻璃破损不用慌，精准修复技术强。贴膜阻隔紫外光，保护隐私还凉爽。

本项目主要介绍汽车玻璃的损伤修复、汽车玻璃的贴膜工艺和汽车玻璃的贴膜施工等内容。

|任务 4.1 汽车玻璃的损伤修复|

知识目标

1. 掌握汽车玻璃的使用要求和标识；
2. 掌握汽车玻璃损伤的类型和维修方法。

能力目标

1. 能够维修汽车玻璃的划痕损伤；
2. 能够维修汽车玻璃的裂纹损伤。

素质目标

1. 培养学生独立分析问题和创新的能力；
2. 培养学生的民族自豪感和爱国精神。

一、任务分析

汽车玻璃不同于其他车身零件，它在密封车内空间的同时，还要有良好的透视性。汽车玻璃损伤后，大多采用更换的方式维修。但是前风窗玻璃及后风窗玻璃整体更换成本很高，如果损伤不严重，损伤位置不在主视区，且有较好的维修方式，则可不必更换。一般把玻璃中间 3/4 的区域称为主视区，这部分区域是主要的观察区。尤其是前风窗玻璃的主视区内，如图 4-1-1 所示，不能有阻挡驾驶员视线的因素。

学习本任务需要学生具有车门玻璃拆装基础知识，掌握汽车玻璃的类型和常见损伤，能够规范保养并维修玻璃的常见损伤。在操作中要注意安全，遇到问题能够独立分析并解决，具有民族自豪感和爱国精神。

图 4-1-1　前风窗玻璃的主视区

玻璃种类

二、相关知识

（一）汽车玻璃的类型

1．钢化玻璃

一般的汽车玻璃是以硅玻璃为基材的，其中主要成分氧化硅质量分数超过 70%，其余由氧化钠、氧化钙、镁等组成，通过浮法工艺制成。硅玻璃再加工成钢化玻璃，优等品钢化玻璃用于汽车。汽车上使用的各种类型的成品玻璃，都是在钢化玻璃的基础上进一步加工制作而成的。加工完毕的成品汽车玻璃，从外观上看应没有明显的气泡或划痕。

钢化玻璃又称为强化玻璃，是用物理或化学的方法，在玻璃表面形成压应力层，玻璃本身具有较高的抗压强度，不会造成破坏。当玻璃受到外力作用时，这个压力层可将部分拉应力抵消，避免玻璃的碎裂，从而达到提高玻璃强度的目的。钢化玻璃的弹性比普通玻璃大得多，一块 1200mm×350mm×6mm 的钢化玻璃，受力后可具有 100mm 的弯曲挠度，当外力撤除后，仍能恢复原状。而普通玻璃只能弯曲变形几毫米。钢化玻璃热稳定性好，在受急冷、急热时不易发生炸裂，最大安全工作温度为 288℃，能承受 204℃的温差变化。

使用时应注意的是钢化玻璃不能切割、磨削，边角不能碰击、挤压，需按现成的尺寸规格选用或根据具体设计图纸进行加工定制。

2．夹层玻璃

夹层玻璃是在钢化玻璃的基础上，按汽车的尺寸和其他要求，在两片钢化玻璃之间，用 PVB（聚乙烯醇缩丁醛）树脂胶片，经过加热、加压黏合而成的平面或曲面的复合玻璃制品，其结构如图 4-1-2 所示。PVB 膜片能够缓冲撞击，防止玻璃碎片伤人。如果膜片抗冲击能力足够强或者具有消声功能，还可制成防弹玻璃或隔声玻璃等特种玻璃。

（1）汽车前风窗玻璃

汽车玻璃以前风窗玻璃（也叫作挡风玻璃）为主，多为两层钢化玻璃制作的夹层玻璃。一般做成整体一幅式的大曲面形，上下左右都有一定的弧度，如图 4-1-3 所示。这种玻璃不论从加工过程还是从装配工艺来看，都是对技术要求十分高的产品。轿车的曲面前风窗玻璃要做到弯曲拐角处的平整度高，不能出现光学畸变，从驾驶座上的任何角度观看外面的物体均不变形、不眩目。同时要求前风窗玻璃的可见光透过率不得低于 70%。

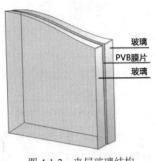

图 4-1-2　夹层玻璃结构

图 4-1-3　前风窗玻璃

（2）汽车后风窗玻璃

将细小的电热丝安装在夹层玻璃中的 PVB 膜片上，通过电阻器与电路连接，制成加热玻璃。加热玻璃多用在汽车后风窗位置，从外观上看加热玻璃的加热线分布在玻璃的表面。加热玻璃有夹丝加热和印刷材料加热两种不同的加热方式。

将信号接收天线装入玻璃的夹层中制成天线玻璃，可收听电台节目。天线通常安装在后风窗玻璃上，如图 4-1-4 所示，有的也会安装在前风窗玻璃或者侧窗玻璃上。天线的类型有内嵌天线、印刷天线和透明导电膜天线等几种。内嵌天线是在前风窗玻璃中内嵌密封式天线，天线被放置在内层玻璃和 PVB 膜片之间。印刷天线是将金属涂料印刷到玻璃（一般是后风窗玻璃）的内表面上，然后在玻璃成形炉中经 650～700℃ 的高温烧结后，金属涂料就可以完全烧结在玻璃表面。而透明导电膜天线可以做到完全透明，位于前风窗玻璃的内、外玻璃板之间，这种薄膜既可以用于遮挡阳光，也可以作为天线使用。但是这种工艺的成本相对较高，应用较少。

3．特殊性能玻璃

（1）憎水玻璃

使用憎水玻璃，在下雨时，雨水会迅速从玻璃上滑落。在风力的作用下，表面的水滴更容易被吹散，而不易黏附在玻璃上，从而使视野更加清晰。憎水玻璃的生产方法有以下两种。

① 在玻璃表面涂覆低表面能物质，使玻璃表面具有较低的表面自由能。水滴落到玻璃上时，水滴和玻璃无法亲和，从而具有"憎水"的效果。

② 使玻璃具有纳米级的微观凸凹表面。水滴落到玻璃上时，水滴与玻璃的接触角更大，因而表现出非常好的"憎水"效果。

（2）隐私玻璃

隐私玻璃两侧附有特殊涂层，使玻璃变为暗色，提高车内隐私性的同时，更避免了阳光的照射，让车内乘客拥有更安全、更舒适的车内环境。隐私玻璃多用在汽车后排侧窗部位，如图 4-1-5 所示。

图 4-1-4　天线玻璃

图 4-1-5　汽车后排侧窗部位的隐私玻璃

（3）环保玻璃

环保玻璃是指能够间接节能的玻璃，包括吸热玻璃和热反射玻璃。有许多轿车前风窗玻璃通过镀膜、采用反射涂层工艺或改善玻璃的成分等，只让太阳可见光进入车内，挡住紫外线和红外线，在很大程度上减轻乘员所受的炎热之苦。这种又被称为"绿色玻璃"的现代轿车玻璃，已经广泛使用。

① 吸热玻璃。吸热玻璃能吸收大量红外线和一定量紫外线的辐射，并保持较高可见光透过率。吸热玻璃的颜色和厚度不同，对太阳辐射热的吸收程度也不同。生产吸热玻璃的方法有两种：一是在普通钠钙硅酸盐玻璃的原料中加入一定量的有吸热性能的着色剂；另一种是在平板玻璃表面喷镀一层或多层金属或金属氧化物薄膜。吸热玻璃已广泛用作汽车、轮船前风窗玻璃等，起到隔热、防眩目、采光及装饰等作用。

② 热反射玻璃。热反射玻璃既有较高的热反射能力，又可保持良好的透光性（在玻璃表面涂金、银、铜、铝、铬、镍和铁等金属或金属氧化物薄膜）。热反射玻璃的热反射率高，因而常用于制作中空玻璃或夹层玻璃，以增加其隔热性能。

（二）汽车玻璃的标识

汽车玻璃标识包括汽车玻璃生产标识和玻璃产品情况标识两部分内容，一般将这些标识印在玻璃成品下角的内侧，如图4-1-6所示。

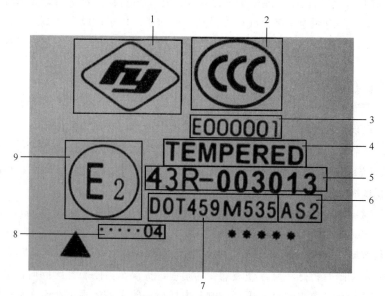

图4-1-6　汽车玻璃标识

1—玻璃生产企业标识；2—中国"3C"认证标识；3—"3C"认证代码；4—玻璃类型标识；5—欧盟认证代码；6—玻璃性能标识；7—美国交通部安全认证代码；8—玻璃生产日期标识；9—欧盟成员国代码

1. 汽车玻璃生产标识

国产汽车玻璃生产标识分为安全认证标识和企业标识，安全认证标识分为中国和外国两部分，只有经过相关国家或组织的安全认证才能到该国家或地区销售；企业标识有汽车生产企业标识和玻璃生产企业标识。

（1）中国安全认证标识

汽车用安全玻璃属我国强制认证产品，所以汽车的每块玻璃都应有中国安全认证标识，俗称"3C"认证标识，它是汽车玻璃常见的质量认证标识。代码中的"E"代表安全玻璃认证，后面的 6 位数字是生产企业代码。国内部分汽车玻璃生产企业安全认证代码如表 4-1-1 所示。

表 4-1-1　　　　　　　　　国内部分汽车玻璃生产企业安全认证代码

代码	生产企业	代码	生产企业
E000001	福耀玻璃工业集团股份有限公司	E000005	河南省荥阳北邙汽车玻璃总厂
E000002	上海耀皮康桥汽车玻璃有限公司	E000006	无锡市新惠玻璃制品有限责任公司
E000003	浙江昌盛玻璃有限公司	E000007	广东伦教汽车玻璃有限公司
E000004	常州工业技术玻璃有限公司	E000009	桂林皮尔金顿安全玻璃有限公司

（2）外国安全认证标识

外国安全认证标识包括欧盟（ECE）认证标识、美国交通部安全认证（DOT）标识等，表示该产品经过这些外国认证机构认证许可，并可以向外国出口。

① 代码中的"E"代表欧盟标准（ECE），其后面的数字是执行该标准的国家代码，如表 4-1-2 所示。国家代码后面的字母和数字代表玻璃的认证代码。

表 4-1-2　　　　　　　　　部分执行 ECE 认证标准的国家代码

代码	国家	代码	国家
E1	德国	E6	比利时
E2	法国	E9	西班牙
E3	意大利	E11	英国
E4	荷兰	E43	日本
E5	瑞典	E54	韩国

② 代码中的"DOT"代表美国交通部安全认证标准，后面的数字代表生产企业代码，如表 4-1-3 所示。生产企业代码后面的字母和数字是玻璃的认证代码。

表 4-1-3　　　　　　　　　部分生产企业美国交通部安全认证代码

代码	生产企业	代码	生产企业
DOT18	PPG 工业公司	DOT628	河北通用玻璃有限公司
DOT20	旭硝子有限公司（日本东京）	DOT640	洛阳玻璃股份有限公司
DOT459	福耀集团长春有限公司	DOT657	扬州市唐成安全玻璃制造有限公司
DOT477	秦皇岛海燕安全玻璃有限公司	DOT721	常州市洪协安全玻璃有限公司
DOT478	常州工业技术玻璃有限公司	DOT747	福耀集团（上海）汽车玻璃有限公司

（3）企业标识

① 汽车生产企业标识。玻璃生产企业会应汽车生产企业要求在玻璃产品上印制该汽车生产厂家标识，如商标、公司名称等。

② 玻璃生产企业标识。玻璃生产企业会在自己生产的玻璃上印制商标或公司简称，如"FY"就是福耀汽车玻璃的简称。

2. 玻璃产品情况标识

玻璃产品情况标识包括玻璃类型、玻璃性能、生产日期等标识。

（1）玻璃类型标识

夹层玻璃用"LAMINATED"表示，钢化玻璃用"TEMPERED"表示。

（2）玻璃性能标识

"AS*"代表的是玻璃的可见光透过率。汽车玻璃的可见光透过率不应小于 70%，其中，有"AS1"标识的可用于前风窗玻璃；有"AS2"标识的可用于除前风窗玻璃外的其他部位。

（3）生产日期标识

其中的数字代表生产年份，从 0 到 9，10 年一循环。例如，2 代表 1992 年、2002 年、2012 年……具体的年份要根据车辆生产年份确定，一般玻璃的生产日期应该在车辆生产日期前的 6 个月之内。月份则要根据数字是在黑点前还是黑点后来决定。黑点在数字前，表示玻璃是上半年生产的，具体月份为用 7 减去黑点的个数；黑点在数字后，表示玻璃是下半年生产的，具体月份为用 13 减去黑点的个数。

注 意

不同的厂家可能会有不同的表示方法，此处只列举这种常见的生产日期表示方法。

通过读取图 4-1-6 所示的玻璃标识，利用玻璃标识的相关知识，可以知道这块玻璃是由福耀集团长春有限公司生产的，经过了中国、美国和法国的质量认证，是能用在车身除前风窗以外部位的钢化玻璃，生产日期是 2004 年（或 2014 年，具体根据车辆生产日期确定）2 月。

（三）汽车玻璃的损伤

1. 玻璃的霉变损伤

玻璃损伤的类型

汽车玻璃硬度高、可见光透过率高，发生霉变的玻璃制品表面会失去光泽，透光性差，呈现彩虹、白斑或贴片（不易分离）等现象。

（1）玻璃霉变的过程

水或潮气吸附在玻璃表面，随后水或潮气向玻璃内扩散，表面层中的可溶性硅酸盐被水解和破坏。首先是硅酸钠和硅酸钾等被水解和破坏，生成氢氧化钠并分离出二氧化硅。分离出来的二氧化碳硅生成硅氧凝胶，在玻璃表面形成保护性薄膜，它阻止了进一步的侵蚀。

水解形成的氢氧化钠，与空气中的二氧化碳作用生成碳酸钠，聚集在玻璃表面，构成表面膜中的可溶性盐。由于它具有强吸湿性，因此会吸收水分而潮解，最后形成碱液小滴。当周围的温度、湿度改变时，这些碱液小滴的浓度也随之变化。如果浓缩的碱液小滴和玻璃长期接触，部分凝胶状硅氧薄膜会在其中被溶解，而使玻璃表面发生严重的局部侵蚀，形成斑点。

（2）霉变程度的检查

采用目测法，在集中的强光下，将霉变的玻璃放置在反射光和透射光中观察玻璃表面有无斑点和雾状物。若这些斑点和雾状物用布或水擦不掉，表示玻璃已经发霉。如果在集中的强光下，肉眼观察到少数斑点和薄雾状物，则属轻微发霉；如果在集中的强光下，肉眼观察到很多斑点和轻雾状物，则属中等发霉；如果不在集中的光束照射下，肉眼观察到一些斑点和雾状物，则属严重发霉。

2. 玻璃的划痕损伤

汽车玻璃的划痕损伤是受到硬物摩擦，在表面产生的很浅的印痕，多见于前风窗玻璃上，更多是由于刮水器造成的，比如在未喷玻璃清洗液的情况下用刮水器刮脏污的前风窗玻璃，就很容易产生划痕。玻璃划痕不但影响美观，更主要的是影响驾驶员视线，给行车安全带来隐患。玻璃划痕按程度的不同可以分为轻度划痕、中度划痕和重度划痕。

（1）轻度划痕

汽车玻璃上的轻度划痕，调整角度能够从侧面观察到，但是用指腹和指甲感觉不出来，划痕深度在 100μm 以内。此种划痕可以通过抛光去除，修复后的玻璃基本无变形，不影响行车安全。

（2）中度划痕

中度划痕能够较容易观察到，用指腹感觉不出来，但是用指甲能感觉到，划痕深度范围为 100～150μm。此种划痕的去除是先用细研磨片磨掉，再通过抛光把玻璃抛亮。修复后的玻璃会有很轻微的变形，但对行车安全影响不严重。

（3）重度划痕

重度划痕能够明显观察到，用指腹和指甲能明显感觉到，如图 4-1-7 所示，划痕深度在 150μm 以上。此种划痕的去除是先用粗研磨片磨掉缺陷，再用细研磨片消除粗研磨片的打磨痕迹，最后通过抛光把玻璃抛亮。修复后的玻璃会有轻微的变形，即透过玻璃看直的物体会有些弯曲。

如果超过中度的划痕在主视区内，尽可能不要进行维修，而是直接更换。

图 4-1-7　前风窗玻璃的重度划痕

3．玻璃的裂纹损伤

玻璃的特性是硬度高、透明度高。但是玻璃材质非常脆，"宁碎不弯"，当受到外力撞击时容易损伤，受损后维修难度大。汽车玻璃的裂纹损伤是玻璃受到外力作用，从外表到内部产生分裂，严重的从外表面到内表面完全裂开。并且，裂纹会随着继续受力而逐渐扩大、增长，甚至使整块玻璃完全断开。玻璃裂纹损伤会严重影响美观，并且给行车安全带来更多的隐患。

一般汽车玻璃会出现线形裂纹、圆形裂纹和星形裂纹 3 种形状的裂纹。实际中更多的是多种损伤同时出现的复合形式，维修难度大，维修后的效果也难以让人满意。

（1）线形裂纹

线形裂纹多见于黏结安装的汽车前风窗玻璃，如图 4-1-8 所示。在使用中玻璃受到剧烈振动后局部受力不均、玻璃表面温度变化过大、重新安装的玻璃位置不佳等，这些原因都会产生线形裂纹。线形裂纹出现后，若不及时处理会不断变大，最后造成整块玻璃报废。

（2）圆形裂纹

玻璃表面受到外物撞击，造成表面缺损，形成边缘比较规则的圆形裂纹，如图 4-1-9 所示。

（3）星形裂纹

玻璃受到外物撞击后，形成以撞击点为中心向四周发散的裂纹，所以称为星形裂纹，如图 4-1-10 所示。

图 4-1-8　线形裂纹

图 4-1-9　圆形裂纹

图 4-1-10　星形裂纹

知识评价

1. 加工完毕的成品汽车玻璃，从外观上看应没有明显的气泡和划痕。（　　）
2. 国家标准规定，汽车前风窗玻璃的可见光透过率不得低于 90%。（　　）
3. 为了保证驾驶室的私密性，全车都可使用隐私玻璃。（　　）
4. 汽车玻璃的主视区是主要的观察区，通常指（　　）。
　　A. 前风窗玻璃中间的 1/2 区域　　　　　B. 前风窗玻璃中间的 3/4 区域
　　C. 前风窗玻璃　　　　　　　　　　　　D. 后风窗玻璃
5. 玻璃类型标识中的 "LAMINATED" 表示该玻璃是（　　）。
　　A. 憎水玻璃　　　　　　　　　　　　　B. 风窗玻璃
　　C. 夹层玻璃　　　　　　　　　　　　　D. 钢化玻璃
6. 请观察或搜集汽车玻璃损伤案例，搜集汽车玻璃维修工具并分析它们的优缺点。

三、任务实践

任务案例：黄先生的现代伊兰特轿车，前风窗玻璃下角被石子砸出小裂纹，过几天他发现裂纹逐渐变大，但更换新玻璃的成本很高，又担心更换后出现质量问题，如图 4-1-11 所示。如果由你来维修该损伤，请设计维修方案。

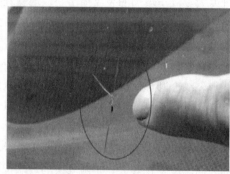
图 4-1-11　前风窗玻璃裂纹损伤

（一）修复玻璃划痕损伤

1. 玻璃划痕抛光

（1）抛光前准备

① 先将要修复的玻璃周围用胶带封住，以免玻璃抛光时弄脏汽车与其周围环境。

② 认真清洗玻璃需要抛光的表面，不能有任何灰尘或沙粒等附着物。

③ 在玻璃抛光前，先用记号笔在玻璃背后圈出要修复的部位，避免扩大维修区域。

④ 玻璃抛光多用直径为 2 英寸（1 英寸=25.4mm）的专用砂纸（也称研磨片），有些通过背面的标号区分粗细，标号用"P***"来表示，P 后面的数字越大越细，数字越小越粗。有些通过不同的颜色来区分粗细，如图 4-1-12 所示。粗研磨片切削能力强，适用于重度划痕的研磨；细研磨片切削能力弱，适用于中度划痕的研磨。

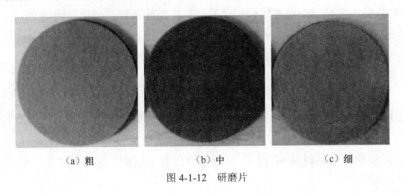

彩图 4-1-12

　　（a）粗　　　　　　　（b）中　　　　　　　（c）细

图 4-1-12　研磨片

⑤ 要去除砂纸的研磨痕迹需要用玻璃划痕抛光剂，能够提高玻璃的光泽度，需要配合抛光机和羊毛轮使用。

⑥ 抛光机要选用可调速电动式的，前端配直径为 2 英寸采用自粘扣的圆形磨垫，便于安装研磨片。

（2）研磨划痕

① 对于重度划痕，先用粗研磨片研磨，研磨机转速控制在 1500 r/min 以内。

② 研磨时使用中等压力，研磨片与玻璃表面应持平。

③ 使用粗研磨片将划痕基本磨平后，按次序逐步更换更细的研磨片，适当扩大范围研磨，以去除之前留下的研磨片研磨痕迹。同时，研磨机的转速也要同步提高。

④ 当用最细的研磨片研磨完成后，划痕已经完全去除，研磨表面光泽度不高。

（3）抛光研磨痕迹

① 研磨机更换羊毛轮，在研磨部位放抛光剂，并涂抹均匀。

② 平放羊毛轮，启动研磨机，并慢慢移动。抛光处形成白色浆料，如图 4-1-13 所示，继续抛去浆料，还原玻璃应有的光泽。

③ 如光泽欠佳，则重复抛光。

图 4-1-13　抛光研磨痕迹

2．玻璃划痕抛光注意事项

根据划痕的深度、位置和长度等判断是否能够维修。如果划痕在主视区，并且较深、较长，维修时要慎重。划痕抛光前要彻底清洁玻璃表面，包括周边的饰条等，不能有硬颗粒物。划痕抛光的范围不要过大，以能够将划痕处理掉为准。

（二）修复玻璃裂纹损伤

玻璃裂纹损伤的修复主要是在裂缝中填补玻璃黏结剂，消除缝隙。玻璃黏结剂是一种透明度很高的液态胶质，有的靠紫外线加热能迅速凝固，强度可达到原玻璃的90%以上，并且保证玻璃的透光性良好。

1．玻璃裂纹的修复

（1）钻孔止裂

① 保护好仪表板等内饰，防止在施工时玻璃黏结剂滴落到内饰表面造成损伤。

② 准备好玻璃裂纹修复用的材料和设备，如专用钢化玻璃钻头、玻璃黏结剂、紫外线灯等。

③ 汽车玻璃产生线形裂纹，可以在裂纹端点钻孔，能够防止裂纹继续扩大。其他形式的裂纹则不能用钻孔的方式来止裂。钻孔时用直径4～6mm的专用空心圆形钻头，从外向内打孔。

④ 如果汽车上有些玻璃采用的是夹层玻璃，如大部分轿车的前风窗玻璃及后风窗玻璃，可能只裂了一层，则只能钻有裂纹的玻璃。如果两层都裂了，则分别从两面向中间夹层打孔。

⑤ 将玻璃表面清洁干净，尤其是有裂纹的部位。清洁干净以后，玻璃表面要保持干燥。

注意：钢化玻璃钻孔很容易造成整块破碎，要慎重施工，一般情况无须钻孔。

（2）黏结修复

① 将玻璃裂纹修复支架固定在需要修复的裂纹处，调整好位置和高度，确保安装牢固，如图4-1-14所示。

② 在支架上安装加注器，保证加注器的加注口与裂纹对正。

③ 用真空注射器，将玻璃"伤口"内的空气抽掉。如果裂纹较长、损伤较严重，并且所处部位玻璃弧度较大，可以多次抽真空。为防止裂纹继续扩展，要控制好力度。

④ 在加注口处填入玻璃黏结剂。要加压、减压配合进行，同时注意加压的力度。经过反复几次抽压后，修复的空间至少有90%盛满了黏结剂。裂纹逐渐变小，直至消失，如图4-1-15所示。

图4-1-14　安装支架

图4-1-15　填补裂纹

⑤ 用紫外线灯上、下、左、右各照射 2min，让黏结剂凝固，如图 4-1-16 所示。

注　意

因为紫外线对人体有伤害，在使用时要注意做好防护，切记不可直接照射人体。

⑥ 黏结剂凝固后，伤口的中心点会有一个小缺口，这时再滴入浓度较高的黏结剂，盖上玻璃片，同样用紫外线灯照射干。

⑦ 用刀片将表面多余的玻璃黏结剂刮除，涂上玻璃专用抛光剂磨光即可，如图 4-1-17 所示。

图 4-1-16　用紫外线灯照射

图 4-1-17　刮除多余黏结剂

（3）缺陷处理

① 对于圆形裂纹，玻璃黏结剂固化后，表面可能会产生气泡、凹坑和水纹等缺陷。黏结剂固化后产生的气泡，主要是由于裂纹内部空气没有完全抽净形成的。为了防止气泡产生，加注口要完全覆盖住裂纹，保证空气彻底抽尽。

② 黏结剂固化后会产生凹坑，可以在裂纹处覆盖一块透明的薄塑料片，在塑料片和凹坑之间填补黏结剂，能够保证将凹坑填平。

③ 黏结剂固化后产生的水纹，是由于表面处理不平滑形成的。使用锋利的刀片刮平，再进行抛光处理。注意使用的刀片刃口要光滑，以免将玻璃表面划伤。

2．玻璃裂纹修复注意事项

（1）修复后效果

裂纹修复后，无论是在外观还是强度上都不能完全恢复到玻璃的原始

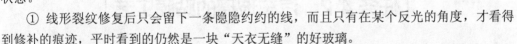
裂纹损伤修复

状态。

① 线形裂纹修复后只会留下一条隐隐约约的线，而且只有在某个反光的角度，才看得到修补的痕迹，平时看到的仍然是一块"天衣无缝"的好玻璃。

② 通常圆形裂纹在修补后只会剩下小的圆形痕迹，如图 4-1-18 所示。

③ 星形裂纹修补后会留下蛛丝状的痕迹。

（2）裂纹修复原则

① 对于玻璃已经裂穿的损伤，要及时维修，防止裂纹继续扩大。

② 前风窗玻璃的裂纹大于 3cm，裂纹形状较复杂，或者所处的部位玻璃弧度较大，都应该由经验丰富的专业人员来修复。

③ 不是任何玻璃破损都可以修补，一旦玻璃已经断裂分离，或是破成碎片，都是不可修补的，如图 4-1-19 所示。而且若裂痕太大，修补费用也许会与更换新玻璃的费用不相上下，

何况还会留下疤痕。因此，汽车玻璃的修补，只有在破损不大的情况下进行，方可省时、省钱。

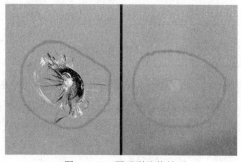

图 4-1-18　圆形裂纹修补后

图 4-1-19　破损严重的汽车玻璃

能力评价

请针对任务案例"黄先生的现代伊兰特轿车，前风窗玻璃下角被石子砸出小裂纹，过几天他发现裂纹逐渐变大，但更换新玻璃的成本很高，又担心更换后出现质量问题"，依据所学知识和技能，分析并回答以下问题。

1. 任务案例中的汽车玻璃类型为（　　）。

　　A. 夹层玻璃　　　　B. 隐私玻璃　　　　C. 环保玻璃　　　　D. 憎水玻璃

2. 任务案例中的玻璃损伤是否能维修？原因是什么？

3. 如果由你来维修任务案例中的玻璃，应该采用的维修方法是（　　）。

　　A. 抛光　　　　　　B. 焊接　　　　　　C. 黏结　　　　　　D. 缝合

4. 为了防止玻璃裂纹进一步扩大，需要（　　）。

　　A. 彻底清洁玻璃　　　　　　　　　　B. 将裂纹打磨成楔形

　　C. 在裂纹端部钻孔　　　　　　　　　D. 加热裂纹端部

5. 如果任务案例中的汽车玻璃只是外层裂了，维修时要（　　）

　　A. 分别从两面向中间夹层钻孔

　　B. 只在外层钻孔，不要损伤中间夹层

　　C. 两层玻璃都需要添加黏结剂

　　D. 只在外层添加黏结剂

|任务 4.2　汽车玻璃的贴膜工艺|

知识目标

1. 掌握汽车玻璃膜的结构和类型；

2. 掌握汽车玻璃膜的特性和要求。

能力目标

1. 能够根据汽车玻璃外形裁膜下料；

2．能够实施汽车玻璃膜成形和排水工艺。

素质目标

1．培养学生独立分析问题和创新的能力；
2．培养学生爱岗敬业的职业精神。

一、任务分析

汽车玻璃洁净、明亮、透光性好，能保证驾驶员有良好的视野，保证行车安全，但是太阳光中的有害射线也会照射进车内。红外线热能高，会提高车内的温度。紫外线具有破坏性，会伤害皮肤，还会加速内饰老化。很多车辆采用窗帘来挡光和保护隐私，但是严重影响视线，若给汽车玻璃贴上玻璃膜，所有的问题就能迎刃而解了，如图 4-2-1 所示。

图 4-2-1　贴玻璃膜解决窗帘影响视线问题

学习本任务需要学生了解光谱和能量等基本物理知识，掌握汽车玻璃膜的种类和特性，能够根据汽车玻璃外形下料和成形。在操作中要注意安全，遇到问题能够独立分析并解决，具有爱岗敬业的职业精神。

二、相关知识

（一）汽车玻璃膜的常识

1．玻璃膜的相关术语

（1）太阳光谱

在太阳光谱中不仅有对我们有用的可见光，还有我们看不到的紫外线和红外线，如图 4-2-2 所示。可见光（Visible Light，VL）波长范围为 400～800nm，是我们所需要的，并且可见光带有的热能很少，也不像紫外线那样有伤害性。红外线（Infrared Ray，IR）波长大于 800nm，能辐射大量的热能，使被照射环境的温度升高。紫外线（Ultraviolet Ray，UV）波长小于 400nm，是有危害的射线，按照波长范围的不同可分为以下 3 种。太阳光谱的大部分射线都能为人类所用，本任务只探讨在汽车玻璃贴膜装饰中不同射线的优缺点。

① UV-A 波长范围为 320～400nm，能够到达地面，在人类皮肤上照射时间过长会导致真皮细胞变质，激活黑色素细胞，使皮肤老化，出现"老年斑"等色斑。

② UV-B 波长范围为 280～320nm，部分能够到达地面，损害人类皮肤细胞中的 DNA，是皮肤癌变的主要原因之一。

紫外线　可见光　红外线

190　280 320 400　　　　　　　　　　800　　波长/nm

图 4-2-2　太阳光谱

③ UV-C 波长范围为 190~280nm，基本不能到达地面，危害性最大，严重的可以导致生物死亡。

（2）可见光透过率

① 可见光透过率（也称为透光率）是指透过玻璃的可见光与太阳光入射的可见光之比，它是衡量玻璃膜透光性能的重要指标，因为它直接影响驾驶员视野的清晰度。可见光透过率越高，玻璃或玻璃膜的通透性越好，国家标准已明确规定前风窗玻璃可见光透过率不得低于70%。因此，选择玻璃膜产品时，一定要选用可见光透过率高的。

② 可见光反射率表示玻璃反射的可见光与太阳光入射的可见光之比。

（3）光线阻隔率

① 紫外线阻隔率表示玻璃阻隔的紫外线与太阳光入射的紫外线之比。紫外线阻隔率越高，玻璃或玻璃膜的保护性越好。

② 红外线阻隔率表示玻璃阻隔的红外线与太阳光入射的红外线之比。

③ 太阳能阻隔率表示玻璃阻隔的太阳能与入射的太阳能之比，它是衡量玻璃或玻璃膜隔热性能的一个重要指标。要注意它和红外线阻隔率的区别，在整个太阳光谱中，红外线的能量只占53%，高的红外线阻隔率并不一定意味着高的隔热性。太阳能阻隔率也是选购玻璃膜产品的重要参考指标。

2．玻璃膜的结构

玻璃膜的基础是聚酯薄膜，它是以纤维级的聚酯切片为主要原料，经过干燥、熔融、挤出、铸片和拉伸，然后利用深层染色技术，将染料注入聚酯薄膜基片而成的高档薄膜。还可以利用真空镀铝、磁控溅射技术等生产出全金属化膜。聚酯薄膜被染成各种颜色，可以减少眩目强光和阻止褪色。透明或染色的聚酯薄膜被注入紫外线吸收剂，能加强阻隔紫外线的特性。防划伤涂层和保护膜等也加入膜的结构中，最后经过裁割、分卷、包装制成成品玻璃膜，如图 4-2-3 所示。

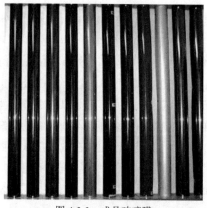

图 4-2-3　成品玻璃膜

彩图 4-2-3

有些玻璃膜生产商为了节约成本，简化生产工艺，或者不具备加工能力，以次充好，制造的劣质玻璃膜与高质量玻璃膜在结构上有很大不同，如图 4-2-4 所示。

（1）劣质玻璃膜结构

劣质玻璃膜结构如图 4-2-4（a）所示。对低成本染色膜和低成本金属膜等质量较差的玻璃膜来说，膜和安装胶中基本没有紫外线吸收剂等用于防护紫外线的成分，并且褪色很快，抗刮伤性能也不好。

（2）高质量玻璃膜结构

高质量玻璃膜结构如图 4-2-4（b）所示。对高质量玻璃膜来说，在膜上和安装胶中都采用了紫外线吸收防护技术，严格控制紫外线的通过率，并且防刮伤性能良好，经久耐用，正常使用可以保证 5～8 年不出现质量问题。

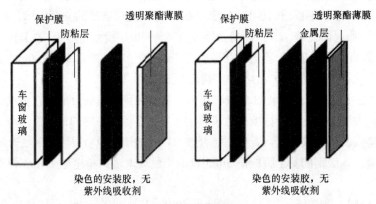

（a）劣质玻璃膜结构

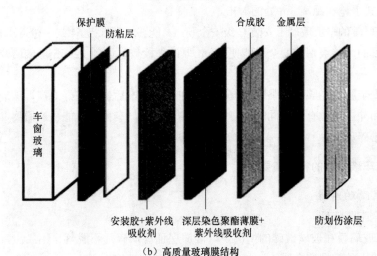

（b）高质量玻璃膜结构

图 4-2-4　不同制造工艺的玻璃膜结构

3．玻璃膜的种类

（1）控光膜

汽车玻璃膜的
种类

在汽车美容装饰中我们经常听说的太阳膜、防光膜、隔热膜等，都属于控光膜。高质量控光膜的厚度为 20～50μm，能控制光线通过玻璃的量，能阻挡90%以上的紫外线和红外线。还能减少眩目，使人的眼睛更舒适。

（2）安全膜

把控光膜和一层抗冲击的薄膜结合到一起，这种膜既有控光膜的隔热、防紫外线作用，又提高了玻璃抗破碎能力，这就是安全膜。安全膜的厚度明显超过控光膜。中国标准化协会针对生活中玻璃较常发生危害的 3 种情形，将玻璃安全防护分为以下 3 个等级，不同等级的安全膜分别对应一种危害情形。

① A 级安全膜，防意外事故级。其抗冲击指标为 50J。检测指标为：1.0kg 的实心钢球在 5m 高度处做自由落体运动，不得贯穿 3mm 厚的钢化玻璃；或者 260g 的实心钢球在 5m 高度处做自由落体运动，80%的概率不得砸裂 3.0～4.0mm 厚的钢化玻璃。

在 3mm 厚的普通平板玻璃上安装 A 级安全膜后，能够达到防范意外事故的目的，包括人奔跑时撞到大面积玻璃上不会因玻璃破碎而被划伤等。车辆在碰撞、刮擦甚至倾覆时，玻璃的安全膜强力支撑车窗玻璃，保持车窗刚度，降低因车窗变形而挤伤乘员的概率。该级别的安全膜能使 3mm 厚的平板玻璃达到和超过 12mm 厚的夹层玻璃的安全指标。

② B 级安全膜，防盗级。其抗冲击指标为 200～300J。检测指标为：2.3kg 的实心钢球在 12m 高度处做自由落体运动，不得贯穿厚度为 5mm 的平板玻璃；或者 260g 的实心钢球在 12m 高度处做自由落体运动，60%的概率不得砸裂玻璃。

在 5mm 厚的平板玻璃上安装 B 级安全膜后，能够达到防盗的目的，在多次强力砸击下保持玻璃的完整性和刚性。这个标准参考了国际上的防盗标准，它的依据是一个健壮的人双手拿着一个重器反复砸玻璃 5 次，看玻璃能否被砸坏。玻璃贴膜后要求砖石、金属器械抛掷物不能贯穿玻璃。该级别的安全膜能使 5mm 厚的平板玻璃达到和超过 18mm 厚的夹层玻璃的安全指标。

③ C 级安全膜，防弹级。其抗冲击指标为 500J。其检测指标为：6mm 厚的平板玻璃能有效抵御 64 式手枪在距离 3m 处的射击。

在 6mm 厚度的平板玻璃上安装 C 级安全膜后，能够达到抵御 64 式手枪近距离（3～10m）射击的防护目的。该级别的安全膜能使 6mm 厚的平板玻璃达到 22mm 厚的防弹玻璃的安全指标。

玻璃贴安全膜后能够提高强度，但并不是在受到冲击后仍能完好无损，玻璃的受损程度跟冲击强度和冲击次数有关。同时，要保证发生意外后，车内人员能快速撤离，在车辆内部要能够容易击碎玻璃。

（二）汽车玻璃膜的特性和要求

1. 玻璃膜的特性

（1）安全阻隔特性

① 汽车玻璃膜在玻璃破碎的情况下，能够保证玻璃碎片不脱落、不飞溅，防止伤人。同时，玻璃膜中的高端安全膜，还具有很好的安全防护性能。

② 热量的传递有辐射、传导、对流 3 种形式，汽车玻璃膜主要利用辐射和对流的原理来隔热（主要是太阳的辐射热），还能够阻隔紫外线以防止内饰老化或损伤。

③ 汽车玻璃膜能控制透过光线的强度，防止强光照射眼睛，尤其是在下午正对太阳行驶的时候，汽车玻璃膜防眩目的作用就更明显了。

（2）遮光特性

对于除了前风窗位置以外的玻璃膜，通常可见光的阻隔率很高，以保护车内隐私。有些汽车玻璃膜在制造的时候采用特殊的工艺，使膜具有单向透视的功能。这种玻璃膜贴到车窗上后，在车外看不到车内（见图 4-2-5），但是在车内能够看清车外。需要注意的是，玻璃膜的单向透视性有随光改向性，即单向透视总会透向光线强的一面。也就是说，只有车内的光线比车外弱的时候，才不能看清车内。相反，如果车内的光线比车外强，则在车内会看不清车外。所以在夜间开车的时候一定不要打开车内的灯光，因为这样会对行车安全造成严重影响。

图 4-2-5　玻璃膜单向透视

（3）收缩特性

汽车玻璃膜的基片是由通过拉伸成形的长链高聚物复合而成的，在成形过程中，长链高聚物会沿拉伸方向定向排列。一旦再次受热，长链高聚物就会收缩恢复到未拉伸的状态，这就是汽车玻璃膜加热成形的原理。因为汽车玻璃特别是前、后风窗玻璃的外形都是大幅面、大弧度的，玻璃膜贴到玻璃上会产生褶皱，要想与玻璃贴合就需要加热成形。褶皱越小，热成形效果越好，通常在玻璃膜成形时，将玻璃膜的褶皱做在玻璃的长边上，可以做更多小的褶皱。如果将玻璃膜的褶皱做在玻璃的短边方向，进行同样程度的收缩，由于可做的褶皱数量少，因此褶皱就会大一些，不利于加热成形。玻璃膜下料时，只有正确排布，才能快速成形，如图 4-2-6 所示。

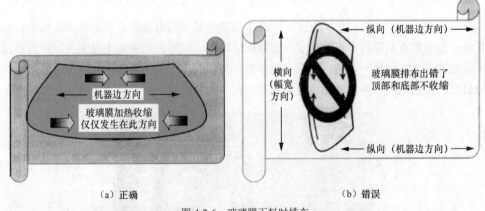

（a）正确　　　　　　　　　　　　　　　　（b）错误

图 4-2-6　玻璃膜下料时排布

① 汽车玻璃膜的纵向也叫作机器边方向，即膜的卷起方向，是主要的拉伸方向。一般来说，膜的收缩只能沿着这个方向，任何与机器边方向垂直的褶皱都可以很好地收缩。因此，玻璃膜成形下料时，一定要区分玻璃膜的机器边方向和幅宽方向，将玻璃膜的褶皱做在卷起方向，受热才能使玻璃膜加工后与玻璃外形一致。

② 幅宽方向就是与机器边方向垂直的横向，在该方向上玻璃膜基本不能拉伸，而沿机器边方向排列的褶皱一旦受热，只会进一步拉伸变形，使褶皱变得更加严重。错误的玻璃膜排布方向会导致玻璃膜不收缩。

2．前风窗玻璃膜的特殊要求

无论是为了满足隔热、防紫外线等要求，还是为了防范意外事故、抵御非法侵犯等，都必须保证前风窗玻璃具有足够的透光性。所贴膜应以视线清晰、不增加反光和不影响行车安全为首要前提。通常前风窗玻璃膜不能用其他膜代替，不允许张贴镜面反光膜。

知识评价

1. 在太阳光谱中，人类能够利用的只有可见光。（　　　）

2. 紫外线波长小于400nm，可见光波长范围为400～800nm，红外线波长大于800nm。（　　　）

3. 波长范围为190～280nm的UV-C，能到达地面，危害性最大。（　　　）

4. 汽车美容装饰中我们经常听说的太阳膜、防光膜、隔热膜等，都属于控光膜。（　　　）

5. 安全膜贴到玻璃上能提高玻璃强度，使玻璃受到冲击后不破损。（　　　）

6. 评价玻璃膜性能的关键指标有（　　　）。

    A．可见光透过率　　　　　　　　B．红外线阻隔率

    C．紫外线阻隔率　　　　　　　　D．太阳能阻隔率

7. 影响粘贴安全膜的汽车玻璃强度的因素有（　　　）。

    A．冲击物类型　　　　　　　　　B．冲击次数

    C．安全膜等级　　　　　　　　　D．玻璃厚度

8. 玻璃膜下料时，要将玻璃的长边排布在玻璃膜的（　　　）。

    A．卷起方向　　　　　　　　　　B．幅宽方向

    C．机器边方向　　　　　　　　　D．加工方向

9. 在购物网站搜集玻璃贴膜工具，试着设计一款适合裁切汽车玻璃膜的工具。

三、任务实践

任务案例：程先生的白色大众高尔夫汽车玻璃膜是买车时送的，感觉没什么作用，即将到夏天，他就想重新贴膜，于是找了一家品牌店贴膜，贴完之后看起来很完美，3 天后发现前风窗玻璃左下角出现一道裂痕，而且很平整，外观没有受损的痕迹，如图 4-2-7 所示。请分析裂痕产生的原因，并思考如何避免这类情况。

图 4-2-7　贴膜后玻璃出现裂痕

（一）下料工艺

1．下料要点

（1）下料尺寸

① 玻璃膜初始下料时，可以用直尺或卷尺测量玻璃尺寸，然后在玻璃膜上按尺寸下料。通常膜的尺寸要比玻璃的尺寸大 3～5cm，留出足够的余量。

玻璃膜下料
工艺

② 有时为了提高工作效率，使用模板辅助下料。模板的材料可以用废弃的玻璃膜外层保护膜或光滑的塑料片，先按玻璃的外形裁出模板，再用模板到玻璃膜上下料。如果模板尺寸精确，下料后可直接粘贴，减少后续精裁操作。

（2）下料方向

玻璃膜要粘贴在玻璃的内侧，它的收缩有方向性，下料时要注意方向，以免裁出的玻璃膜形状与玻璃不一致或难以收缩成形，造成浪费。

① 根据汽车玻璃的弧度确认是否需要进行热成形，如果需要，下料时一定要将玻璃的长边布置在玻璃膜的卷起方向。

② 汽车玻璃的外形多数是不对称的，下料时特别注意要在玻璃外侧测量玻璃尺寸，制作模板时也要在玻璃外侧取样。在玻璃膜上按尺寸或用模板裁切时，同样要在保护膜的一侧施工，这样裁出的玻璃膜才能与玻璃外形一致。

2．裁切玻璃膜

初步下料完成后，就要将玻璃膜移到玻璃外侧进行精裁，如果需要热成形则在精裁前完成。

（1）裁膜刀的使用

① 裁切玻璃膜使用的刀具硬度要适中，刀尖部位要光滑、无毛刺，能整齐裁切玻璃膜而不划伤玻璃。

② 刀具的工作部位集中在刀尖，一般可持续裁切 3～4m，超出这个距离就要折断旧的刀尖部位。

③ 刀具要尽可能放平，用力要适中，沿着裁切方向向后拉，而不是向前推，如图 4-2-8 所示。采用这种裁切手法，能保证裁膜边缘整齐，并且不容易划伤玻璃。

 注　意

如果裁膜刀的硬度过高、刀刃不光滑或操作方法不当等，裁膜时都可能划伤玻璃。由于玻璃"宁折不弯"，表面划伤后再受到振动就会在划伤处裂开。

（2）玻璃膜裁切方法

① 裁切的起点一般选择在直线与圆弧交接的部位。

② 裁切过程中尽可能不要停顿，最好一刀完成。尤其是圆弧部位的裁切，更不能断断续续，否则很容易裁出锯齿状边缘，如图 4-2-9 所示。

③ 给侧窗可移动玻璃裁膜时，两侧边缘可利用车窗框或密封条作为限位和导向，如图 4-2-10 所示。但要留出适当的余量，以免贴膜后膜的尺寸过小而漏光。裁切上边缘时，可将玻璃适当降下，利用玻璃边缘作为限位和导向。下侧适当多留一些余量，粘贴时将玻璃膜向下调整 2～3mm 即可。

图 4-2-8　裁膜刀的角度

图 4-2-9　圆弧部位的裁切

④ 前风窗玻璃及后风窗玻璃等采用黏结安装的固定玻璃外缘，通常有一圈黑色釉点，裁膜时最好以釉点的内缘为边界进行裁切，如图 4-2-11 所示。在裁膜时可以一个人在车内用荧光灯向外照射，来保证裁膜尺寸的准确。

图 4-2-10　侧窗玻璃裁膜

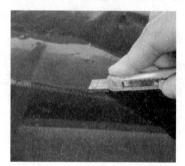

图 4-2-11　有釉点玻璃裁膜

裁膜练习时，可以用报纸代替玻璃膜。先在报纸上利用模板画出图形，再按图形裁切，反复练习即可逐步掌握裁膜的基本要领。

（二）热成形与排水工艺

遇到大弧度玻璃需要将玻璃膜成形后才能粘贴，否则易产生起泡甚至明显的褶皱。玻璃膜成形利用其收缩特性，用热风枪加热使褶皱收缩成形。

1．玻璃膜的成形

（1）热风枪的使用

① 玻璃膜热成形多用热风枪，汽车玻璃贴膜最好选用加热温度能无级调节，同时还能显示加热温度的热风枪，如图 4-2-12 所示。

② 用热风枪给玻璃膜加热定型时，吹风温度通常设定为 200～300℃，如图 4-2-13 所示。

热成形与排水工艺

图 4-2-12　热风枪

图 4-2-13　温度显示

③ 热风枪保持 45° 左右加热，不要与被加热表面垂直，也不要距离玻璃太近，防止热风回流而造成热风枪损坏。

④ 加热时，要不断移动热风枪，当膜有收缩现象时及时将热风枪移开。在一个部位长时间加热会损坏玻璃膜，甚至造成玻璃因受热不均而炸裂。

（2）加热成形

① 清洁玻璃外侧后，喷上干净的清洗液。将玻璃膜的保护膜朝外，铺于曲面玻璃的外侧。

② 将褶皱调整在玻璃的长边方向，要均匀分布，数量尽可能多。

③ 用热风枪从中间开始逐个加热褶皱部位，使其收缩成形。

④ 加热时，从褶皱的尖端到边缘，边加热边用手掌或塑料刮板挤压，辅助玻璃膜收缩成形，直至与玻璃的曲面完全贴合，如图 4-2-14 所示。

2. 玻璃膜的排水

将成形下料后的膜粘贴到玻璃上时，需要用水（正式贴膜多用清洗液）使安装胶暂时失去黏性，以便能够调整膜的位置，然后将水排出才能完成玻璃膜的粘贴。排水时，通常从中心向两侧交替进行。同一条线上也是从中心开始，排完一半，再排另一半，如图 4-2-15 所示。这样可以保证排水彻底，减少起泡、褶皱等贴膜缺陷。排水的方式分为刮水和挤水。

图 4-2-14　玻璃膜热成形

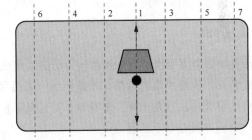

图 4-2-15　排水顺序

（1）刮水

① 刮水多用于初步排水，刮水后玻璃膜能够定位、不滑动，常用刮水工具为软质刮板，如图 4-2-16（a）所示。

② 刮水方向为从起始位置向后"拖"，刮水时要均匀用力，力度小，不伤玻璃膜，如图 4-2-16（b）所示。

（a）软质刮板

（b）刮水方向

图 4-2-16　刮水

（2）挤水

① 挤水多用于彻底排水，挤水后膜牢固粘贴到玻璃上，常用挤水工具为硬质刮板，如

图 4-2-17（a）所示。

② 挤水方向为从起始位置向前"推"，挤水时用力要大些，以彻底排水，如图 4-2-17（b）所示。

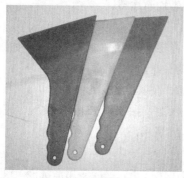

（a）硬质刮板   （b）挤水方向

图 4-2-17　挤水

在实际工作中，根据实际情况刮水和挤水重叠、有序地进行。若玻璃有弧度，通常要顺着弧度方向排水。如果垂直于弧度方向操作，刮板的尖端容易划伤玻璃膜，并减小排水面积。

能力评价

请针对任务案例"程先生的白色大众高尔夫汽车玻璃膜是买车时送的，感觉没什么作用，即将到夏天，他就想重新贴膜，于是找了一家品牌店贴膜，贴完之后看起来很完美，3 天后发现前风窗玻璃左下角出现一道裂痕，而且很平整，外观没有受损的痕迹"，依据所学知识和技能，分析并回答以下问题。

1. 任务案例中的玻璃出现裂痕可能的原因是（　　　）。

　　A. 玻璃质量差　　　　　　　　　　B. 玻璃安装有问题

　　C. 裁膜刀划伤玻璃　　　　　　　　D. 热成形时受热不均

2. 你认为任务案例中前风窗玻璃膜的性能参数中，需要重点关注的是（　　　）。

　　A. 太阳能阻隔率　　　　　　　　　B. 可见光反射率

　　C. 可见光透过率　　　　　　　　　D. 紫外线阻隔率

3. 要避免玻璃膜下料时形状裁错，需要注意（　　　）。

　　A. 在玻璃内侧制作模板　　　　　　B. 在有保护膜的一侧按形状裁切

　　C. 用窗框密封条作为导向　　　　　D. 留出 3～5cm 的余量

4. 玻璃贴膜正确的排水方式是（　　　）。

　　A. 初步排水采用挤水　　　　　　　B. 初步排水用软质刮板

　　C. 彻底排水时用刮水　　　　　　　D. 彻底排水用硬质刮板

5. 要避免任务案例中玻璃裂痕现象发生，在玻璃膜下料时要注意（　　　）。

　　A. 玻璃膜卷起方向排布在玻璃长边

　　B. 在玻璃外侧测量尺寸

　　C. 裁膜刀的硬度要低于玻璃

　　D. 裁膜刀的角度尽可能小，并向后拉

|任务 4.3 汽车玻璃的贴膜施工|

知识目标

1. 掌握汽车玻璃膜的选购方法;
2. 掌握汽车玻璃膜的鉴别方法。

能力目标

1. 能够进行汽车玻璃贴膜操作;
2. 能够修整贴膜时产生的缺陷。

素质目标

1. 培养学生独立分析问题和创新的能力;
2. 培养学生爱岗敬业的职业精神。

一、任务分析

汽车玻璃形状不规则,尤其是前、后风窗玻璃都有较大的弧度。同时汽车玻璃的安装方式有可移动式的,也有固定式的,因此给玻璃贴膜施工带来很大的难度。

学习本任务需要学生具有玻璃贴膜工艺基础知识,掌握玻璃贴膜工具的使用方法,能够根据汽车玻璃类型选购并进行贴膜操作。在操作中要注意安全,遇到问题能够独立分析并解决,具有爱岗敬业的职业精神。

二、相关知识

汽车玻璃贴膜施工工艺主要包括选膜、裁膜、贴膜等几个主要流程。首先选购外观、性能、价位合适的玻璃膜,然后清洁、保护车身和外饰,按玻璃形状成形和裁切,最后完成粘贴、交车。具体的施工工艺会根据不同的施工要求而有所不同,但基本工艺流程相似,如图 4-3-1 所示。

图 4-3-1 贴膜基本工艺流程

(一)汽车玻璃膜的选购

汽车玻璃膜有控光膜和安全膜,若有特殊需求可以选择安全膜,但其价位要远高于控光膜。控光膜的紫外线阻隔率和太阳能阻隔率要高,前风窗玻璃要选择可见光透过率高的专用玻璃膜，其他部位车窗玻璃可见光透过率要合适。

1. 外观和品牌

（1）外观的选择

常见汽车玻璃膜有无色、透明的，还有彩色的，有的外观呈现金属镀层效果，不同颜色的玻璃膜如图 4-3-2 所示。选用时要根据车身颜色和车型特点，做到颜色协调，慎用互补色。例如，黑、白、灰色系的车身多选用纯色玻璃膜，红色车身可选用黑色、蓝色玻璃膜等，避免选用绿色系玻璃膜。如果车型风格偏商务、公务，尽可能不用彩色或镀层玻璃膜。

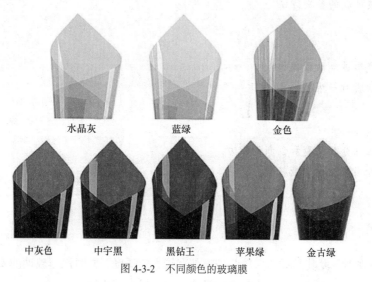

水晶灰　　　　蓝绿　　　　金色

中灰色　　中宇黑　　黑钻王　　苹果绿　　金古绿

图 4-3-2　不同颜色的玻璃膜

彩图 4-3-2

（2）品牌的选择

汽车玻璃膜常见的品牌有 3M、龙膜、强生、V-KOOL（威固）、雷朋、量子、大师等，不同品牌的产品价位差异较大。品牌制造商会设计不同的产品系列，每个产品系列有不同的特色、亮点，以满足不同客户的需求，图 4-3-3 所示为某品牌部分玻璃膜产品参数。选用时，要根据要求和价位进行合理选择。

表 4-3-1　　　　　　　　　　　　　　　　某品牌部分玻璃膜产品参数

类型	型号	可见光透过率	紫外线阻隔率	总太阳能阻隔率
高性能金属前风窗玻璃膜	N70	70%	>99%	39%
高性能陶瓷前风窗玻璃膜	N72	70%	>99%	36%
高性能金属车身膜	N28	28%	>99%	52%
	N20	25%	>99%	56%
	N19	19%	>99%	58%
	N14	14%	>99%	63%
	N10	15%	>99%	56%

2. 质量的鉴别方法

（1）检查外观

① 高质量的玻璃膜厚度一般超过 20μm，外观细腻、光滑、质地均匀，用手触摸质感很

好，前风窗玻璃膜的可见光透过率能超过 70%。劣质品则很薄，外观黯淡、粗糙、没有光泽，透光性差。

汽车玻璃膜质量的鉴别

② 将膜粘贴到玻璃上，用大功率的浴霸灯来照射，可以检验不同档次玻璃膜的阻隔率。如图 4-3-3 所示，右侧玻璃膜的阻隔率明显优于左侧的。

（2）检查安装胶层

安装胶层可以直观反映玻璃膜的质量，通过检查其黏性、气味、是否掉色等来判断玻璃膜质量的优劣。

① 取一块 5 寸（约 16.7cm）相片大小的样品，把贴在安装胶层上的保护膜撕开，玻璃膜粘到手上以后甩不下来，说明玻璃膜安装胶的黏性好，粘贴到玻璃上才会牢固，使用中才不会出现脱落、起泡等缺陷。

图 4-3-3 不同玻璃膜的阻隔率对比

② 在玻璃膜产品的生产过程中，要用到甲醛和苯等溶剂。高质量产品虽然在制造过程中使用了这些溶剂，但是制成成品时会把它们重新提取出来。而劣质产品的成品膜上有大量溶剂残留。撕开保护膜，高质量的玻璃膜安装胶没有刺鼻的异味，而劣质玻璃膜味道刺鼻。

③ 通常采用本体渗染和溅射金属着色的方法令玻璃膜有颜色。通过本体渗染方法染色的膜称为自然色膜；通过溅射金属方法染色的膜称为金属膜。采用这两种方法着色的膜是不易褪色的，尤其是金属膜。但市场上很多劣质膜在安装胶中加入颜料，然后涂在无色、透明膜上使膜有颜色，这种膜称为染色膜。这种膜靠颜色的深浅来隔热，隔热效果差，不耐晒，易褪色，褪色后便无隔热功能。区分方法是在膜的安装胶上喷些除胶剂，或在地面摩擦，劣质玻璃膜安装胶脱落的同时膜也会褪色。

（二）玻璃贴膜注意事项

玻璃贴膜时的操作方法、场地、材料等都会影响施工质量，要规范操作，避免贴膜问题的发生。

1. 因操作不当产生的缺陷

（1）气笋

气笋是指玻璃膜排水后仍然存在像竹笋尖端一样的气泡，不与玻璃贴合，如图 4-3-4 所示。

气笋的形成原因是排水不彻底或玻璃膜成形不好，成形时没有待与车窗玻璃形状一致就急于粘贴。

其解决方法是轻微加热，并用橡胶刮板压实。在边缘部位进行固定，防止气笋重新出现。

（2）褶皱

褶皱是指玻璃膜打褶，内部粘在一起，无论如何刮都无法消除，如图 4-3-5 所示。

褶皱的形成原因有热成形过度、玻璃膜被烤焦等。排水手法不正确，也会使玻璃膜出现褶皱。剥离保护膜或铺贴玻璃膜时不小心，也会造成玻璃膜出现褶皱。

其解决方法是更换新膜，重新粘贴。

（3）边缘不齐

玻璃膜边缘与玻璃边缘距离不等，呈锯齿状或波浪状，如图 4-3-6 所示。

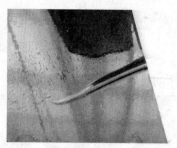

图 4-3-4　气笋

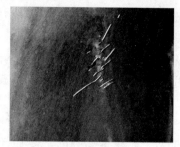

图 4-3-5　褶皱

边缘不齐的形成原因是裁膜时不细心、下刀不稳、下刀方向不对等。裁膜刀过钝，会撕扯玻璃膜。

其解决方法是进行精细修整。修整后如果效果依然不好或者边缘过大，则换新膜，重新粘贴。边缘留下 1～2mm 的微间隙，只有这样才能既美观又防止卷边。

（4）划破

划破是指玻璃膜在排水时被划出孔洞，如图 4-3-7 所示。

划破的形成原因是排水工具没有磨光、磨平，有尖锐突出部位；玻璃没有清洗干净，有沙粒等杂物；排水时不细心，工具刮坏玻璃膜；等等。

其解决方法是换新膜，重新粘贴。排水工具要精心处理，刃口部位不能尖锐突出。排水时要顺着玻璃的弧度操作。

图 4-3-6　边缘不齐

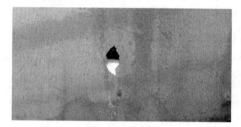

图 4-3-7　划破

2．其他缺陷

（1）夹入杂物

夹入杂物是指玻璃膜与玻璃之间有异物夹入，这种缺陷在贴膜时十分普遍。造成这种缺陷的原因多种多样，在整个贴膜过程中，任何一个环节没有注意都可能造成杂物夹入。

① 工作环境。汽车玻璃贴膜要有专门的密闭工作间，配备水雾净化系统，能消除漂浮的灰尘和纤维，防止静电产生。没有条件建造专用工作间的，要保证工作环境清洁。

② 施工人员。拆开玻璃保护膜时会产生静电，如果施工人员衣服上有棉絮或纤维等会被静电吸附到膜上。贴膜时，要穿防静电工作服，戴工作帽，保持手部清洁，不能戴线手套施工。

③ 清洗用品。有些施工人员直接使用未经过滤或沉淀的自来水贴膜，水中的杂质或沙粒会影响贴膜质量。调配清洗液时可选用纯净水或经过滤的自来水，同时喷水壶要每天清洗，更换新的清洗液。

（2）视野不清

贴膜后车窗玻璃看上去雾蒙蒙的，这是膜在干燥过程中的正常现象，主要是由清洗液没有挥发完造成的。对于磁控溅射膜以及安全防爆膜，这种现象更为突出。一般来说，这种现象会随着时间的推移慢慢减弱，最后完全消失。当然这一时间也要取决于膜的种类、环境的温度以及湿度等，温暖、干燥的气候以及太阳的直射都会加速膜的干燥。对贴膜施工人员而言，要注意使用正确的排水方法，尽可能彻底排掉清洗液，缩短干燥时间。贴膜后一段时间内不能升降玻璃，不要清洗玻璃内侧，也是因为清洗液未完全蒸发而使贴膜不牢固。

知识评价

1. 市场上控光膜的价位要远高于安全膜。（　　）
2. 前风窗玻璃要选择可见光透过率高的专用膜。（　　）
3. 商务办公用的汽车，必须选用深色玻璃膜。（　　）
4. 高质量玻璃膜外观细腻、光滑，厚度一般不会超过 20μm。（　　）
5. 贴膜时产生的轻微气笋缺陷可以通过修饰处理，无须重新粘贴。（　　）
6. 汽车玻璃膜常见的品牌有（　　）。
    A. 3M   B. 强生   C. 威固   D. 雷朋
7. 通过玻璃膜安装胶鉴定质量时，可检查（　　）。
    A. 黏性大小   B. 厚度大小   C. 是否掉色   D. 是否有刺鼻气味
8. 以下属于贴膜操作不当产生的缺陷是（　　）。
    A. 气笋   B. 划破   C. 玻璃炸裂   D. 边缘不齐
9. 观察身边车辆玻璃贴膜后出现了哪些问题，试着为该车选购合适的玻璃膜。

三、任务实践

任务案例：马先生的大众途观汽车玻璃膜使用了 3 年，开始后风窗玻璃只有几处玻璃膜起小泡，后来气泡逐渐变多变大，最后气泡布满整个玻璃表面，如图 4-3-8 所示。请分析故障产生原因，并思考如何避免。

（一）贴膜准备

1．准备工具和材料

（1）准备工具

贴膜施工时要用到很多工具，其中大部分是贴膜专用工具。在品牌膜的施工店里有各种各样的工具包，有的做成围裙式，有的用一个精致的手提箱装着，如图 4-3-9 所示。贴膜工具多达几十件，能解决贴膜施工时遇到的各种问题。工具按用途不同可分为清洗工具、裁膜工具、热成形工具和排水工具等。

图 4-3-8　玻璃膜起泡

图 4-3-9　贴膜工具包

裁膜工作台是用来摆放玻璃膜和玻璃膜粗裁时的操作台，要求其表面平滑且不能过硬。清洗、裁膜、成形和粘贴都会用到喷水壶、刮板等，热成形和裁膜会用到热风枪和裁膜刀。喷水壶盛放清洗液，加压后以雾状喷出。贴膜用刮板有金属、塑料和橡胶等不同材质，还有不同的尺寸规格，如图4-3-10所示。其中金属刮板用于清除玻璃上的顽固污渍和残留的胶，以及精细排水和修整。橡胶刮板和塑料刮板多用于成形和排水。另外还要用到毛巾、保护膜和擦拭纸等，选用的毛巾不掉纤维，擦拭纸遇水不掉纸屑。

　　（a）金属刮板　　　　　　　　　（b）橡胶刮板　　　　　　　　（c）塑料刮板

图4-3-10　贴膜用刮板

（2）准备清洗液

清洗液能够彻底清洁玻璃，有助于玻璃膜的滑动定位，保证玻璃膜黏结强度。通常清洗液要按使用说明规定的比例稀释后使用，稀释用水要干净、无杂质。汽车玻璃贴膜施工最好选专用的清洗液，选用其他清洗用品会影响玻璃膜的黏结强度，如图4-3-11所示。

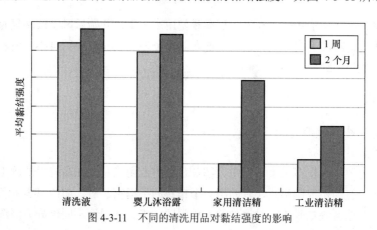

图4-3-11　不同的清洗用品对黏结强度的影响

2．保护和清洁

（1）保护车身和内饰

贴膜前要保护好车身和内饰，以免损伤面漆和内饰。汽车内饰的保护尤为重要，清洗玻璃会弄脏内饰或导致开关失灵，甚至局部短路。需要时，用较厚的毛巾盖在仪表板、发动机舱盖或行李舱盖上，如图4-3-12所示。

（2）清洁玻璃

① 在玻璃外侧喷洒清洗液，用擦拭纸清洁污物，如图4-3-13所示。再次喷洒清洗液，用手掌涂抹表面，遇到顽固污垢可用金属刮板清除。

② 玻璃的内侧为贴膜面，一定要清洁彻底。如果玻璃内侧表面旧膜撕下后有残留胶，可用玻璃除胶剂清理。确认彻底清洁干净后，才可进行贴膜。

图 4-3-12 保护内饰

图 4-3-13 清洁玻璃外侧

③ 玻璃密封条部位也要清洁，先用压缩空气吹出藏于密封槽内的沙粒、杂物等，再向密封槽内喷洒适量的清洗液，用擦拭纸包裹刮板清理。

（二）贴膜操作

1. 下料裁膜

（1）粗裁下料

① 测量尺寸，如图 4-3-14 所示。玻璃膜顶部要大于侧窗玻璃边缘 5cm，左右两边要大于玻璃边缘 3cm，底部预留 2～3cm 的余量。

汽车侧窗玻璃贴膜

② 利用模板进行下料时，要在玻璃外侧取样。裁切时，一定要在有保护膜的一面进行，否则裁下来的玻璃膜形状与玻璃形状相反。

③ 除个别车款，侧窗玻璃膜基本不需要成形。若需成形，切记尺寸排布不要弄错，玻璃长边要布置在膜的卷起方向。

（2）精裁下料

① 在玻璃外侧喷洒清洗液，将膜平铺于玻璃外表面，保护膜朝外。注意膜边缘要平行于玻璃底边饰条，并确保有足够的余量。

② 先裁切侧边。在顶部圆弧与侧边的拐角处将裁膜刀的刀片头部刺入，刀片顶端靠住窗框或胶条，利用窗框或胶条导向进行裁切，如图 4-3-15 所示。

③ 侧边裁切完成后，将膜调整到合适的位置，用软质刮板轻刮几下以固定住整张膜。小心地将膜底部揭起一些，然后适当降下玻璃，露出玻璃顶部，利用玻璃的边缘导向进行裁切。

④ 将精裁完成的玻璃膜转移到裁膜工作台上，进行最后的修边。

图 4-3-14 测量尺寸

图 4-3-15 裁切侧边

2. 粘贴玻璃膜

（1）铺贴定位

① 从两侧撕开玻璃膜的保护膜，将清洗液喷洒于暴露的安装胶上，如图 4-3-16 所示。

再将保护膜贴到玻璃膜上，防止沾染灰尘和杂物。

② 再次清洁玻璃，并向玻璃内侧喷洒清洗液。

③ 从上部打开部分保护膜，将玻璃膜铺贴到玻璃上，调整膜的上边缘使其低于玻璃上边缘 1mm 左右。

④ 使玻璃膜中部隆起，撕下保护膜，将玻璃膜下部贴到玻璃上，调整两侧和下部边缘隐藏到饰条内，使膜与玻璃完全贴合，如图 4-3-17 所示。

⑤ 如果侧窗安装的憎水玻璃，清洗液不易附着，则采用由下向上的贴法。

图 4-3-16　剥离保护膜　　　　　　　　图 4-3-17　铺贴玻璃膜

（2）排水修饰

① 完成定位后，在玻璃膜表面再次喷洒清洗液，润滑需排水的表面。有需要时可把撕下的保护膜粘贴到玻璃膜上。

② 用刮板分次排出膜与玻璃间的所有气泡和尽可能多的清洗液，如图 4-3-18 所示。

③ 当安装工作完成后，将所有车窗玻璃仔细地擦洗一遍，除去水迹和污迹，如图 4-3-19 所示。

图 4-3-18　排水　　　　　　　　　　　图 4-3-19　修饰

④ 检查贴好的玻璃膜上有无气泡、微小的气笋等缺陷，排除贴膜问题。

3．终检交车

把汽车擦净后驶到室外，完成最后的视觉检查。在阳光下检查发现没有任何缺陷后，准备交车给客户，并向客户解释质量保证程序以及基本的保养和维护说明。

贴膜完毕 1～3 天内不要摇下车窗，不要清洗内侧车窗，以达到令人满意的施工效果。部分残留的水分会慢慢地自行排除，排尽时间取决于气候、湿度、玻璃膜的结构和排水后残留水分的多少等。

4．曲面玻璃贴膜

轿车前风窗玻璃及后风窗玻璃采用固定式安装，与可移动式的车窗玻璃相比面积大很多，并且都呈不同程度的弧形曲面。因此，下料成形和铺贴排水的难度高，一般需要两人配合操作，并且要选用高质量的玻璃膜，如图 4-3-20 所示。

汽车风窗玻璃贴膜

（a）曲面成形　　　　　　　　　　　　（b）玻璃膜粘贴

图 4-3-20　风窗玻璃贴膜

能力评价

请针对任务案例"马先生的大众途观汽车玻璃膜使用了 3 年，开始后风窗玻璃只有几处玻璃膜起小泡，后来气泡逐渐变多变大，最后气泡布满整个玻璃表面"，依据所学知识和技能，分析并回答以下问题。

1. 任务案例中的玻璃膜产生气泡现象可能的原因是（　　　）。
   A. 玻璃膜质量差　　　　　　　　　　B. 贴膜时玻璃未清洁
   C. 贴膜排水不彻底　　　　　　　　　D. 下料成形不对

2. 鉴定玻璃膜质量时，可检查的内容有（　　　）。
   A. 外观　　　　　B. 阻隔率　　　　C. 安装胶　　　D. 产地

3. 选择汽车玻璃膜时，要综合考虑的因素有（　　　）。
   A. 外观　　　　　B. 品牌　　　　　C. 性能　　　　D. 价位

4. 若由你为任务案例中的大众途观选购后风窗玻璃膜，你建议购买（　　　）。
   A. 黑色，太阳能阻隔率高的　　　　　B. 蓝色，紫外线通过率高的
   C. 无色，可见光透过率高的　　　　　D. 金属镀膜效果的

5. 贴膜完毕，后车窗玻璃看上去雾蒙蒙的，正确的处理方法是（　　　）。
   A. 贴膜时尽可能彻底排掉清洗液　　　B. 正常现象，可自然干燥消失
   C. 贴膜完毕 1~3 天内不要升降车窗　　D. 不要清洗车窗内侧

｜项目拓展｜

福耀玻璃，民族骄傲

福耀集团是国内规模大、技术水平高、出口量大的汽车玻璃生产供应商之一，其产品印有"FY"商标。福耀玻璃在进入国内汽车玻璃配套、配件市场的同时，还成功挺进国际汽车玻璃市场，在竞争激烈的国际市场占据了一席之地。在国内的整车配套市场，福耀为很多汽车品牌提供配套玻璃产品，市场份额在全国名列前茅。在国际汽车玻璃配套市场，福耀取得了世界多家汽车厂商的认证，成为众多一线汽车品牌汽车玻璃的合格供应商。

项目 5
汽车发动机的检查与保养

汽车发动机和底盘常被称为汽车的动力总成。发动机是汽车的"心脏",为汽车行驶提供动力,发动机的状态直接影响汽车的动力性、经济性和环保性等。要经常对汽车进行检查、清洁、调整,定期更换失效或损坏的油液和零件。

汽车有个发动机,它给全车供动力。两大机构五大系,保养用品要熟悉。油液选用不唯一,清洁需要滤清器。定期检查和清洗,美容护理守规矩。

本项目主要介绍润滑、冷却系统的检查与保养,燃料供给系统的检查与保养,点火系统的检查与保养。

| 任务 5.1 润滑、冷却系统的检查与保养 |

知识目标

1. 掌握发动机润滑油的特性和选用标准;
2. 掌握发动机冷却液的特性和选用标准。

能力目标

1. 能够规范地检查并更换润滑油;
2. 能够规范地检查并更换冷却液。

素质目标

1. 培养学生独立分析和团队协作的意识;
2. 培养学生爱岗敬业的职业精神。

一、任务分析

发动机在长期使用后,润滑系统产生油泥,冷却系统产生水垢,会导致发动机起动困难、冷却液温度升高、零件磨损加剧等问题。

活塞曲轴凸轮轴,摩擦部位要用油。质量黏度有要求,冬季加个"W"。

工作温度有高低,冷却系统显威力。冷却液,红蓝绿,最好不要混一起。

学习本任务需要学生具有发动机结构和拆装基础，能够针对不同类型发动机选用润滑油、冷却液和滤清器，并有针对性地进行清洁、检查、紧固、更换等护理操作。在操作中，要严格遵照施工标准规范，具有爱岗敬业的职业精神。

二、相关知识

（一）保养的油液

发动机正常工作需要用到润滑油和冷却液，以确保活塞、曲轴和凸轮轴等顺畅运动，保持发动机工作温度在规定范围。

1．润滑油

发动机润滑油也称为机油，用于发动机的润滑系统，可延缓机件的磨损。机油除了有润滑功能外，还起到一定的散热、清洁、密封等作用。

（1）机油的种类

目前市场上常见的发动机机油按成分和制作工艺不同分为矿物油、半合成机油、全合成机油 3 种。

① 矿物油价格低，使用寿命及润滑性能都不如合成机油，不适合在低温地区及极端条件下使用。

② 半合成机油由矿物油、全合成机油以一定比例混合而成，是在矿物油的基础上经过加氢裂变技术提纯后的产物。半合成机油的纯度非常接近全合成机油，但其成本较矿物油略高，是矿物油和全合成机油间的过渡产品。

③ 全合成机油使用的是原油中较好的成分，使其发生化学反应并在人为控制下达到预期的分子形态。全合成机油的热稳定性及抗氧化反应、抗黏度变化的能力要比矿物油和半合成机油强得多。

（2）机油的特性

机油的包装上经常会出现"API"和"SAE"等标识。"API"是美国石油学会的简称，它所鉴定的是机油的质量等级。"SAE"是美国汽车工程师学会的简称，它所鉴定的是机油的黏度等级。

① 机油的品质特性分为汽油和柴油，用"S"表示汽油（国产汽油用"Q"表示），"C"表示柴油。后面的英文字母表示机油的级别，其质量级别的高低依照英文字母的顺序来表示，字母越往后，级别越高。例如，汽油机油 API 品质级别目前常用的有 SL、SM、SN 等。随着发动机对机油等级要求的不断提高，低级别的机油逐渐被淘汰，高级别的机油则不断被开发出来并投入市场。

② 黏度是机油最重要的特性之一。通常"油"的特性是低温渐稠、高温渐稀，而发动机用机油黏度受温度变化的影响小。轿车发动机常用的机油黏度等级有 SAE20、SAE30、SAE40、SAE5W-20、SAE5W-30、SAE5W-40 等。"W"表示冬季（Winter），不带"W"的是单级机油，不能在寒冷的冬季使用。"W"前面的数字越小，说明机油的低温流动性越好，代表可供使用的环境温度越低。"W"后面的数字越小，机油越稀，阻力越小；数字越大，机油越黏，密封性越好，机油黏度特性如图 5-1-1 所示。

图 5-1-1　机油黏度特性

（3）机油的品牌

机油的品牌众多，各个品牌会将产品分为不同的系列，供不同车型选用。不同品牌车型的原厂机油，都属于贴牌产品，因为汽车制造企业不生产机油，需要合作厂家提供。

下面介绍几个常见的机油品牌，可作为选用参考。

① 国外品牌。常见的知名国外机油品牌有壳牌、美孚、嘉实多、道达尔等，如图 5-1-2 所示。壳牌机油性能优异，主打的是清洁性能。美孚机油有良好的抗氧化性能和抗高温性能，比较适合长期使用。嘉实多机油主打的是较强的油膜、发动机冷保护性能好，可以更好地保护发动机，延长使用寿命。道达尔机油具有强力保护并清洁发动机的性能，能够延长发动机寿命。

（a）壳牌机油　　　　（b）美孚机油　　　　（c）嘉实多机油　　　　（d）道达尔机油

图 5-1-2　部分国外机油

② 国内品牌。国产机油性能均衡、性价比高，常见的知名品牌有长城、昆仑等，如图 5-1-3 所示。长城机油具有出色的低温起动性和高温润滑性，具备优异的发动机清洁能力，能够有效抑制积炭和油泥的产生，适合各地区全天候使用。昆仑机油以天润系列为主打产品，采用先进的"TGDI"（涡轮增压缸内直喷）保护技术，可降低涡轮增压直喷发动机低速早燃现象的发生概率。

（a）长城机油　　　　（b）昆仑机油

图 5-1-3　部分国内机油

（4）机油的选用

① 选用机油时，要按汽车保养手册规定来确定品质等级，注意区分汽油机油与柴油机油。根据使用环境温度和发动机状况确定黏度等级，不同级别的机油不要混用。当发动机使用里程过长，零件磨损时，可适当选用高黏度机油，并缩短更换周期。

② 机油的更换周期一般参考使用时间和使用里程两个标准。汽车保养手册规定了机油的更换周期，一般以时间或里程先达到的为准。更换周期不能太长，否则机油会变质。在发动机工作期间，正常情况下都有烧机油的现象，因此要定期通过机油尺检查油面高度，发现不足时应及时补充。如果发现机油消耗量突然变大，应及时检查并维修。

2．冷却液

发动机冷却液是一种含有特殊添加剂的液体，主要用于水冷式发动机的冷却系统。冷却液不断循环流动，可带走发动机自身的热量，使发动机自身温度保持在规定范围内（85～95℃）。因为冷却液有防冻的特性，又称为防冻液。

（1）冷却液的特性

① 冰点是标定冷却液质量的一个重要指标。普通型冷却液的冰点可达到-40℃，而优质冷却液的冰点则能达到-60℃左右。另一个指标是冷却液的沸点，通常要求冷却液的沸点至少应达到108℃。冰点越低，沸点越高，冷却液的品质越好。

② 发动机冷却系统接触的金属零件在高温下会受到腐蚀并生锈，严重的会蚀穿，导致渗漏。优质冷却液具有防腐和除锈的功能。

③ 优质的冷却液多是乙二醇的水基型，并含有防垢添加剂，不但不会产生水垢，还具有除垢功能。

（2）冷却液的选用

① 常用的冷却液颜色有红色、蓝色、绿色等，如图 5-1-4 所示。颜色不同是为了与其他液体区分，同时，不同颜色冷却液的制作配方不同，冰点、沸点等特性有差异，因此不要混用。

② 根据车辆使用地区的温度条件选用冷却液，南方地区选择冰点高的，北方地区要常年选用防冻型冷却液，冬季特别寒冷的地区要选用冰点更低的冷却液。

彩图 5-1-4

（a）绿色冷却液 4kg　　　　（b）红色冷却液 4kg

图 5-1-4　不同颜色冷却液

（二）保养的零件

1．机油滤清器

从机油泵输出的机油要经过机油滤清器，滤去机械杂质后供给需要润滑的部位，若机油不洁净会加速零件的磨损。更换机油时必须同时更换机油滤清器。

要根据发动机型号选用机油滤清器，购买时可以通过车型的年款、发动机排量等信息确定具体机油滤清器型号。常用的机油滤清器品牌有曼牌、马勒、博世等，如图 5-1-5 所示，可作为选用参考。与原厂机油一样，原厂机油滤清器也是贴牌产品，汽车制造企业不生产机油滤清器，需要合作厂家提供。

（a）曼牌滤清器　　　　　　（b）马勒滤清器　　　　　　（c）博世滤清器

图 5-1-5　部分机油滤清器

2．散热器

汽车发动机普遍采用强制循环式水冷却系统，主要由安装在发动机前端的散热器（俗称水箱，见图 5-1-6）给流经的高温冷却液降温，带走其热量。

散热器在车辆的前端，容易受到异物的堵塞和碰撞。如果散热水箱或者散热风扇被损坏，就会直接影响到发动机的工作。

知识评价

图 5-1-6　散热器

1．发动机是汽车的"心脏"，为汽车行驶提供动力，有两大机构五大系统。（　　　）

2．发动机在长期使用时不注意养护，会有起动困难、冷却液温度升高、零件磨损加剧等问题。（　　　）

3．"API"鉴定的是机油的质量等级，"S"表示柴油，"C"表示汽油。（　　　）

4．SAE20 机油要比 SAE30 机油更黏，SAE5W-30 机油为四季通用机油。（　　　）

5．冰点越低，沸点越高，冷却液的品质越好。（　　　）

6．机油除了有润滑功能外，还起到（　　　）作用。

　　A．保温　　　　　　B．清洁　　　　　　C．散热　　　　　　D．密封

7．常见的发动机机油按成分和制作工艺不同分为（　　　）。

　　A．磁护油　　　　　　　　　　　　B．矿物油

　　C．半合成机油　　　　　　　　　　D．全合成机油

8．机油越稀，它的优点有（　　　）。

　　A．阻力越小　　　B．密封性越好　　C．节省燃油　　D．保护性越好

9．常见的知名国外机油品牌有（　　　）。

　　A．嘉实多　　　　　B．壳牌　　　　　C．统一　　　　　D．道达尔

10．试着通过购物网站等信息化渠道，为你喜欢的车型选购机油。

三、任务实践

任务案例：李先生家在我国东北地区，他有一辆华晨骏捷轿车，如图 5-1-7 所示。进入 11 月后突然降温，早晨他无法起动车辆，维修人员认为他的机油有问题。如何解决该问题？

发动机润滑系统维护

（一）检查和更换机油

1．检查机油

检查机油时，应先把车辆停在平坦的地面上，关闭发动机并等待约 5min，使机油流回油底壳。然后拉出机油尺，将其擦干净并全部插回去，再拉出机油尺。机油量应在上下两机油刻度之间，若缺少应补充，如图 5-1-8 所示。机油应颜色清亮、无异味、无杂质，否则需要更换机油和机油滤清器。

图 5-1-7   华晨骏捷轿车

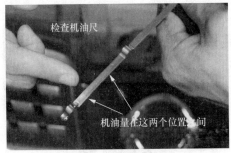

检查机油尺

机油量在这两个位置之间

图 5-1-8   检查机油量

2．更换机油

（1）排放旧油

① 先将机油加注口盖打开，保证发动机内的气压平衡，才能彻底排放机油，如图 5-1-9 所示。

② 举升车辆到一定高度。将收集旧油的容器放在排油口的下方，卸下机油排放螺栓，如图 5-1-10 所示。拧松排放螺栓后，要快速将其取下，防止被热的机油烫伤。

图 5-1-9   打开机油加注口盖

图 5-1-10   卸下机油排放螺栓

（2）更换机油滤清器

① 当旧油排完后，用专用工具将机油滤清器卸下，如图 5-1-11 所示。

② 取出新的机油滤清器，在机油滤清器正面边缘部位涂抹少量的新机油，如图 5-1-12 所示。再用专用工具安装新的机油滤清器。

③ 安装机油排放螺栓并用规定的力矩拧紧，如图 5-1-13 所示。

（3）加注新机油

① 按发动机规定的容量加注新机油，如图 5-1-14 所示。加注新机油时手要稳，加注速度不要过快，以防止机油洒落在发动机外部。

② 加注完成后，用机油尺测量加注的机油量是否符合要求，不合适的话可做适当调整。

图 5-1-11　卸下机油滤清器

图 5-1-12　更换机油滤清器

图 5-1-13　安装机油排放螺栓

图 5-1-14　加注新机油

③ 起动发动机怠速运转到冷却液温度为正常状态，观察机油滤清器、机油排放螺栓等部位是否渗油。

（二）检查和更换冷却液

1. 检查冷却液和管路

（1）检查冷却液

① 检查冷却液液位是否在上下刻度线之间，如图 5-1-15（a）所示。如果冷却液不足，则应检查有无泄漏并添加该车型规定的冷却液。

② 检查冷却液冰点是否符合标准值，如图 5-1-15（b）所示。若冰点变化较大或不满足最低环境温度，则要更换新的冷却液。

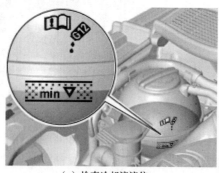

（a）检查冷却液液位

（b）检查冷却液冰点

图 5-1-15　检查冷却液

（2）检查管路

检查冷却液管路有无裂纹和破损，接头部位是否有泄漏，如图 5-1-16 所示。若有问题应及时紧固或更换新件。

图 5-1-16　检查管路

2．更换冷却液

（1）清洁散热器

① 如果散热器片堵塞，可用水或蒸汽清洁器清洁，再用压缩空气吹干，如图 5-1-17 所示。为避免损坏散热器片，喷射方向应与散热器芯表面保持一定角度和距离，并多方向移动，如图 5-1-17 中箭头所示。

更换冷却液

② 如果散热器片弯曲，则可用螺钉旋具或钳子将其校直。

图 5-1-17　清洁散热器

（2）排空冷却液

拆下散热器盖，在冷却系统的最低点排空冷却液。在发动机很热时，不要拆下散热器盖，防止热冷却液和蒸气喷出使人烫伤。

（3）添加冷却液

① 将冷却液在散热器加注口或膨胀水箱处注入，用手捏住散热器进水软管和出水软管数次。检查冷却液液位，直至达到上下刻度线之间。

② 预热发动机到冷却风扇运转状态。停止发动机，直至冷却液冷却后，再次检查冷却液的液位。

能力评价

请针对任务案例"李先生家在我国东北地区，他有一辆华晨骏捷轿车，进入 11 月后突然降温，早晨他无法起动车辆，维修人员认为他的机油有问题"，依据所学知识和技能，分析并回答以下问题。

1. 如果任务案例中的汽车是由机油原因无法起动，他可能选用的机油型号为（　　　）。

　　A．SAE30　　　　　　B．SAE5W-30　　　　　　C．SAE40　　　　　　D．SAE5W-40

2. 任务案例中汽车应该选用的机油质量等级为（　　　）。

　　A．API-SL　　　　　　B．API-SM　　　　　　C．API-CD　　　　　　D．API-CE

3. 更换机油周期参考的标准有（　　　）。

    A. 里程　　　　　　　　B. 时间　　　　　　C. 机油类型　　　D. 油耗

4. 更换机油时，必须同时更换（　　　）。

    A. 机油排放螺栓　　　　B. 机油滤清器　　C. 冷却液　　　　D. 油底壳

5. 综合以上分析，你认为选用任务案例中发动机的机油时要注意（　　　）。

    A. 按发动机类型确定质量等级

    B. 按使用环境温度确定黏度等级

    C. 用质量等级高的机油

    D. 用黏度低的机油降低油耗

|任务 5.2　燃料供给系统的检查与保养|

"

知识目标

1. 掌握发动机燃料供给系统的组成和需要保养的零件；
2. 掌握发动机使用燃油的规格和选用的标准。

能力目标

1. 能够规范地检查并清洁、保养汽车发动机燃油和零件；
2. 能够正确选用发动机相关的燃油和零件。

素质目标

1. 培养学生独立分析和团队协作的意识；
2. 培养学生爱岗敬业的职业精神。

"

一、任务分析

发动机的燃料供给系统由供油系统和进、排气系统组成，使燃油和空气按比例混合后在气缸内燃烧，并将燃烧生成的废气排出。燃料供给系统极易变脏，甚至堵塞、产生积炭，从而导致发动机出现起动困难、怠速不稳、动力下降、油耗上升、尾气超标等问题。

燃油好比肉和米，雾化均匀非液滴。混合比例一四七[①]，燃烧充分又华丽。

柴油选用看温度，汽油要按压缩比。曼牌马勒和博世，它们来把燃油滤。

真空自然能吸气，增压后边带个 T。普通喷到气门外，缸内直喷气缸里。

节气门、定期洗，清除积炭和油泥。直喷尤其要注意，经常加点添加剂。

学习本任务需要学生具有发动机结构和拆装基础知识，能够针对不同类型发动机选用燃

---

① "混合比例一四七"指的是空气和燃油的比例为 14.7∶1。

油和燃油滤清器，并有针对性地进行清洁、检查、更换等护理操作。在操作中，要严格遵照施工标准规范，具有爱岗敬业的职业精神。

二、相关知识

（一）发动机燃油

发动机使用的燃油多为汽油或柴油，汽油机空气和燃油的混合比例为 14.7∶1，混合气在燃烧室内被火花塞点燃，为点燃式。柴油机的混合气被压缩，温度升高而自行着火，为压燃式。汽油机的进气方式有自然吸气和增压进气，汽油的喷油位置有缸外喷射和缸内直喷。

燃油的型号与选择

1．发动机的压缩比

发动机上止点是活塞顶离曲轴旋转中心最远的位置，下止点是活塞顶离曲轴旋转中心最近的位置，活塞在上、下止点之间所移动的距离为活塞行程。当活塞在上止点时，活塞顶上方的空间容积为燃烧室容积；当活塞在下止点时，活塞顶上方的整个空间容积为总容积。活塞从上止点到下止点所让出的空间容积为工作容积。多缸发动机各气缸工作容积的总和为发动机排量，等于气缸工作容积与缸数的乘积。

气缸总容积与燃烧室容积之比为压缩比，它可反映气缸内的气体被压缩的程度。通常汽油机的压缩比要小于柴油机的。不同的发动机有不同的压缩比，提高发动机的压缩比会使燃烧更充分。发动机的爆燃与压缩比密切相关，压缩比越高的发动机越容易爆燃。爆燃是指发动机工作时，活塞未到行程顶点，即开始燃烧做功，从而形成反方向的作用力。爆燃时，发动机抖动严重，动力性降低。

2．发动机用汽油

汽油是原油经过加工后，生产出的成品油中的一种，是当今汽车的主要燃料之一。

（1）汽油的标号

汽油标号的高低表示的是汽油辛烷值的大小，抗爆燃性能越好的汽油，辛烷值越高。压缩比高的发动机使用高标号的汽油。

（2）汽油的选用

根据车辆使用手册规定加相应标号的汽油。如果给高压缩比的发动机选用低标号的汽油，就会使气缸温度急剧升高，燃烧不充分，从而使输出功率下降。如果给低压缩比的发动机选用高标号的汽油，就会出现"滞燃"现象，即活塞已经下行，但还没开始燃烧，也会出现汽油燃烧不充分的现象。

3．发动机用柴油

柴油也是原油经过加工后，生产出的成品油中的一种，是柴油机的燃料。

（1）柴油标号

柴油按凝固点的不同区分标号，柴油标号表示适用的环境温度。目前，国内应用的轻柴油可按凝固点分为 5 号、0 号、-10 号、-20 号、-35 号和-50 号等。

（2）柴油的选用

柴油的选用由使用的环境温度决定。一般 5 号柴油适用于 8℃以上的气温，0 号柴油适用于 4～8℃的气温，-10 号柴油适用于-5～4℃的气温，-20 号柴油适用于-14～-5℃的气温，-35 号柴油适用于-29～-14℃的气温，-50 号柴油适用于-44～-29℃的气温或更低的气温。

如果选用的柴油标号不适用于其温度区间，那么发动机中的燃油系统可能结蜡，堵塞油路，影响发动机的正常工作。

（二）保养的零件

1. 滤清器

燃油滤清器检查与维护

燃料供给系统需要对燃油和进入发动机的空气进行过滤，因此需要用到燃油滤清器和空气滤清器，如图 5-2-1 所示。

这两种滤清器的品牌、选用方法与机油滤清器的相同，根据发动机型号或车型的年款、发动机排量等信息确定。在汽车维护保养中通常将机油滤清器、燃油滤清器和空气滤清器称为"三滤"，机油滤清器是常规保养必须更换的，燃油滤清器和空气滤清器通常间隔 2～3 个常规保养周期更换。有些车型的燃油滤清器与燃油泵集成在一起，不能单独更换。如果检查发现空气滤清器脏污严重，要及时更换。

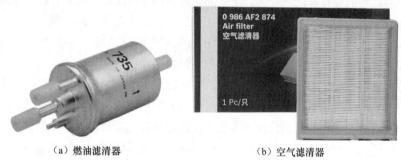

（a）燃油滤清器　　　　　　　　　（b）空气滤清器

图 5-2-1　燃油滤清器和空气滤清器

2. 节气门和喷油器

（1）节气门

节气门用来调整进入发动机的空气量，节气门开度受加速踏板控制，容易存留油污和产生积炭，如图 5-2-2 所示。节气门脏污后，会引起发动机怠速不稳、加速无力等问题。因此要定期清洗，去除油污，避免积炭产生。

（a）新节气门配件　　　　　　　　　（b）脏污的节气门

图 5-2-2　汽油机节气门

（2）喷油器

喷油器也称为喷油嘴，能将燃油雾化喷出。缸外喷射的喷油器将雾化燃油喷射在进气歧管末端，缸内直喷的喷油器将雾化燃油喷射在气缸内，如图 5-2-3 所示。

不同类型喷油器的外形尺寸和喷油孔的数量不同，选用时要根据发动机型号或车型的年款、发动机排量等信息确定。

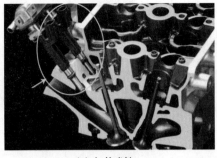 

（a）缸外喷射　　　　　　　　　　　　（b）缸内直喷

图 5-2-3　喷油器

缸内直喷方式对喷油器的要求更高，需要定期在汽油中加燃油添加剂，以保证喷油器状态良好。

知识评价

1. 发动机的燃料供给系统由供油系统和进、排气系统组成。（　　　）
2. 提高发动机的压缩比，会使燃烧更充分。（　　　）
3. 压缩比高的发动机要使用低标号的汽油。（　　　）
4. 标号高的汽油适用的环境温度越高，抗爆燃性能越好。（　　　）
5. 缸内直喷方式对喷油器要求更高，需要定期在汽油中加燃油添加剂。（　　　）
6. 燃油滤清器和空气滤清器必须同时更换。（　　　）
7. 现代汽油机的进气方式有（　　　）。
   A. 自然吸气　　　　B. 增压进气　　　　C. 旁通进气　　　　D. 直接进气
8. 现代发动机喷油器喷射汽油的位置有（　　　）。
   A. 节气门外侧　　　B. 空气滤清器后　　C. 气缸内　　　　D. 气门外侧
9. 汽车维护保养中通常所说的"三滤"是（　　　）。
   A. 燃油滤清器　　　　　　　　　　　　B. 机油滤清器
   C. 空气滤清器　　　　　　　　　　　　D. 空调滤清器
10. 试着通过购物网站等信息化渠道，为你喜欢的车型选购空气滤清器。

三、任务实践

任务案例：宋先生买了一辆二手捷达前卫轿车，早晨发动机很容易起动，到单位停车熄火后，间隔 5min 后很难再次起动，如图 5-2-4 所示。请思考故障产生原因和解决方法。

（一）检查和更换滤清器

1. 检查和更换空气滤清器

（1）检查和保养

① 拆卸空气滤清器，检查是否脏污、堵塞、破损，壳体下部排水管是否堵塞，进气管路是否破损。

② 清洁空气滤清器壳体，用压缩空气枪吹净空气滤清器灰尘，如图 5-2-5 所示。

图 5-2-4 热车难起动的捷达前卫轿车

图 5-2-5 清洁空气滤清器

（2）更换空气滤清器

一般汽车行驶 20000km 或使用 2 年，就应更换空气滤清器，选用与原车规格一致的产品。

2. 检查和更换燃油滤清器

（1）检查和保养

① 升起车辆，检查管路是否泄漏、损坏，紧固状态是否良好。

② 通过三元催化器前部和后部的工作温差或晃动有无异响等，检查三元催化器是否失效，如图 5-2-6 所示。

③ 如图 5-2-7 所示，检查排气管有无裂纹或弯曲情况，排气噪声是否显著增加，断定消声器是否损坏。

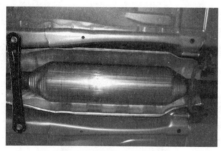

图 5-2-6 检查三元催化器

图 5-2-7 检查排气管

（2）更换燃油滤清器

① 通常汽车行驶 60000km 或使用 4 年应更换燃油滤清器，急加速时发动机动力不足，多数是由燃油滤清器堵塞造成的。选用与原车相同规格的配件。

② 准备燃油收集容器，燃油管有压力，为防止燃油溅入眼睛，需要佩戴防护眼镜。

③ 松开软管，卸除压力，在连接处放抹布以防止燃油滴落。

④ 安装燃油滤清器时，注意方向不要安反，如图 5-2-8 所示。安装完成后，检查管路接头是否渗漏。

（二）护理节气门和喷油器

1. 清洗节气门

清洗节气门时，最好将节气门总成拆下，清洗时只能冲洗外侧，内部的污物无法彻底清除。用清洗剂从节气门边缘处（见图 5-2-9 中箭头所指）冲洗，用抹布擦净。不能用硬质工具清理积炭等顽固污渍，否则会划伤内部。安装时要注意紧固，不能漏气。

图 5-2-8 安装燃油滤清器

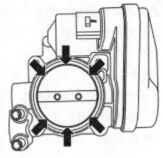

图 5-2-9　清洗节气门

2. 清洗喷油器

（1）检查和保养

① 检查发动机舱内燃油管路是否泄漏、损坏，紧固状态是否良好。

② 拆卸喷油器，检查其外观有无严重积炭和滴漏现象等，如图 5-2-10 所示。

③ 用专用检测仪检查和清洗喷油器，保持燃油雾化效果良好，如图 5-2-11 所示。

④ 喷油器脏污不严重的可用清洗剂手动清洗。

图 5-2-10　检查喷油器外观　　　　　　　图 5-2-11　检查燃油雾化情况

（2）更换喷油器

① 喷油器损坏是由于喷油孔变形或针阀损坏，造成燃油雾化效果不佳、密封不严而引起燃油渗漏等。燃油雾化效果不佳会造成燃烧不充分、动力下降、尾气超标。若喷油器渗漏，发动机停止运转时，燃油压力会降低，起动时混合气过浓，就会出现冷车起动容易而热车起动困难的现象。

② 更换喷油器时，要选用与原车相同规格的配件。

③ 对于缸内直喷的发动机，要每隔 5000km 向油箱内加燃油添加剂。通常 10L 燃油加 10mL 添加剂，加油前先将添加剂倒入油箱。

能力评价

请针对任务案例"宋先生买了一辆二手捷达前卫轿车，早晨发动机很容易起动，到单位停车熄火后，间隔 5min 后很难再次起动"，依据所学知识和技能，分析并回答以下问题。

1. 根据任务案例中的现象，你认为可能出现问题的部位是（　　）。

　　A. 供油系统　　　　　B. 进、排气系统　　　　C. 冷却系统

　　D. 点火系统　　　　　E. 润滑系统

2. 节气门脏污产生的现象有（　　）。

　　A. 热车起动困难　　　B. 怠速不稳　　　　　C. 加速无力　　　　D. 冷却液温度升高

3. 燃油滤清器堵塞产生的现象有（　　　）。

   A. 急加速无力　　　B. 油耗增加　　　C. 尾气变蓝色　　D. 热车起动困难

4. 喷油器密封不严产生的现象有（　　　）。

   A. 加速无力　　　　B. 热车起动困难　　C. 怠速不稳　　　D. 机油压力升高

5. 综合以上分析，你认为引起任务案例中问题的原因是（　　　）。

   A. 节气门积炭，进气量少　　　　　　B. 喷油器堵塞，喷油量少

   C. 喷油器渗漏，混合气过浓　　　　　D. 机油过黏，阻力大

| 任务 5.3　点火系统的检查与保养 |

知识目标

1. 掌握蓄电池的规格和选用的标准；
2. 掌握火花塞的规格和选用的标准。

能力目标

1. 能够规范地检查和保养蓄电池；
2. 能够规范地检查和保养火花塞。

素质目标

1. 培养学生独立分析问题的能力和团队协作的意识；
2. 培养学生爱岗敬业的职业精神。

一、任务分析

   汽油发动机的点火系统由蓄电池、发电机、点火线圈和火花塞等组成。点火系统出问题，会出现发动机起动困难、怠速不稳、抖动、动力下降等现象。

   燃烧方式有差异，汽油需要点火系。起动要靠蓄电池，骆驼风帆和统一。

   火花塞、发电机，热值尺寸要对齐。电装火炬和博世，镍铜合金与铂铱。

   学习本任务需要学生具有发动机结构和拆装基础知识，能够对发动机的状态进行针对性的清洁、检查、调整、更换等美容保养操作。同时在操作中，要严格遵照施工标准规范，具有爱岗敬业的职业精神。

二、相关知识

（一）蓄电池

   蓄电池可为全车提供电力保障，特别是在车辆起动时，全靠蓄电池带动发动机运转。燃

油汽车用起动型蓄电池，新能源汽车取消了发动机，用动力电池提供动力。起动型蓄电池多为铅酸电池，动力电池多为镍或锂电池。

1．蓄电池的型号

通常，蓄电池的标牌上会标出该蓄电池的型号，如图 5-3-1 所示。其中标识"6-QW-54（500）"即为蓄电池的型号，通过型号能够识别蓄电池的电压、用途、类型和容量等信息。

图 5-3-1　蓄电池的型号

（1）蓄电池电压

型号中的"6"表示蓄电池由 6 个单格电池串联组成，每个电池的单格电压为 2V，所以该蓄电池的总电压为 12V。

一般在发动机停机状态，蓄电池电压不应低于 11V，如果电压过低，就需要及时维护或更换。当发动机起动后，发电机给全车供电，并给蓄电池充电，此时蓄电池端电压会达到 14V 左右。如果蓄电池充电状态时的电压过低，可能发电机出现了故障。

（2）蓄电池类型

型号中的"QW"，有的还会标识"QA（W）"等。"Q"表示蓄电池用途，Q 为汽车起动用蓄电池、M 为摩托车用蓄电池、JC 为船舶用蓄电池、HK 为航空用蓄电池、D 为电动车用蓄电池、F 为阀控型蓄电池。"A（W）"表示蓄电池的类型，A 表示干荷式蓄电池，W 表示免维护型蓄电池，无标记表示普通型蓄电池。

（3）蓄电池容量

型号中的"54(500)"表示蓄电池的额定容量为 54A·h 和起动电流为 500A。蓄电池容量大则外观尺寸大，极柱更粗。因此更换蓄电池时，要选用容量与原厂一致的，否则可能无法连接极柱。

（4）蓄电池品牌

市场上常见的汽车用蓄电池的知名品牌有国产的骆驼、统一、风帆等，国外的瓦尔塔、博世等，如图 5-3-2 所示。

在汽车动力电池方面，我国的比亚迪电池是市场标杆。比亚迪研发的磷酸铁锂刀片电池，既能提高能量密度，增加续航里程，又能保证安全。

（a）骆驼蓄电池　　　　　（b）统一蓄电池　　　　　（c）风帆蓄电池

图 5-3-2　知名品牌蓄电池

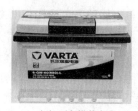

（d）瓦尔塔蓄电池　　　　（e）博世蓄电池

图 5-3-2　知名品牌蓄电池（续）

2．电解液的密度

电解液密度的高低随蓄电池充、放电程度的不同而变化，电解液密度的下降程度是蓄电池放电程度的一种表现。可通过测量每个单格电池内的电解液密度来了解蓄电池的放电程度。电解液密度低于标准值时，需要进行充电或更换。

对于免维护型蓄电池，无法测量其电解液密度。可通过观察免维护型蓄电池上的状态指示器（俗称电眼）判断其状态好坏，如图 5-3-3 所示。

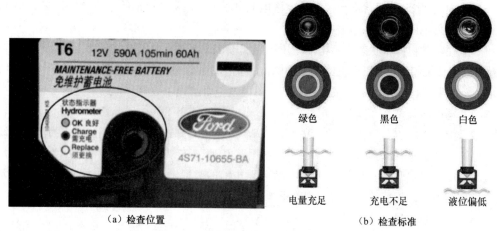

（a）检查位置　　　　（b）检查标准

绿色　　黑色　　白色

电量充足　　充电不足　　液位偏低

图 5-3-3　免维护型蓄电池电解液密度检查

3．发电机

发电机是汽车电气系统的主要电源，由汽车发动机曲轴皮带驱动。它在正常工作时，对所有用电设备供电并向蓄电池充电。发电机常见的问题是皮带老化，预紧力不足，而造成皮带打滑。表现为发电电压低，发动机冷起动时有刺耳的皮带摩擦声，应及时调整皮带预紧力或更换皮带。

（二）火花塞

火花塞由中心电极、侧电极、绝缘体、金属壳体和接线端子等组成，如图 5-3-4 所示。金属壳体带有螺纹，用于拧入气缸，下端面焊接有侧电极。金属壳体内装有绝缘体，用以分隔金属壳体和中心电极。在绝缘体内贯通一根中心电极，中心电极上端有接线端子，连接高压端。中心电极与侧电极之间有一定的间隙，称为电极间隙，高压电经过这个间隙进入并迸发出火花，从而点燃混合气。

1．火花塞的侧电极

（1）侧电极数量

常见的火花塞侧电极根据数量不同有单侧极、双侧极、三侧极、四侧极等，如图 5-3-5

所示。传统单侧极火花塞侧电极盖住了中心电极，当两极间高压放电时，电极间隙处的混合气将吸收火花热量并因电离被激活而形成"火核"。火核形成的位置一般在接近侧电极处，热量将较多地被侧电极吸收，即侧电极的"消焰作用"，它减少了火花能量，降低了跳火性能。双侧极、三侧极、四侧极等多侧极火花塞与单侧极火花塞相比，电极间隙由多个侧电极的断面（冲成圆孔）和中心电极的圆柱面构成，这种旁置式的电极间隙消除了侧电极盖住中心电极的缺点，增加了火花的"可达性"，火花能量较大，较容易深入气缸内部，有助于改善混合气燃烧状况。由于多侧极火花塞提供了多个跳火通道，因此延长了火花塞使用寿命，提高了点火的可靠性。

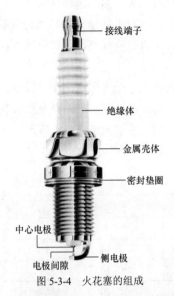

图 5-3-4　火花塞的组成

（a）单侧极火花塞　　（b）双侧极火花塞　　（c）三侧极火花塞　　（d）四侧极火花塞

图 5-3-5　不同数量的火花塞侧电极

（2）火花塞电极材料

火花塞电极材料常见的有普通镍铜合金与贵金属。普通镍铜合金火花塞电极间隙为 0.7～0.8mm，已越来越不能满足大功率、高转速、大压缩比的现代发动机的需求。为了使火花塞具有更高的点火性能和更长的使用寿命，人们开始瞄准贵金属（铂、铱、钇等），将其用于电极并相应地改进发火端的结构。

贵金属具有极高的熔点，如铂金熔点为 2042K、铱金熔点为 2716K，加进某些元素（如铑、钯）后，具有极强的抗化学腐蚀的能力。将其制成细电极（直径为 0.2mm 的电极），直接烧结于绝缘体发火端中，或以直径为 0.4～0.8mm 的圆片用激光焊接于中心电极前端和侧电极的工作面。这种电极具有强烈的尖端放电效应，在电压相对较低时也能点火，其电极间隙可加大至 1.1～1.5mm。图 5-3-6 所示为铱金火花塞。

图 5-3-6　铱金火花塞

2. 火花塞的品牌和热值

（1）火花塞的品牌

市场上常见的火花塞品牌有火炬、NGK、电装（DENSO）、冠军（CHAMPION）、博世（BOSCH）等。

（2）火花塞的热值

火花塞热值是表示火花塞受热和散热能力的指标，其自身所受热量的散发量称为热值。热值越高，集、散热越快，易使火花塞的温度偏低，点火头部产生积炭，引起跑电，使火花塞"跳"不出火来。热值过低，散热不够，使火花塞温度过高，导致爆燃等，易使火花塞头部陶瓷烧损，电极熔化。

高热值火花塞称为冷却型火花塞，绝缘体裙部相对较短，由于散热路径比较短，因此多用于高压缩比的大功率发动机。低热值火花塞称为易热型火花塞，多用于低压缩比的小功率发动机。火花塞热值标识中，有些厂家用大数值表示冷却型火花塞，用小数值表示易热型火花塞，而有些厂家正好相反，如表 5-3-1 所示。

表 5-3-1　　　　　　　　　　　　　　　不同品牌火花塞热值对照

类型	NGK	电装	冠军	博世
易热型 （HOTTER）	2	9	18，19	10
	4	14	14，16	9
	5	16	11，12	8
	6	20	9，10	6，7
	7	22	7，8	5
冷却型 （COLDER）	8	24	6，61，63	4
	9	27	4，59	3
	9.5	29	57	
	10	31	55	2
	10.5	32	53	
	11	34		
	11.5	35		
	12	37		

3. 火花塞的型号

不同的汽车发动机使用的火花塞型号不尽相同，选用时，要注意尺寸和热值与原装一致。

不同生产厂家对火花塞型号标识不相同，例如，部分车型的 NGK 火花塞型号标识如表 5-3-2 所示。一汽奥迪 A6（1.8L）原厂配用的型号为"BKUR6ET-10"，由此可知，该火花塞螺纹直径为 14mm，类型为沿面、半沿面及辅助型，电阻类型为内置电阻型，热值为 6，螺纹长度为 19mm，三侧极，火花塞电极间隙为 1.0mm。

表 5-3-2　　　　　　　　　　　　　部分车型的 NGK 火花塞型号标识

螺纹直径	类型	电阻类型	热值	螺纹长度	使用特征	火花塞电极间隙
A: 18mm B: 14mm C: 10mm D: 12mm E: 8mm BC: 14mm BK: 14mm DC: 12mm BK: 按照 ISO 尺寸制造的产品，从火花塞密封垫圈到终端螺帽的长度比日本规格（JIS）的 BCP 型短 2.5mm	P: 绝缘体突出型 M: 小型火花塞（CMR6H: 座面高度比 CR6HS 要短） U: 沿面、半沿面及辅助型（BUHW、BUR6ET 等）	R: 内置电阻型 Z: 卷线电阻型	2 易热型 4 5 6 7 8 9 10 冷却型	E: 19.0mm H: 12.7mm L: 11.2mm EH: 19.0mm 半螺纹 M 为轻量型 BM: 9.5mm BPM-A: 9.5mm F 为圆锥型 A-F: 10.9mm B-F: 11.2mm B-EF: 17.5mm BM-F: 7.8mm	B: 整体端子（CR8EB） CM: 座面高较小 CS: 斜方外侧电极 C: 大发车专用（BCPR6ED） G、GV: 赛车用火花塞 IX: 铱金 IX 型火花塞 IX-P: 铱金 MAX 型火花塞 J: 两极突出型（大发车专用） K: 两侧极 LPG: LPG 专用 N: 外侧电极粗型 P: 铂金火花塞 Q: 四侧极 （BKR6EQUP: BMW） （BKR5EQUPA: 日产） （BUR9EQP: 马自达） QP: 四侧极，中轴为铂金 S: 标准型 T: 三侧极 U: 半沿面火花塞 VX: VX 型火花塞 Y: V 字形切口中心电极	没有: 标准 -9: 0.9mm -10: 1.0mm -11: 1.1mm -13: 1.3mm -14: 1.4mm -15: 1.5mm

知识评价

1. 蓄电池在发动机起动后为全车提供电力保障。（　　　　）

2. 电解液密度的下降程度是衡量蓄电池放电程度的一种表现。（　　　　）

3. 电解液密度低于标准值，说明蓄电池极板损坏，需要更换。（　　　　）

4. 普通镍铜合金火花塞电极间隙要大，才能保证点火能量足够。（　　　　）

5. 铱金火花塞的使用寿命要比普通镍铜合金火花塞的更久。（　　　　）

6. 选用火花塞时，要注意品牌和热值与原装一致。（　　　　）

7. 市场上常见的国产汽车蓄电池品牌有（　　　　）。

　　A. 统一　　　　　　　　B. 骆驼　　　　　　　　C. 博世　　　　　　　　D. 风帆

8. 以下属于高热值火花塞特点的有（　　　　）

　　A. 称为冷却型火花塞　　　　　　　　B. 称为易热型火花塞

　　C. 用于高压缩比发动机　　　　　　　D. 用于低压缩比发动机

9. 若发电机皮带引起冷起动的刺耳声，可能是由于（　　　　）。

　　A. 皮带老化松弛　　B. 皮带过紧　　　C. 发动机转速过高　　D. 预紧力不足

10. 试着通过购物网站等信息化渠道，为你喜欢的车型选购一款蓄电池。

三、任务实践

任务案例：宋先生的逍客酷火汽车原车配备的蓄电池型号是"6-Q-45(325)"，他自己改装了音响，试听了半个小时后发现车辆无法起动，原车配备的蓄电池如图 5-3-7 所示。请思考产生该现象的原因及如何避免。

蓄电池检查与维护

图 5-3-7　原车配备的蓄电池

（一）保养蓄电池

1．检查和更换

（1）常规检查

① 检查蓄电池安装是否牢固，外壳表面有无磕碰伤等。

② 检查蓄电池电极连接是否牢固，极柱是否被腐蚀。若极柱有腐蚀物应清理，并紧固连接线，如图 5-3-8 所示。

③ 用可测电解液密度的冰点仪测量电解液密度，如图 5-3-9 所示。对于免维护型蓄电池，通过状态指示器检查其状态是否良好。

图 5-3-8　紧固连接线

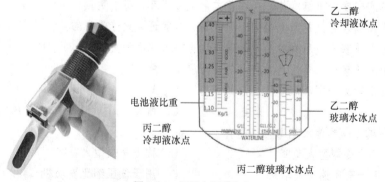

电池液比重

丙二醇冷却液冰点

乙二醇冷却液冰点

乙二醇玻璃水冰点

丙二醇玻璃水冰点

图 5-3-9　测量电解液密度

（2）更换蓄电池

① 按原车蓄电池的型号选用规格一致的产品。

② 蓄电池的正、负极通常会在极柱附近标识出来，外观上看正极要比负极粗一些。拆

卸时，先拆负极，再拆正极。

③ 安装时，先装正极，后装负极。

2．补充充电

当蓄电池在使用过程中出现电解液密度降至 1.2g/cm³、灯光暗淡、起动无力、喇叭音量低等情况时，就应进行充电。

（1）连接充电设备

① 蓄电池的正极接充电设备的正极，负极接充电设备的负极，不能接反。先用蓄电池专用补充液将电解液液面调整到规定的高度。

② 充电电压可根据蓄电池的充电特性判断。蓄电池充足电时，单格电压可达 2.7V 左右，为了保险起见，一般单格充电电压按 2.75V 计算。这样，具有 6 个单格的 12V 蓄电池所需要的充电电压就应为 16.5V。

③ 充电电流可根据蓄电池的容量来选择。定电流充电分为两个阶段进行，第一阶段的充电电流为蓄电池额定容量数值的 1/10，第二阶段的充电电流为蓄电池额定容量数值的 1/20。

（2）充电注意事项

① 在充电过程中，为了及时了解情况，应每隔 2～3h 测量并记录一次单格电压、电解液密度和温度的变化情况。

② 当单格电压达到 2.4V 时，应及时转入第二阶段。当电解液出现大量均匀、细密的气泡，单格电压稳定在 2.5～2.7V，并且在 2～3h 内电解液密度和端电压都不再继续上升时，则说明蓄电池已充足电，可以停止充电。

 注　意

给蓄电池充电时，要有专人看管。充好电以后，要及时撤下充电设备，防止因过充对蓄电池造成损坏。

3．检查和维护发电机

检查皮带有无磨损、裂纹或其他损坏。检查发电机皮带的预紧力，若过松，应进行调整，如图 5-3-10 所示。松紧度合适后，重新旋紧锁紧螺栓。当发电机位置被调节到最外极限时皮带仍然过松或皮带磨光、老化时，应及时更换与原皮带同规格的皮带。

（二）检查和更换火花塞

点火系统维护

1．拆卸火花塞

（1）维护要求

① 火花塞出问题时，应全部更换。新换的火花塞热值必须与原厂火花塞热值相匹配，一般情况下，上下落差控制在 1 个热值之内。如果落差过大，轻则影响发动机功率输出，重则导致火花塞损坏，进而损坏发动机。

② 新换的火花塞螺纹长度、直径等一定要与原厂火花塞一致，才能保证可靠安装。例如，一汽奥迪 A6（1.8L）原厂配用的火花塞的型号为 NGK "BKUR6ET-10"，可换装该品牌的型号 "BKR6EGP（超铂金）" 或 "BKR6EIX-11（铱金）"。

③ 一般汽车在行驶 10000km（或每使用 1 年）之后，要检查或更换火花塞。贵金属电极的火花塞使用寿命要长些，一般在汽车行驶 100000km 之内无须检查和更换。

（2）拆卸要点

① 拆卸火花塞前，要清除火花塞孔处的杂物和灰尘等。

② 对于带高压线的老式发动机，应依次拆下火花塞上的高压线。拆卸时，应做好各缸的记号，以免弄乱。不要抓住电线猛拉，应该抓住高压线末端的防尘套并扭转着卸下，如图 5-3-11 所示。

图 5-3-10　调整发电机皮带预紧力

图 5-3-11　拆卸高压线（带点火线圈）

③ 用火花塞套筒逐一卸下各缸的火花塞。拆卸火花塞时，火花塞套筒要套牢，如图 5-3-12 所示。

④ 用布块盖住火花塞孔，以确保火花塞被拆卸后，不会有杂物掉进气缸里。

2．检查火花塞状态

（1）外观检查

① 火花塞正常工作的温度为 450～870℃，火花塞若呈灰白色或黄褐色，而且没有积炭，表明该火花塞工作正常；如果有电极被严重烧蚀或存有积炭，以及有污迹或其他异常现象，则表明该火花塞有故障，如图 5-3-13 所示。

图 5-3-12　拆卸火花塞

图 5-3-13　检查火花塞外观

② 检查火花塞的绝缘体，如有油污和积炭，应清洗干净。磁芯如有损坏、破裂，应予以更换。对于燃烧状态不好的火花塞，应先进行清洁，去除火花塞磁体上的积炭和污迹，然后检验其性能。

（2）检查电极间隙

① 火花塞的电极间隙因车型、车种的不同而异，可以从随车手册中查到。

② 用火花塞量规测量电极间隙并与规定值对比，如果电极间隙异常可适当调整。

3．安装火花塞

安装火花塞时，先用手抓住火花塞的尾部，将其对准火花塞孔，慢慢用手拧上几圈，然后用火花塞套筒将其拧紧。如果用手拧入时感觉有困难或费力，则应把火花塞取下来再试一次，千万不要强行拧入，以免损坏螺纹孔。为使火花塞安装顺利，可以在火花塞螺纹上涂抹一些机油。

能力评价

请针对任务案例"宋先生的逍客酷火汽车原车配备的蓄电池型号是"6-Q-45(325)"，他自己改装了音响，试听了半个小时后发现车辆无法起动"，依据所学知识和技能，分析并回答以下问题。

1. 任务案例中蓄电池的电压和起动电流分别为（　　　）。
   A. 6V、45A
   B. 6V、325A
   C. 12V、45A
   D. 12V、325A
2. 任务案例中蓄电池的类型为（　　　）。
   A. 汽车起动免维护型蓄电池
   B. 汽车起动普通型蓄电池
   C. 电动汽车免维护型蓄电池
   D. 电动汽车普通型蓄电池
3. 拆装蓄电池时，要注意（　　　）。
   A. 先拆负极，再拆正极
   B. 先拆正极，再拆负极
   C. 先装负极，后装正极
   D. 先装正极，后装负极
4. 以下表明蓄电池需要维护的现象有（　　　）。
   A. 灯光暗淡
   B. 起动无力
   C. 电压低于12V
   D. 喇叭音量低
5. 综合以上分析，你认为任务案例现象的产生原因和注意事项有（　　　）。
   A. 蓄电池容量低，不能长时间供电
   B. 蓄电池质量差，应更换知名品牌
   C. 避免在未起动发动机情况下长时间用电
   D. 要经常检查蓄电池极柱状态和安装情况

| 项目拓展 |

风帆电池，国际知名

我国汽车用电池技术世界领先，有众多的世界知名品牌，如比亚迪、统一、骆驼、风帆等。风帆有限责任公司直属中国船舶集团有限公司，其前身保定蓄电池厂始建于1958年，是"一五"期间国家重点建设项目之一。经过半个多世纪的发展，风帆主营业务包含工业用铅酸蓄电池、动力锂离子电池等，是一汽大众、一汽奥迪、上海大众、上海通用、北京现代、东风汽车等国内各大汽车主机厂的配件供应商，连续多年跻身于"中国汽车零部件百强企业"。

项目6
汽车底盘的保养与装饰

汽车底盘接收发动机的动力，支撑并保证汽车正常行驶、转向和减速停车。汽车底盘的状态直接影响行驶安全性和乘坐舒适性，因此要经常进行检查、清洁、调整，定期更换失效或损坏的油液和零件。配备底盘系统的装饰的原则是不能影响行车安全。

发动机、传动力，底盘系统来接续。油液零件要牢记，查询可用 App。车轮检查更仔细，前后定期要交替。胎压监测水转印，装饰安全排第一。本项目主要介绍底盘的检查和保养、车轮的检查和保养以及车轮的修复和装饰等内容。

|任务 6.1　底盘的检查和保养|

知识目标

1. 掌握底盘系统使用油液的规格和选用的标准；
2. 掌握底盘系统需要保养的零件和选用方法。

能力目标

1. 能够规范地检查汽车底盘零件；
2. 能够进行底盘喷塑保护操作。

素质目标

1. 培养学生利用信息化手段的能力和创新意识；
2. 培养学生爱岗敬业的职业精神。

一、任务分析

汽车底盘处于车身的最底部，容易受到碰撞和刮擦。轻微的碰撞会损坏金属，造成锈蚀。严重的碰撞会损坏底盘零件，橡胶部位老化、球头和球笼磨损等会产生异响和晃动。

制动转向变速箱（器），需要油液来帮忙。润滑脂、分软硬，区分类型不能尝。

悬架种类有多样，多连杆、扭力梁。疲劳磕碰易损伤，外观良好无松旷。

学习本任务需要学生具有汽车底盘结构和拆装基础知识，掌握底盘保养用到的油液和零件，并能够根据具体车况合理选用，能够检查底盘损伤和进行底盘封塑操作。同时在操作中要注意安全，不怕辛苦，规范操作，具有爱岗敬业的职业精神。

二、相关知识

（一）底盘保养的油液

1. 齿轮油

汽车齿轮油主要用于手动变速器、转向器和差速总成齿轮传动零件的润滑。

（1）齿轮油的特性等级

汽车齿轮油的特性等级有黏度等级和质量等级，与发动机润滑油相似，黏度等级采用 SAE 标准划分，质量等级按 API 标准对使用性能划分。常见的黏度等级有 70W、75W、80W、85W、90、140、250 等，汽车齿轮油的质量等级分为 GL-1、GL-2、GL-3、GL-4、GL-5。图 6-1-1 所示为手动变速器齿轮油。不同质量等级齿轮油的应用情况如表 6-1-1 所示。随着汽车对润滑的要求日益提高，齿轮油的标号和质量指标也在不断地改进和提高。

图 6-1-1　手动变速器齿轮油

表 6-1-1　　　　　　　　　　　不同质量等级齿轮油的应用情况

质量等级	GL-1	GL-2	GL-3	GL-4	GL-5
适用范围	低负荷、低速的正齿螺旋齿轮、蜗轮蜗杆、锥齿轮及手动变速器等	稍高速、高负荷、条件稍苛刻的蜗轮蜗杆及其他齿轮（准双曲面齿轮不能用）	不能用 GL-1 或 GL-2 的中等负荷及中速的正齿轮及手动变速器（准双曲面齿轮不适用）	高速、低扭矩，低速、高扭矩的准双曲面齿轮及在很苛刻条件下工作的其他齿轮	比 GL-4 更苛刻的耐低速、高扭矩，高速、低扭矩和高速、冲击性负荷的准双曲面齿轮
使用部位	不能满足汽车齿轮要求，不能用在汽车上	不能满足汽车齿轮的要求，除特殊情况外不能用在汽车上	变速器、转向器齿轮及条件缓和的差速器齿轮	差速器齿轮、变速器齿轮及转向器齿轮	工作条件特别苛刻的差速器齿轮及后桥齿轮

（2）齿轮油的选用

首先根据使用零件的负荷、速度确定合适的质量等级，然后按照使用地区季节的最低气温选出合适的黏度等级。普通齿轮传动可选用普通齿轮油，双曲线齿轮传动必须选用双曲线齿轮油。有些汽车虽然不采用双曲线齿轮传动，但对在山区或满载拖挂行驶的汽车，因齿面经常处于高温和高负荷工作状态，也要求选用双曲线齿轮油。

2. 润滑脂

润滑脂具有良好的黏附性，不易从摩擦表面流失，可在不密封和受压较大的摩擦零部件上使用，并有防水、防尘、密封等作用。

（1）润滑脂的使用性能

① 滴点是指润滑脂从不流动状态转变为流动状态，滴出第一滴时的温度，是表示润滑脂耐热性的指标。

润滑脂滴点越高，耐热性越好，润滑脂的使用温度一般要比其滴点低 20～30℃。

② 针入度是指标准尺寸、形状和质量的金属圆锥体，在 5s 内沉入保温在 25℃时的润滑脂试样中的深度，单位是 1/10mm。针入度是表示润滑脂稠度的指标，也是表示润滑脂硬度的数值，针入度越小，润滑脂越硬。

润滑脂太硬会增大运动阻力，太软则会在汽车高速行驶时被甩掉。对于负荷较大、速度较低的摩擦机件，应选用针入度较小的润滑脂。对于负荷较小的摩擦机件，应选用针入度较大的润滑脂。

（2）润滑脂的选用

汽车轴承及摩擦副中广泛使用的是锂基润滑脂，其滴点较高，适用温度范围较广，并有良好的低温性能、抗水性能和使用周期长的特点，特别适用于高速轴承。选用不同级别润滑脂时主要考虑需要润滑零件的工作温度、运动速度和承载负荷等。

① 工作温度越高，选用润滑脂的滴点也越高。反之，选用滴点较低的润滑脂。

② 运动速度越大，选用润滑脂的黏度就应越低。反之，应选高黏度的润滑脂。

③ 承载负荷大，应选针入度小的润滑脂，以免润滑脂被挤出来。反之，应选针入度较大的润滑脂。

3．制动液

制动液是液压制动系统中传递制动压力的液态介质，如图 6-1-2 所示。

（1）制动液规格

为保证汽车行驶安全，各国不断制定、修订制动液标准。

① 国外汽车制动液标准。国际上将制动液分为 DOT3、DOT4、DOT5 这 3 个级别，这是公认的汽车制动液通用标准。

② 我国制动液标准。国家标准中规定机动车制动液分为 HZY3、HZY4、HZY5、HZY6 这 4 个级别。其中，H、Z、Y 分别为合成、制动和液体 3 个词中第一个汉字的汉语拼音首字母，阿拉伯数字作为区别本系列的标记。HZY3、HZY4、HZY5 分别对应国际通用标准 DOT3、DOT4、DOT5。

图 6-1-2　制动液

（2）制动液的选用

一般情况下，按照使用说明书选择制动液是十分合理、可靠的。汽车生产厂家在推荐制动液时，都是经过充分论证的，使用说明书除给出制动液的标准品牌及规格型号外，一般还提供了可供代用的品牌及规格型号。不同种类的制动液不得混用，在更换制动液品牌时一定要用新加入的产品清洗管路。制动液在使用一定时间后会因吸湿含水率升高或变质而使性能下降，从而影响行车安全。因此，使用中可参考车辆保养手册，参考行驶里程或时间定期更换制动液。

4．液力传动油

汽车上液力传动油多用在自动变速器中，因此也称为自动变速器油，如图 6-1-3 所示。其在液力变矩器及变速机构中作为工作介质，借助液体的动能传递动力。选用时，主要根据自动变速器的类型，遵照车辆使用手册规定。

图 6-1-3　液力传动油

（二）底盘保养的零件

　　汽车底盘的连接件、减振器和摩擦片等需要相对运动的零件，在使用过程中总会有损耗，它们属于易损件，要经常检查和养护。在连接部位，只需单向旋转的多用螺栓连接，螺栓做旋转轴；需要多方向旋转的采用球头或球笼连接。为了减少金属摩擦和缓冲，会在旋转的轴部加橡胶衬套，球头和球笼内部添加润滑脂，外部加橡胶防护罩。图 6-1-4 中箭头所示为汽车底盘使用橡胶衬套和防护罩的部位。

图 6-1-4　保护底盘部分易损件

1．悬架系统零件

　　独立悬架的支臂（非独立悬架通常无支臂）和减振器连接车轮与车身，主要起支撑作用。其能缓冲由不平路面传给车身的冲击力，减轻由此引起的振动，以保证汽车平稳地行驶。

底盘检查与维护

（1）支臂

　　独立悬架的支臂（见图 6-1-5）也称为摇臂、摆臂，类似叉形的称为叉形支臂或叉臂（俗称羊角），类似杆形的称为杆形支臂。支臂下部为下支臂，上部为上支臂。支臂一端与转向节通过球头连接，另一端与车身通过螺栓连接，在支臂的螺栓孔内加橡胶衬套。支臂的橡胶衬套磨损或老化开裂，会使车身上下振动时有橡胶摩擦的"咯吱"声。球头磨损严重，间隙过大而松旷，行驶到颠簸路面或原地转向时，会发出"咯噔"的异响，在制动时会"跑偏"。

（a）叉形支臂

（b）杆形支臂

图 6-1-5　独立悬架的支臂

　　选用支臂时要区分上下和左右，不同位置的支臂形状、尺寸不同，价位差异较大。一般衬套可单独更换，球头损伤则只能更换支臂总成。有些车型的球头与支臂分体设计，用螺栓固定，球头损坏也可单独更换。

（2）减振器

　　减振器与弹簧配合（见图 6-1-6），可快速减轻车身上下振动，提高乘坐舒适性。减振器中间支撑杆上部连接车身，类似可移动的活塞；下部外壳连接车轮，类似活塞缸；内部添加液压油，通过橡胶密封圈密封。减振器外部加橡胶保护罩，防止异物进入。

　　减振器若漏油，汽车在行驶过程中出现跳动，过减速带或坑洼路面会有"隆隆"声。损坏的减振器只能更换，选用时注意左右和前后的差异。

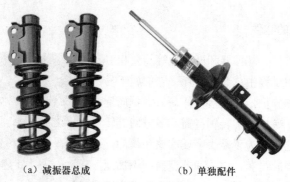

（a）减振器总成　　　　　（b）单独配件

图 6-1-6　减振器

2．传动半轴

传动半轴（见图 6-1-7）两端通过球笼式万向节连接车轮和差速器，将变速器的动力传递给左、右车轮，从而使整车运动起来。连接差速器的一端为内球笼，可轴向移动；连接车轮的一端为外球笼，球笼内部填加润滑脂，外加橡胶保护罩。

图 6-1-7　传动半轴

若球笼外部橡胶保护罩损坏，传动半轴的高速转动会将润滑脂甩出，球笼因磨损加剧而晃动，行车时会有"嗡嗡"声，声音会随着传动半轴转速而变化。传动半轴损坏多是球笼橡胶保护罩破损、润滑脂缺失引起的，需要更换总成，选用时要区分左右。

3．制动盘和摩擦片

采用盘式制动器的轿车，车轮通过螺栓固定在制动盘上，由半轴驱动旋转，摩擦片放置于制动钳内，制动钳与车身刚性连接，如图 6-1-8 所示。制动时，制动分泵驱动摩擦片夹住制动盘，限制车轮转动，降低车速。制动盘由铸铁制造，为了提高耐磨性，防止制动时发出鸣响，会在原材料中加入镍、铬等或者进行高碳化处理。有的前轮装配通风式制动盘，后轮装实心式制动盘。通风式制动盘在工作面上打孔，防止热衰退以提高使用寿命；后轮装配实心式制动盘主要是为了节约成本。摩擦片的工作面采用摩擦材料制作，摩擦材料除了摩擦系数高、耐磨以外，还要具有耐高温、强度高、低噪声等特性。摩擦材料按综合性能从低到高有石棉型、半金属型、低金属型、陶瓷纤维型、石墨高碳纤维型等。

（a）制动盘　　　　　　　　　　　（b）摩擦片

图 6-1-8　盘式制动器

制动盘有异常磨损时可对其进行车削，当制动盘和摩擦片磨损到极限后，会发出刺耳的金属摩擦声，必须及时更换，选用时按车型并区分前后和左右。

知识评价

1. 齿轮油主要用在汽车变速器中，各种类型的变速器均可选用齿轮油。（　　　）
2. 汽车底盘橡胶部位老化、球头和球笼磨损等会产生异响和晃动。（　　　）
3. 车辆齿轮油的黏度等级分为 GL-1、GL-2、GL-3、GL-4、GL-5 等。（　　　）
4. 制动液使用一定时间后会因吸湿、化学变化等原因而使性能下降。（　　　）
5. 多连杆式独立悬架中所说的连杆指的是支臂。（　　　）
6. 前置前驱轿车半轴的外侧球笼可轴向窜动。（　　　）
7. 选用不同级别润滑脂时主要考虑的因素有（　　　）。
   A. 工作温度　　　　B. 针入度　　　　C. 运动速度　　　　D. 承载负荷
8. 引起制动液性能下降的因素有（　　　）。
   A. 吸湿性　　　　B. 耐高温性　　　　C. 抗寒性　　　　D. 腐蚀性
9. 常用制动摩擦片的材料类型有（　　　）。
   A. 石棉型　　　　　　　　　　　B. 低金属型
   C. 陶瓷纤维型　　　　　　　　　D. 石墨高碳纤维型
10. 试着通过汽车维修软件、购物网站等信息化渠道，查询一个车型的底盘保养零件和油液。

三、任务实践

任务案例：张先生有一辆雪佛兰乐风轿车，如图 6-1-9 所示，车速超过 60km/h 时右前侧传来"嗡嗡"的异响，并且车速升高噪声频率也会随之变化，行驶一段时间车速为 50km/h 时也发出噪声，他去维修，维修技师坐在副驾驶路试，噪声消失。请思考产生该现象的原因及如何检查和保养。

图 6-1-9　右前侧异响的雪佛兰乐风轿车

（一）检查底盘

1. 检查油液

汽车水平停放，检查制动液液位是否在上、下刻线之间，制动液是否变质及制动液的含水率等，如图 6-1-10 所示。拔出自动变速器油尺，检查油面高度是否位于两刻线之间，油中是否有杂质。检查手动变速器润滑油时需要举升车辆，在变速器加油口处检查，如图 6-1-11 所示。

经过检查，若油液量不足要补充，有质量问题要更换。

图 6-1-10 检查制动液

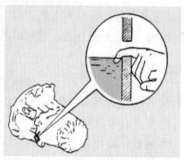

图 6-1-11 检查手动变速器润滑油

2．检查零件

上下晃动车身初步确定异响类型和部位，举升车辆，做进一步检查。发现问题及时进行紧固、调整或更换。

（1）检查橡胶件和管路

① 检查半轴有无裂纹和扭曲，转动是否自如，有无异响、晃动等。半轴防护罩有无破损，外侧是否有裂纹和其他损坏，如图 6-1-12 所示。

② 检查支臂及拉杆有无裂纹和变形，衬套橡胶是否有裂纹和其他损坏。

③ 检查各部位拉杆球头有无晃动，橡胶防护罩有无破损。

④ 检查底盘制动液管路的安装情况、管路接头是否泄漏，以及软管是否有裂纹或损坏，如图 6-1-13 所示。

图 6-1-12 检查半轴防护罩

图 6-1-13 检查制动液管路

（2）检查底盘损伤

① 检查底盘有无刮碰损伤、表面是否锈蚀、零件是否变形等，如图 6-1-14 所示。

② 检查排水口是否变形或堵塞、是否能正常排水，如图 6-1-15 所示。

图 6-1-14 检查底盘

图 6-1-15 检查排水口

（3）检查制动器

① 拆卸车轮，松开制动卡钳，取下摩擦片，如图 6-1-16 所示。

② 检查制动盘有无异常磨损，检查厚度和平面度是否符合要求，如图 6-1-17 所示。

③ 检查摩擦片是否有破损、表面是否有异常磨损、厚度是否符合使用要求等。

图 6-1-16　取下摩擦片

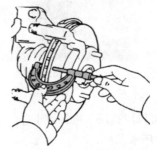
图 6-1-17　检查制动盘

（二）底盘封塑

底盘封塑也叫底盘装甲，是一项底盘防腐护理工艺。其将一种高附着性、高弹性、高防腐性、防潮的柔性防锈保护剂喷涂在底盘上，以达到防腐、防锈、防撞、隔声的目的。

汽车底盘封塑保护

1. 施工前的准备

（1）施工安全

① 穿戴好工作服、工作鞋、工作帽，佩戴防护口罩、耐溶剂的橡胶手套和防护眼镜等常规个人防护用品，如图 6-1-18 所示。

图 6-1-18　常规个人防护用品

② 底盘封塑操作要在车下施工，使用车辆举升机时要注意安全，进行喷涂操作时，要注意工作车间的通风。不得将防锈保护剂和除油剂等喷涂物对着人或其他物体喷涂。

（2）材料和工具

防锈保护剂常见的包装形式有罐装（液态）和自喷罐装（气雾型）两种。罐装的液态防锈保护剂需要配合专用的喷枪来使用，以压缩空气为动力进行喷涂，如图 6-1-19 所示。如果是气雾型的防锈保护剂，则可直接喷涂。

2. 施工流程

（1）清洁处理

施工前仔细地将底盘彻底清洁一遍。如果汽车老旧，底盘已经有了腐蚀现象，或者底盘有被刮碰的痕迹，使以前的保护胶或油漆被损坏了，已露出钢铁部分，那么一定要先将这些部位处理好，否则，做好"装甲"后，锈蚀仍然会在内部发生。处理这些损坏部位的方法如下。

（a）防锈保护剂

（b）防锈保护剂喷枪

图 6-1-19　底盘封塑材料和工具

① 可以用高压水枪将泥土等污垢清除。用专用的去污剂把沥青、油污等彻底去除，如图 6-1-20 所示。

② 用压缩空气吹干底盘部分的积水，尤其是缝隙中的积水，要彻底干燥。疏忽这些处理中的任何一项都会影响"装甲"的牢固程度。

③ 用钢刷或铲刀将锈蚀和破损的漆膜处理掉，露出"新鲜"的钢铁底材，并用 P100～P150 砂纸打磨，吹净污物并做好除油，如图 6-1-21 所示。

图 6-1-20　彻底清洁

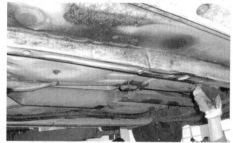
图 6-1-21　处理损坏部位

④ 底盘部位的油管和露出的螺栓等无须喷涂部位用纸胶带保护起来，变速器、传动轴、油箱、排气管等部位用遮护纸或报纸保护起来，如图 6-1-22 所示。

（2）分次喷涂

通常防锈剂要喷涂两层，如果产品使用说明中对喷涂次数有明确的要求，要依产品使用说明来操作。

① 首次喷涂的量不要过多，达到 50% 的遮盖力就可以了，如图 6-1-23 所示。喷涂完成后，要静置 5min 左右，才能进行下一次喷涂。

图 6-1-22　保护无须喷涂部位

图 6-1-23　首次喷涂

② 二次喷涂时要将底盘全部遮盖，不能露出底盘原来的颜色，以达到完全保护的目的，如图 6-1-24 所示。

③ 撤掉保护纸，检查是否有遗漏的地方，是否在不应该喷涂的部位喷涂了，如图 6-1-25 所示。

图 6-1-24　二次喷涂

图 6-1-25　检查

能力评价

请针对任务案例"张先生有一辆雪佛兰乐风轿车，车速超过 60km/h 时右前侧传来"嗡嗡"的异响，并且车速升高噪声频率也会随之变化，行驶一段时间车速为 50km/h 时也发出噪声，他去维修，维修技师坐在副驾驶路试，噪声消失"，依据所学知识和技能，分析并回答以下问题。

1. 以下可能是由减振器损伤产生的现象有（　　　）。
   A. 过坑洼路面有"隆隆"声　　　　　B. 车身跳动
   C. 车身升高　　　　　　　　　　　　D. 车身降低

2. 以下可能是由悬架支臂与车身连接胶套损伤产生的现象有（　　　）。
   A. 车轮跳动
   B. 制动时车身不稳
   C. 转向时有"咯噔"异响
   D. 车身上下振动，有橡胶摩擦"咯吱"声

3. 以下可能是由连杆球头损伤产生的现象有（　　　）。
   A. 过减速带时有橡胶摩擦"咯吱"声
   B. 制动时会"跑偏"
   C. 过颠簸路面时会产生"咯噔"的异响
   D. 原地转向有金属摩擦声

4. 以下可能是由半轴球笼损伤产生的现象有（　　　）。
   A. 行车时有"嗡嗡"声
   B. 随着磨损加剧，产生异响的车辆车速逐渐降低
   C. 异响频率随着转速而变化
   D. 球笼防护罩损坏

5. 综合以上分析，你认为任务案例中可能损伤的部位是（　　　）。
   A. 右侧转向横拉杆球头　　　　　　　B. 右前支臂胶套
   C. 右前半轴球笼　　　　　　　　　　D. 右前减振器

|任务 6.2　车轮的检查和保养|

知识目标

1. 掌握轮胎的结构和类型；
2. 掌握轮胎的不正常磨损和形成原因。

能力目标

1. 能够规范地检查和保养车轮；
2. 能够定期进行车轮换位。

素质目标

1. 培养学生利用信息化手段的能力和创新意识；
2. 培养学生爱岗敬业的职业精神。

一、任务分析

　　汽车车轮由轮胎和轮圈组成。轮圈是车轮的骨架，是用于安装轮胎的部件。轮圈与轮胎接触的外环叫作轮辋，轮辋的制造精度要求较高，轮辋规格决定装用轮胎的类型。轮圈中心与半轴连接部位叫作轮毂，轮毂与轮辋之间的部分叫作轮辐。现代轿车大多使用铝合金轮圈。由于轮胎的重要性，很多情况下轮胎成了车轮的代名词。

　　车轮每天工作忙，摩擦磕碰易损伤。轮胎品牌有多样，选择哪个好商量。

　　断面宽度扁平率，轮胎花纹要相当。尺寸参数需一致，否则谁也安不上。

　　学习本任务需要学生具有汽车底盘结构基础知识，掌握轮胎的类型、参数、品牌等常识，了解轮胎异常磨损的危害，能够检查和保养车轮并进行规范的车轮换位。在操作中要注意劳动安全，规范操作，具有爱岗敬业的职业精神。

二、相关知识

（一）轮胎的常识

1. 结构和类型

（1）轮胎的结构

　　轮胎是安装在轮圈上的接地滚动的圆环形弹性部件，是橡胶与纤维材料及金属材料的复合制品，其结构如图 6-2-1 所示。

　　轮胎外部结构可分为胎冠、胎壁和胎圈 3 部分。胎冠可提高轮胎跟路面的附着性和排水性；胎壁承受各种作用力；胎圈是轮胎安装在轮辋上的部分，由胎圈芯和胎圈包布组成，起固定轮胎的作用。

轮胎内部有带束层、帘布层、橡胶层等多层结构。带束层可保证轮胎在高速转动时的性能，帘布层可使轮胎在高内压下仍能保持其形状，橡胶层可保持轮胎的气密性。现代轿车上用无内胎的子午线轮胎，子午线轮胎胎体的帘线方向与轮胎行驶方向成 90°，子午线轮胎在侧壁上的标识为"RADIAL"，无内胎标识为"TUBELESS"，如图 6-2-2 所示。

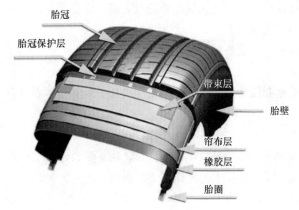

图 6-2-1 轮胎的结构

图 6-2-2 子午线轮胎和无内胎标识

（2）轮胎的类型

轮胎的功能不同，应用的车型不同，因此轮胎的类型多种多样。下面介绍几种常见和维护时需要特别注意的轮胎。

① 按轮胎适应温度的不同，轮胎可分为夏季轮胎、冬季轮胎和四季通用轮胎。夏季通用轮胎的橡胶化合物比冬季轮胎的硬，温度在 7℃以上时，夏季轮胎具有最佳的附着力和抓地力。冬季轮胎采用耐寒的橡胶化合物制成，在温度低于 0℃时也可提供较好的附着力，如图 6-2-3 所示。随着温度的升高，冬季轮胎的柔韧性会提高，挤压变形也越来越严重，因此轮胎磨损增大，滚动阻力提高，进而导致耗油量增多。四季通用轮胎既适合冬季使用，也适合夏季使用。

② 防爆轮胎也称为自承载式轮胎，其轮胎胎壁两侧有加强层，能够承载车身重量。它可以在完全漏气的情况下继续行驶很长距离，因此不用配备备胎。防爆轮胎不会像普通轮胎一样，当胎压减小后，轮胎就会变瘪，甚至脱离轮圈，使车辆无法行驶或失去控制，从而造成车祸。防爆轮胎和普通轮胎对比如图 6-2-4 所示。

图 6-2-3 冬季轮胎

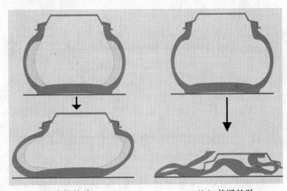

（a）防爆轮胎　　　（b）普通轮胎

图 6-2-4 防爆轮胎与普通轮胎对比

由于防爆轮胎的胎压无法从轮胎的外观看出，因此即使在胎压很低时，轮胎外观也没有明显变化。胎压不足对防爆轮胎来说也是十分危险的，所以必须安装胎压监测报警系统。

（3）轮胎花纹

按轮胎花纹区分，汽车轮胎可分为普通花纹轮胎、越野花纹轮胎和混合花纹轮胎。普通花纹轮胎的花纹细而浅，适用于路况比较好的路面。越野花纹轮胎的花纹凹部深而粗，与软路面的附着性较好，越野能力强。混合花纹介于普通花纹和越野花纹之间，中部为菱形，纵向为锯齿形或烟斗形花纹，两边为横向越野花纹。

若无特殊要求，新更换的轮胎花纹要与原车装备轮胎的花纹一致。

2. 轮胎参数

轮胎参数是轮胎选配、使用和保养的重要依据，对保障行车安全和延长轮胎使用寿命具有重要意义。

（1）尺寸参数

轮胎的尺寸参数主要有断面宽度、扁平率、轮胎类型、轮辋直径、载重系数、速度标志等，这些参数会组合在一起并醒目地标识在轮胎胎体上，如图 6-2-5 所示。选购轮胎时，尺寸参数必须与原车轮胎的一致。

图 6-2-5　轮胎尺寸参数

① 断面宽度：轮胎的横断面宽度，一般用"B"表示，单位为"mm"，如 165mm、185mm 等。

② 扁平率：轮胎断面高度/轮胎断面宽度（H/B），如图 6-2-6 所示。扁平率用百分数表示，如 55%、65% 等。一般来说，扁平率小于 50% 的轮胎属于扁平胎。

③ 轮胎类型："R"表示子午线轮胎。

④ 轮辋直径：轮辋直径的大小一般用"d"表示，如图 6-2-7 所示。其单位为英寸（1英寸 = 25.4mm），如轮辋直径为 14 英寸、18 英寸等。

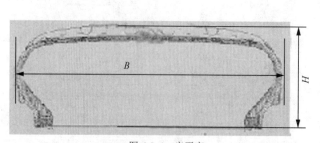

图 6-2-6　扁平率

图 6-2-7　轮辋直径

⑤ 载重系数：轮胎的承载能力，载重系数的大小并不等于实际载重数值。轮胎常用载重系数对照如表 6-2-1 所示。

表 6-2-1   轮胎常用载重系数对照

载重系数	83	84	85	86	87	88	89	90	91
极限载质量/kg	487	500	515	530	545	560	580	600	615
载重系数	92	93	94	95	96	97	98	99	100
极限载质量/kg	630	650	670	690	710	730	750	775	800
载重系数	101	102	103	104	105	106	107	108	
极限载质量/kg	825	850	875	900	925	950	975	1000	

⑥ 速度标志：轮胎的最大安全行驶速度，用英文字母表示。轮胎速度标志的含义如表 6-2-2 所示。

表 6-2-2   轮胎速度标志的含义

速度标志	最大安全行驶速度/km·h^{-1}	速度标志	最大安全行驶速度/km·h^{-1}
N	140	U	200
P	150	H	210
Q	160	V	240
R	170	Z	240
S	180	W	270
T	190	Y	300

图 6-2-5 中轮胎尺寸参数"225/45R18 95V"表示该轮胎的尺寸：断面宽度为 225mm、扁平率为 45%、子午线结构、轮辋直径为 18 英寸、极限载质量为 690kg、最大安全行驶速度为 240km/h。

（2）其他参数

① 轮胎上会标识极限载质量和极限气压，如图 6-2-8 所示。极限载质量以"kg"为单位，与载重系数对应。极限气压是轮胎可充到的最高压力，单位通常为"kPa"（1MPa=10bar=1000kPa），极限气压高于车辆正常行驶规定的气压。

② 生产日期用一组数字标识轮胎的制造年月，用来识别轮胎的新旧程度及存放时间。图 6-2-9 所示的"4220"表示该轮胎是 2020 年第 42 周生产的。

图 6-2-8 极限载质量和极限气压

图 6-2-9 生产日期

3．轮胎品牌

汽车轮胎品牌众多，大部分知名的世界级轮胎品牌，都有着悠久的历史及成熟的技术。不同轮胎品牌的技术特点和性能不同，价格差异较大。下面介绍几个常见的轿车用轮胎品牌，可作为选用轮胎的参考。

（1）国外品牌

常见的国外轮胎品牌较多，主要有米其林、普利司通、固特异、马牌、邓禄普、倍耐力等，如图 6-2-10 所示。它们普遍价位较高，其中米其林轮胎舒适、静音；普利司通轮胎耐磨；固特异轮胎抓地力强，但不耐磨；马牌和邓禄普轮胎舒适、静音，但抓地力和耐磨性一般；

倍耐力轮胎抓地力强，但胎噪比较大。

（a）米其林轮胎   （b）普利司通轮胎

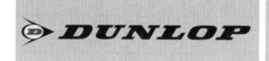

（c）固特异轮胎   （d）马牌轮胎

（e）邓禄普轮胎   （f）倍耐力轮胎

图 6-2-10   部分国外轮胎品牌标志

（2）国内品牌

国产轮胎发展很快，规模较大，性价比高，产品已经广泛出口。常见的品牌有玛吉斯、朝阳等，如图 6-2-11 所示。玛吉斯属正新橡胶（中国）有限公司旗下的品牌，轮胎耐磨，质地偏硬，而且价格相对比较适合。朝阳是中策橡胶集团股份有限公司旗下品牌，轮胎舒适、稳定、耐磨、性价比高。

（a）玛吉斯轮胎   （b）朝阳轮胎

图 6-2-11   部分国内轮胎品牌标志

（二）轮胎的磨损

在汽车高速行驶的过程中，轮胎故障是所有驾驶者最担心和最难预防的问题之一，也是交通事故发生的重要原因。据国家橡胶轮胎质量监督检验中心的专家分析，以标准的胎压行驶和及时发现车胎漏气是防止爆胎的关键。

1. 胎压不正常的磨损

（1）胎压过高

① 胎面与地面接触面积减小，胎冠中央磨损严重，如图 6-2-12（a）所示。

② 轮胎与地面之间的附着力减小，降低汽车制动效能。

③ 缓冲性能降低，降低乘坐舒适性。

④ 轮胎损伤严重时，胎压过高会带来爆胎的危险。

轮胎胎压过高时，地面对车辆的阻力降低。虽然可以降低燃油的消耗，但是与其造成的危害程度相比，是得不偿失的。

（2）胎压过低

① 胎面与地面接触面积增大，胎冠两侧（即胎肩）磨损严重，如图 6-2-12（b）所示。

② 轮胎与地面之间的附着力增大，增加油耗。

③ 缓冲性能降低，降低乘坐舒适性。

④ 在车辆高速行驶时，胎压过低会导致爆胎。对无内胎的车轮来说，轮胎内部的密封情况完全靠轮辋与轮胎接触部位来实现，而胎压过低会使密封情况变差。尤其是在车轮高速转动时，密封性的急剧下降会大大增加爆胎的可能性。

2．其他异常的磨损

（1）胎冠单侧磨损

胎冠内侧或外侧（即单侧）磨损，如图 6-2-13（a）所示，是由车轮定位不准或长期不进行换位所致，前轮外倾角及前轮前束不合标准会引起前轮偏磨。一旦出现此类磨损，则需要进行四轮定位，必要时，还需进行轮胎的互换。

（2）胎冠锯齿状磨损

这种磨损与前轮前束有关，当胎冠由外侧向内侧呈锯齿状磨损时，则说明前轮前束过大；反之，则说明前轮前束过小。

（3）胎冠波浪状磨损

此类情况是由车轮的平衡不良、轮辋和轮轴及其轴承不正常或车轮定位不准引起的。出现这种磨损后，应及时进行车轮的平衡或四轮定位，并且检查相关轮辋与轴承。车轮平衡不良还会造成行车方向不易控制、车辆跑偏或直行时转向盘不正等情况。在特定行车速度下，车身还会发生抖动。

（4）胎冠局部磨损

局部磨损是由紧急制动使车轮抱死或急速起动使车轮打滑引起的磨损，如图 6-2-13（b）所示。这种磨损会缩短轮胎的使用寿命，所以应尽量避免紧急制动与急速起动。

（a）中央磨损　　（b）胎肩磨损

图 6-2-12　胎压不正常的磨损

（a）单侧磨损　　（b）局部磨损

图 6-2-13　其他异常的磨损

知识评价

1. 轮辋制造的精度要求较高，轮辋规格决定装用轮胎的类型。（　　　）

2. 子午线轮胎的子午线标识是"TUBELESS"，无内胎标识为"RADIAL"。（　　）

3. 装备防爆轮胎的汽车无须配备备胎。（　　）

4. 扁平率越大轮胎越扁平，跑车轮胎多为扁平轮胎。（　　）

5. 胎压过低会使胎面与地面接触面积减小，胎冠中央磨损严重。（　　）

6. 轮胎的外部结构分为（　　）。

    A. 胎冠   B. 花纹   C. 胎壁   D. 胎圈

7. 轮胎常用的胎压单位有（　　）。

    A. Pa   B. kPa   C. MPa   D. bar

8. 轮胎生产日期标识"1122"表示该轮胎的生产日期是（　　）。

    A. 2021 年 12 月 2 日   B. 2022 年 1 月 1 日

    C. 2022 年第 11 周   D. 2011 年第 22 周

9. 以下属于国产轮胎品牌的是（　　）。

    A. 米其林   B. 玛吉斯   C. 普利司通   D. 朝阳

10. 试着为你喜欢的车型选购合适品牌和规格的轮胎。

三、任务实践

任务案例：吴先生的轩逸经典轿车，原厂车轮为铁质轮圈外罩塑料饰盖，轮胎尺寸规格为"185/65R15　88H"，他去轮胎店将轮胎换成雪地轮胎，学徒工小邹师傅为他更换了轮胎，高速行驶一段时间后车身晃动，检查发现车轮螺母松了，如图 6-2-14 所示。请思考产生该现象的原因及如何避免。

（一）保养车轮

1. 检查轮圈

车轮轮圈容易受到刮碰，所以要经常检查其表面是否受损、平衡块是否脱落、是否发生变形等。如果变形严重，就要及时更换新的轮圈，以免发生事故。

2. 检查轮胎

（1）检查胎压

① 汽车轮胎实际使用的标准胎压值在油箱盖内侧、车门框内侧或行李舱内侧标注。车辆的使用说明书上也有标准胎压值，通常情况下轿车前轮胎压为 2.2～2.3bar（0.22～0.23MPa），后轮胎压为 2.3～2.4bar（0.23～0.24MPa）。要定期使用胎压表测量轮胎气压，如图 6-2-15 所示，不可仅凭外观判断。

图 6-2-14　轩逸经典轿车的车轮

图 6-2-15　检查轮胎气压

② 检查完轮胎气压后，可将肥皂液涂在气嘴上，查看是否漏气。如果出现明显的气泡或抖动，则表示气嘴芯漏气，应拧紧或更换气嘴芯。平时应将气嘴的防尘帽戴上，以防脏物和水汽进入气嘴。

（2）检查轮胎外表

① 检查轮胎外伤。胎体被扎伤、刮伤一般是因为驾驶员对行驶路线选择不当或不注意避让尖锐、突出的障碍。检查时，应查看轮胎是否有扎钉、破损、鼓包、开裂和气门嘴老化等现象。

② 检查轮胎的磨损情况。轮胎的寿命与轮胎花纹的寿命紧密相关。花纹深度可用花纹深度规来测量，也可以检查胎冠花纹沟槽内的磨损极限标志，如图 6-2-16 所示。多数轮胎侧面每隔 60°就有一个小"Δ"符号，一周共有 6 个，在"Δ"所对应的胎冠部分纵向花纹沟槽内有花纹深度极限标志。花纹深度不得低于这个极限标志，否则，轮胎的驱动力、制动性能都会大大降低。

（a）检查花纹深度　　　　　　　　（b）沟槽内的磨损极限标志

图 6-2-16　检查轮胎的磨损情况

3. 保养轮胎

可以用轮胎保养剂保养轮胎，它能够快速渗透轮胎内部表层，清除污垢，防止轮胎硬化、爆裂，使轮胎恢复原色，光亮如新。

（1）拆卸车轮

① 将车辆停放平稳，拉紧驻车制动器。按对角线顺序拆卸螺栓，先拧松螺栓 1/4 圈到半圈即可，过度拧松会损伤轮圈和螺纹。

② 举升车辆，使车轮离开地面至方便取下车轮的高度。卸下螺栓，取下车轮。

（2）清洁保养

先将轮胎花纹里的异物清除干净，再将轮胎保养剂喷于轮胎的表面。使用轮胎保养剂前，应先摇匀，再均匀地喷在轮胎表面，静候 3～5min，待其自动渗透即可。保养成分会迅速渗透橡胶内部，延缓轮胎老化并为其增黑、增亮，如图 6-2-17 所示。

（a）保养中　　　　　　　　　（b）保养后

图 6-2-17　保养轮胎

（3）安装车轮

① 安装车轮时，先用手拧上螺栓，保证车轮不晃动，防止使用套筒工具时扭力过大而拧伤螺纹。

② 降下车辆，使车轮着地。用扭力扳手按规定力矩紧固螺栓，一般轿车车轮螺栓的拧紧力矩范围为 100～120N·m。紧固时也按对角线顺序进行。

（二）车轮换位

1. 车轮使用注意事项

（1）日常使用

轮胎气压是使用中重点关注的一项，过高或过低的胎压都会造成轮胎的不正常磨损，缩短轮胎的使用寿命。

行车时要避免急加速，减少紧急制动。汽车由静止状态突然起动时，轮胎与路面会发生剧烈摩擦，加速胎面磨损。紧急制动会加剧胎面的局部磨损，容易造成轮胎起包、脱层等。

还要注意避免与棱状物体磕碰，如马路边石和台阶等。轮胎与其正面碰撞后会产生鼓包，有时外部虽然完好，但很可能已损伤内部帘线。

（2）车轮紧固

车轮用螺栓或螺母紧固，螺栓的头部或螺母与轮圈接触的端面，通常设计成锥形，起到锁止作用，防止使用中松动。

多数螺栓的头部为六边形，可用套筒拆卸；有些螺栓为了防盗，设计成必须用专业适配器才能拆装的防盗螺栓，如图 6-2-18 所示。防盗螺栓外形各异，不同车型有特制的防盗形式的螺栓。

（a）普通螺栓　　　　　　　　　　（b）防盗螺栓

图 6-2-18　紧固螺栓

紧固螺母的类型有通孔式和盲孔式，如图 6-2-19 所示。通孔式螺母多用于铁质轮圈的紧固，特别注意在安装时要注意方向，将锥形面对着车轮。如果装反则失去锁止功能，车辆行驶中容易松动，造成安全隐患。

（a）通孔式螺母　　　　　　　　　　（b）盲孔式螺母

图 6-2-19　紧固螺母

对于 4 点固定的车轮，紧固顺序一般要求按对角线进行；有些车型的车轮采用 5 点固定，紧固时交叉进行即可，如图 6-2-20 所示。

（a）4 点固定　　　　　　（b）5 点固定

图 6-2-20　紧固顺序

2．定期换位

汽车前、后轮的负荷不同，并且驱动轮与地面的摩擦要比从动轮的更严重，所以 4 条轮胎的磨损会不均匀。在新胎行驶 5000km 后，应进行同侧车轮的前后换位，即同侧的前、后车轮互换；行驶到 10000km 后，应进行前、后车轮的交叉换位，即左前与右后车轮互换，右前与左后车轮互换；车轮换位时，备用车轮（备胎）可以一同换位，如图 6-2-21 所示。备胎参与换位时，要与其他部位的轮胎规格完全一致。另外，若其他轮胎使用得过久，与备胎磨损差异较大，则不建议备胎参与换位。

进行车轮换位时，应检查各个轮胎的磨损程度。换位后，必须调整前、后轮的胎压到规定值并检查车轮螺母的拧紧力矩。对于有转向要求的特殊轮胎，换位前应先做好方向标记，以便按同一方向安装车轮。

还要注意同车慎装异种花纹的轮胎，轮胎花纹不同，摩擦力也会有差异。如果装用不同规格的轮胎，轻则影响汽车的操纵灵活性，重则造成车辆事故。

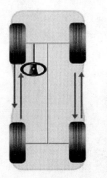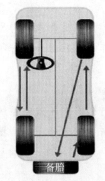

（a）同侧换位　　　　（b）交叉换位　　　（c）备用车轮参与换位

图 6-2-21　车轮换位

能力评价

请针对任务案例"吴先生的轩逸经典轿车，原厂车轮为铁质轮圈外罩塑料饰盖，轮胎尺寸规格为"185/65R15　88H"，他去轮胎店将轮胎换成雪地轮胎，学徒工小邹师傅为他更换了轮胎，高速行驶一段时间后车身晃动，检查发现车轮螺母松了"，依据所学知识和技能，分析并回答以下问题。

1. 请查询任务案例中车型紧固螺栓或螺母的类型（　　）。
　　A. 普通螺栓　　　　　　　　　　　　B. 防盗螺栓
　　C. 通孔螺母　　　　　　　　　　　　D. 盲孔螺母
2. 你认为任务案例中车轮松动的可能原因是（　　）。
　　A. 未按规定力矩紧固　　　　　　　　B. 轮圈变形
　　C. 车速过快　　　　　　　　　　　　D. 螺母装反
3. 若为任务案例中的汽车更换轮胎，你建议选择的轮胎为（　　）的轮胎。
　　A. 更大轮辋直径　　　　　　　　　　B. 更低扁平率
　　C. 越野花纹　　　　　　　　　　　　D. 与原车一致
4. 进行车轮换位时要注意的问题有（　　）。
　　A. 备胎参与换位是首选方式
　　B. 异侧换位时，要注意轮胎是否有转向规定
　　C. 换位后，调整胎压到规定值
　　D. 同车慎用异种花纹的轮胎
5. 规范紧固车轮操作的要点有（　　）。
　　A. 在地面拧松和紧固　　　　　　　　B. 安装时先用手拧上螺栓或螺母
　　C. 按对角线或交叉顺序进行　　　　　D. 通孔型螺栓锥形面对着车轮

| 任务 6.3　车轮的修复和装饰 |

"

知识目标

　　1. 掌握汽车胎压监测系统的原理和类型；
　　2. 掌握汽车轮圈拉丝和水转印的作用。

能力目标

　　1. 能够进行汽车胎压监测系统的加装；
　　2. 能够进行轮圈水转印装饰操作。

素质目标

　　1. 培养学生锐意进取的创新意识；
　　2. 培养学生爱岗敬业的职业精神。

"

一、任务分析

　　车轮的轮圈和轮胎就像车辆的"脚"和"鞋"，它们对行车安全有重要影响。涉及的装饰项目也很多，有提高安全性的胎压监测系统加装，有针对铝合金轮圈损伤的拉丝修复，也

有对轮圈进行水转印、电镀、贴膜等各种装饰。

防爆胎、钢铁腰，没气也能继续跑。要想安全继续跑，胎压监测很必要。

轮圈腐蚀也有招，拉丝能够处理掉。喷涂电镀水转印，外部装饰不可少。

学习本任务需要学生具有轮胎拆装、面漆喷涂和一定的机械加工基础知识，掌握轮胎气压监测和缺陷修复装饰工艺，并能够根据具体车况设计装饰方案，有针对性地进行装饰操作。同时在操作中，要注意安全，规范操作，具有爱岗敬业的职业精神。

二、相关知识

（一）胎压监测系统

在汽车行驶时，汽车胎压监测系统实时地对轮胎气压进行自动监测，对轮胎漏气和低气压情况进行报警，以保障行车安全，如图 6-3-1 所示。加装的胎压监测系统通过安装在轮胎上的压力传感器发射无线信号，用主机读取并显示来实现实时胎压监测。

1. 胎压监测系统形式

胎压监测系统主要通过两种形式对轮胎气压进行监测，分别是直接式和间接式。

（1）直接式

直接式胎压监测系统利用安装在每一个轮胎里的压力传感器直接测量轮胎的气压，然后用无线发射器将压力信息从轮胎内部发送到中央接收器模块，再对各轮胎气压数据进行显示，如图 6-3-2 所示。当轮胎气压太低或漏气时，系统会自动报警。

图 6-3-1　胎压监测系统

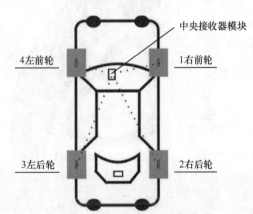

图 6-3-2　直接式胎压监测系统原理

直接式胎压监测系统能够监测轮胎气压值，准确又直观。以君越轿车为例，各个轮胎的实际气压值显示在仪表板上，如图 6-3-3（a）所示。当胎压出现异常时，会自动切换至胎压显示并进行提醒。

（2）间接式

间接式胎压监测系统的工作原理是通过车轮转速传感器测量 4 个车轮的转速，它会比较对角分布的车轮轮速并算出平均车速。当某轮胎的气压降低时，车轮的动态直径乃至车轮转速都会发生变化。它可在 15km/h 到最高车速的范围内，识别出所有车轮上 30%±10% 的充气压力损失。如果超出了这个值，它便会通过组合仪表用红色 LED 灯或文字"爆胎"，以及声音报警信号等向驾驶员发出警告。

间接式胎压监测系统实际上是依靠计算轮胎滚动半径来对气压进行监测的，其准确率较低。以大众CC轿车为例，当出现胎压异常时，仪表板上的胎压报警灯会亮起，如图6-3-3（b）所示。

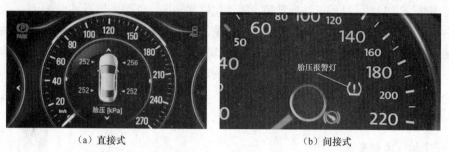

（a）直接式　　　　　　　　　　　　　　（b）间接式

图 6-3-3　胎压监测系统形式

在实际应用中，有集合了上述两种形式优点的胎压监测系统，它在两个互相成对角的轮胎内装备直接式胎压监测系统，并装备一个四轮间接式胎压监测系统。与全部使用直接式胎压监测系统相比，这种复合式胎压监测系统可以降低成本，克服间接式胎压监测系统不能检测出多个轮胎同时出现气压过低问题的缺点。但是，它仍然不能像直接式胎压监测系统那样提供所有轮胎内实际压力的实时数据。

2．胎压监测系统类型

胎压监测系统按压力传感器安装位置不同分为内置式和外置式两种，如图6-3-4所示。

（a）内置式　　　　　　　　　（b）外置式

图 6-3-4　胎压监测系统类型

（1）内置式

内置式胎压监测系统的传感器安装在轮胎内部，替代原厂气门嘴，通过一块电子显示屏读取轮胎气压和轮胎温度等数据。此类产品测量精确，而且可以在行驶中读取胎压数据。但是安装时要拆装轮胎和做动平衡，同时需要拆除原厂气门嘴（如果想恢复很难），因此价格比较高。

（2）外置式

外置式胎压监测系统的传感器安装在气门嘴上，安装方便，价格便宜。但是测量精度较内置式的低，且不防盗。

（二）轮圈拉丝和水转印

1．轮圈拉丝

轮圈拉丝俗称轮毂拉丝，是通过车削对铝合金轮圈表面进行加工，形成不同表线纹效果的修复装饰工艺，其效果如图 6-3-5 所示。拉丝以后能够修复轮圈表面的磕碰、腐蚀等损伤，轮圈会显得更美观、大方、有层次感。但是，拉丝后铝合金直接暴露在空气中，易氧化、腐蚀，不易清洗，因此需要对拉丝后的轮圈进行水转印、喷涂、电镀或其他工艺施工，以保护轮圈。轮圈拉丝时只能处理轮圈表面，不能处理安装轮胎的轮辋。

2．水转印

水转印指利用水的表面张力，将图案转印于物件表面的一种美术工艺。目前，水转印技术有两种，一种是彩纹漆水转印，另一种是薄膜水转印。

（1）彩纹漆水转印

彩纹漆水转印又称为水面浮漆浸涂法，是将水面形成的油漆图案印制于物件表面的一项美术工艺。将黏度适中、密度小的彩纹漆少量、陆续滴在水中，至漆液散开漂浮于水面，漆膜面积占水面积的 50%左右时，将已涂好底漆且干燥好的加工物轻轻浸在水中，即沾上彩纹漆。浸涂后吹去水面多余的彩纹漆，立刻取出，待漆膜干燥后，用清漆罩光即可。彩纹漆水转印制作的漆膜成纹自然，色彩缤纷，美观、醒目。

（2）薄膜水转印

薄膜水转印是利用水表张力将带彩色图案的转印纸进行高分子水解的一种印刷技术。薄膜水转印通常用于汽车的轮圈，也称为轮毂印花，其效果如图 6-3-6 所示。

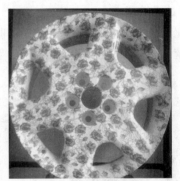

图 6-3-5 轮毂拉丝效果　　　　　　　　图 6-3-6 轮毂印花效果

知识评价

1. 装备防爆轮胎的汽车必须安装胎压报警系统。（　　　）
2. 胎压监测系统都能直接测量轮胎的气压。（　　　）
3. 装备防爆轮胎的汽车必须安装胎压报警指示系统。（　　　）
4. 轮圈拉丝俗称轮毂拉丝，通过车削对铸铁轮圈表面进行加工。（　　　）
5. 彩纹漆水转印通常用于汽车的轮圈，也称为轮毂印花。（　　　）
6. 胎压监测系统监测轮胎气压的形式有（　　　）。
   A．无线式　　　　B．有线式　　　　C．直接式　　　　D．间接式
7. 胎压监测系统的类型有（　　　）。
   A．内置式　　　　B．外置式　　　　C．红外线式　　　　D．电磁式
8. 对轮圈拉丝后为防止氧化，可采用的保护工艺有（　　　）。
   A．喷涂　　　　B．水转印　　　　C．电镀　　　　D．磷化
9. 观察你身边车辆的轮圈，根据其损伤情况，试设计合适的装饰方案。

三、任务实践

任务案例：张先生的奔驰 LS300 轿车轮圈受刮碰后，产生划痕和腐蚀，他去咨询维修价格，更换一个轮圈的材料费将近 3000 元。轮圈损伤情况如图 6-3-7 所示。请思考如何修复。

图 6-3-7　轮圈损伤

（一）加装胎压监测系统

1．选购产品

对比产品的性能和价格选用合适的胎压监测系统，胎压传感器性能对比如图 6-3-8 所示。检查系统配件是否齐全，胎压传感器、显示屏、连接线、使用说明书是否齐全，相关零件是否损坏。

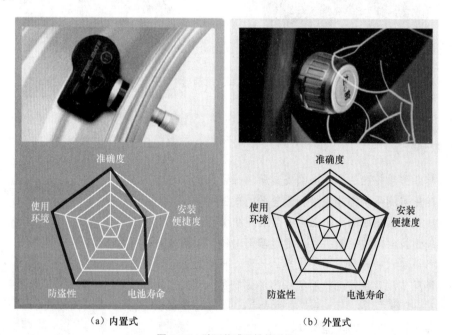

（a）内置式　　　　　　　　　（b）外置式

图 6-3-8　胎压传感器性能对比

2．安装并匹配

（1）安装外置式胎压监测系统

安装外置式胎压监测系统时，只需将传感器拧到气门嘴上即可，安装完成要检查是否泄漏。

（2）安装内置式胎压监测系统

① 顶起车身，取下车轮。放尽胎气，去掉车轮上的旧平衡块和轮胎花纹里的杂物，卸下轮胎。

② 用裁纸刀小心割掉原轮毂上气嘴底部的橡胶，注意不要损伤轮辋。拆卸原配气嘴，小心清理残留物，如图 6-3-9 所示。

③ 安装车轮转速传感器。注意，传感器上的胎位标志要与所装轮胎对应，如图 6-3-10 所示。

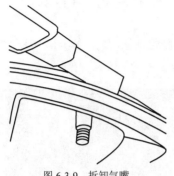

图 6-3-9　拆卸气嘴

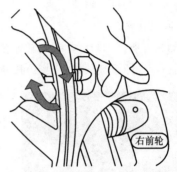

图 6-3-10　安装车轮转速传感器

重复上述步骤，完成其余胎压传感器的安装。

（3）匹配参数

① 将做好动平衡的车轮安装到车上。

② 起动发动机，进入胎压检测界面。按对应的轮胎，手动匹配各项参数，如图 6-3-11 所示。在匹配参数的过程中，要对轮胎进行充气、放气，系统才能收到数据信息。

③ 行车检验胎压监测系统并按实际情况调整，以得到更精确的胎压值。

④ 把主机和显示屏安装到仪表板的合适位置，以便于查看，并且要保证安装牢固，如图 6-3-12 所示。

图 6-3-11　匹配参数

图 6-3-12　安装显示屏

（二）轮圈水转印装饰

1. 施工前准备

（1）设备和工具

清洗设备、打磨工具和材料、喷枪及其配套设备、美工刀、纸胶带等。

（2）材料准备

转印膜（每个轮圈约需要 2m）、转印底漆、转印亮光剂、转印雾化剂等材料。

（3）劳动保护

喷漆工作服、防溶剂手套、防毒面罩（由于污染较小，普遍使用防尘口罩）。

2. 操作流程

（1）轮圈处理

① 将轮圈表面用P800砂纸打磨成亚光，用气枪吹干。

② 将调好的底漆均匀喷涂在轮圈表面。若要转印不同的图案，须使用不同的底色。喷完一遍需等待几分钟再喷第二遍，直至表面被底漆完全盖住，如图6-3-13所示。

（2）喷雾化剂

① 测量好所需的尺寸，裁下转印膜，四边用纸胶带粘住，如图6-3-14所示，以防止喷涂雾化剂后，轻印膜被液化，图案向四周扩散。

图6-3-13 喷完底漆后的效果

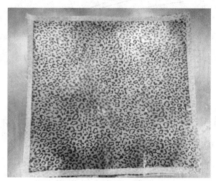

图6-3-14 固定转印膜

② 使恒温水箱内的水温达到要求（不同品牌的转印膜对水温的要求不同，使用时要参阅转印膜的技术说明）。水面保持稳定状态，以适当的角度将转印膜平放于水面，确定转印膜光滑的一侧朝下，如图6-3-15所示。

③ 将雾化剂均匀地喷涂在转印膜表面，如图6-3-16所示。喷涂时注意不要引起水花。结合水温判定雾化剂的溶解时间，一般为5～10s。

图6-3-15 置膜

图6-3-16 喷涂雾化剂

（3）转印图案

① 待转印膜成镜面效果并且平展后，即可转印图案。在转印图案之前需视加工物的外形或纹路来选择下水的角度，以利于空气的排出，如图6-3-17所示。上膜后不可立即拿起，

需停留 3～5s，并在水面下摇动，以增加花纹吸附时间。

② 将轮圈表面残留的杂质用清水洗净，如图 6-3-18 所示。水压需调整适当，以避免图案脱落。

图 6-3-17　转印图案

图 6-3-18　水洗

（4）喷亮光剂

① 用气枪把表面的水吹干净，如图 6-3-19 所示。

② 根据选用亮光剂的技术说明将其调制好，按要求的技术条件，喷涂于印花表面，以起到保护的作用，如图 6-3-20 所示。待亮光剂充分干燥后，即可组装、安装轮胎。

图 6-3-19　吹干

图 6-3-20　喷亮光剂后的效果

能力评价

请针对任务案例"张先生的奔驰 LS300 轿车轮圈受刮碰后，产生划痕和腐蚀，他去咨询维修价格，更换一个轮圈的材料费将近 3000 元"，依据所学知识和技能，分析并回答以下问题。

1. 修复轮圈损伤的工艺有（　　）。

　　A. 贴膜　　　　　　　B. 拉丝　　　　　　　C. 喷涂　　　　　　　D. 水转印

2. 轮圈拉丝工艺适合的轮圈类型是（　　）。

　　A. 铝合金轮圈　　　　B. 铁质轮圈　　　　　C. 刀锋轮圈　　　　　D. 锻造轮圈

3. 轮圈拉丝时要注意的问题有（　　）。

　　A. 拉丝可处理任何轮圈损伤　　　　　　　　B. 拉丝只能处理轮圈表面损伤

　　C. 拉丝处理不能过度　　　　　　　　　　　D. 拉丝后要对轮圈进行保护装饰

4. 进行轮圈薄膜水转印时，要注意的问题有（　　）。

　　A. 劳动保护要穿戴喷漆工作服、防溶剂手套、防毒面罩等

　　B. 轮圈表面用 P800 砂纸打磨成亚光

C. 转印的图案不同，使用不同颜色的底漆

D. 在转印之前需视加工物的外形或纹路来选择下水的角度，以利于空气的排出

5. 综合以上分析，要修复任务案例中的轮圈损伤用到的工艺有（　　）。

A. 拉丝后贴膜　　　　　　　　　　B. 拉丝后水转印

C. 喷涂后拉丝　　　　　　　　　　D. 喷涂后贴膜

| 项目拓展 |

朝阳轮胎，不惧磨砺

朝阳是中策橡胶集团股份有限公司旗下的品牌，成立于 1966 年，始终专注于轮胎及橡胶产品的生产及制造，是国产轮胎品牌中的佼佼者。其产品目前覆盖了乘用车轮胎、商用车轮胎、工业工程轮胎、农业轮胎及两轮车胎等领域，每个系列分别拥有多种性能轮胎，以满足消费者的个性需求。

朝阳突破轮胎研发的限制，以独创的"三位一体科技"，让一条轮胎能够同时满足安全、节油、静音的性能需求。朝阳标杆产品"朝阳1号"凭借"三位一体科技"将三重功能齐聚一身。

项目 7
汽车电子产品的装饰

随着人们对汽车安全、舒适性要求的不断提高，汽车的音响、行车监控系统等电子配置也越来越高级。但是，有些低配车型为了降低车价，会降低配置标准，甚至不装备。为此，很多车主会自己改装音响，加装倒车雷达、倒车影像、行车记录仪等。

电子产品合理购，汽车档次上层楼。主机喇叭摄像头，加装不能盲目凑。安全永远放在首，结构原理要摸透。勤思考、想计谋，精益求精成高手。

本项目主要介绍汽车音响的改装和驾驶辅助监控系统的加装等内容。

|任务 7.1 汽车音响的改装|

知识目标

1. 掌握汽车音响系统的组成；
2. 掌握汽车音响前声场设计。

能力目标

1. 能够设计汽车音响改装方案；
2. 能够进行初级汽车音响改装操作。

素质目标

1. 培养学生对音乐美感的鉴赏能力；
2. 培养学生爱岗敬业的职业精神。

一、任务分析

汽车音响是电子技术不断发展的产物，从初始的无线电子管收音机，发展到如今的液晶显示多媒体影音设备。扬声器从单声道发展为多声道，语音还原效果更接近真实。多数汽车的原车音响配置单一，为了达到更佳的视听效果，会对原车音响进行改装。

学习本任务需要学生具有汽车电路和内饰拆装基础知识，并了解音响常识，掌握汽车音响的特点和组成，能够根据车辆具体情况设计音响改装方案，并进行汽车音响的初级改装。在操作中要注意劳动安全，特别是设计汽车电路时要规范操作，学会欣赏音乐。

二、相关知识

汽车运行环境中的振动、高温、噪声、电磁波等都会干扰车内电子设备正常工作。汽车音响随时受到汽车发动机点火装置及各种电器的电磁干扰，因此汽车音响从设计和制造工艺方面都比家用音响更严格。其在安装尺寸和安装技术、音响本身的避振技术、音质的处理技术和抗干扰技术等方面具有突出的特点。

（一）汽车音响系统的组成

汽车音响系统一般由音响主机、信号处理器（均衡器、分频器等）、功率放大器（简称功放）、扬声器及其他附件组成。普通的汽车音响主机会集成信号处理、功率放大功能，只有加装高性能音响时，才会配备独立的信号处理器和功率放大器。

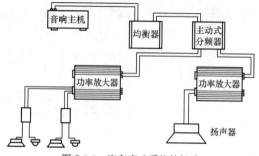

图 7-1-1　汽车音响系统的组成

音频信号通过音响主机输出之后，经信号处理器处理，经功率放大器放大，再输出给扬声器，如图 7-1-1 所示。音响主机就像人的大脑，要发出什么样的声音，得由大脑来控制，而扬声器就好像人的喉咙，发出的声音是否甜美，就要看其噪音如何。

1. 音响主机

在音响系统中，音源是关键的部分之一。好的音源是好的音质的开始，如果音源的质量不佳，后级的音响器材再好，也不能改善音质，而且越好的后级器材系统，越能彰显音源的差异。

（1）主机尺寸

汽车音响主机有国际通用的安装孔标准尺寸，称为 DIN 尺寸。汽车音响主机的 DIN 尺寸为 178mm×50mm×153mm（长×高×深）。有些汽车音响主机带有多碟 CD 音响等装置，安装孔尺寸为 178mm×100mm×153mm，又称为 2 倍 DIN 尺寸。如今，汽车音响主机多为液晶大屏，选购汽车音响主机时，若原位安装要注意音响主机尺寸与仪表板上安装孔尺寸是否适配。音响主机的尺寸如图 7-1-2 所示。

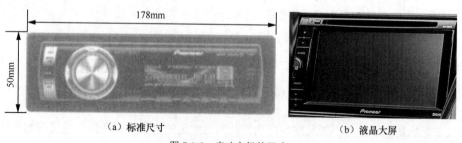

（a）标准尺寸　　　　　　　　　　　　（b）液晶大屏

图 7-1-2　音响主机的尺寸

（2）音频信号格式

① AM/FM 收音机。收音机是汽车音响系统中常见的音频信号源，它可以从数以百计的

公共广播中获取信号，而不会受到其他信号的干扰，并且不会受到汽车点火系统和其他电子设备的影响。收音机获取信号的灵敏度要求非常高，获取信号的强度小到只有百万分之几伏，而且不受邻近强信号的影响。有的收音机在设计时，还会在信号减弱的情况下，将立体声的信号合并成单声道的信号输出。

② 卡带。卡带是以前很多原车音响主机的音频信号源，现在已经被其他形式的音源取代。其主要结构是表面铺盖了一层磁粉的塑胶带，卷在两个卷轮上的小型盒子里。录音时，音频信号通过录音头产生磁感应，从而磁化磁带上的磁粉。放音时，放音头将磁带上记录的信号重播出来。

③ CD。CD 可以存储音乐信号和其他通用的数字式数据信息，要从 CD 上读取信息需要经过 A/D（模拟/数字）转换。CD 的优点是音质细腻，还原效果好，是最佳的音频格式；缺点是每张唱片的时间短，录制的曲目少。

④ DVD。DVD（Digital Versatile Disc，数字通用光碟）有着非常广泛的用途，目前，它主要作为高质量的视频、音频信号的电影节目的光学储存媒体格式。它的尺寸与 CD 基本相同，只是稍厚一些。

⑤ MP3。MP3 是一种通过计算机技术压缩的计算机档案格式，将声音转换成数字计算机档案，主要用于存储乐曲。MP3 音乐是当今最流行的音乐格式之一，是一种可以将一般的音乐格式编码、传递、压缩至体积更小的格式而无损原有音色的技术。MP3 的缺点是压缩时会丢失一些信号，所以音域与 CD 相比窄一些。

（3）音响主机的性能指标

选购汽车音响主机不能光看其外表是否好看，还得从基本的输出功率、频率响应、信噪比、谐波失真等技术指标上来评价。

① 输出功率是指音响主机在正常输出音乐时能够提供的最大工作功率。需要注意的是，厂商在产品说明当中标注的数值通常只是该音响主机所能提供的峰值功率，实际上能够稳定输出的数值会大打折扣。一般来说，音响主机能够提供的正常功率只有该数值的 50%左右。若由原车音响主机直接推动加装的扬声器，要注意实际的功率匹配问题。

② 频率响应指的是音响主机的工作频率范围，这个范围越大越好（下限要低，上限要高）。人类的听力频率范围是 20Hz～20kHz，所以频响范围至少应该涵盖这个频段。事实上，很少有人的听力能达到 20kHz，男性的一般能达到 16kHz，女性的能达到 18kHz。

③ 信噪比指的是音乐信号与噪声信号之间的比例。在选择音响的时候，这个数值越大越好，数值越大说明声音越干净，清晰度越高。

④ 谐波失真指原有频率的各种倍频的有害干扰，一般放大 1000Hz 的频率信号会产生 2000Hz 的 2 次谐波和 3000Hz 以及更高次数的谐波。从理论上讲，这个数值越小，失真度越低。

2．信号处理器

在汽车音响系统中，信号的处理一般采用均衡器、分频器、数字式信号处理以及信号的前级处理。其中，分频器一般采用较优质的主机、低音激励器。简单的分频功能一般集成到功率放大器中，所以汽车音响中的信号处理器，一般指均衡器。

（1）均衡器的作用

均衡器是对信号频率响应及振幅进行调整的电声处理设备，简称 EQ。它可以改变声音与谐波的成分比、频响特性曲线、频带宽度等。频率均衡器广泛应用于各种音响系统，在汽车音响系统中对美化声音起到重要作用。

可以说，均衡器是录音师和音响师工作中最重要的调音工具之一。在汽车音响系统中，由于汽车空间的影响，均衡器最大的特点就是修正听音环境的频响缺陷。

（2）声音频段

在音乐的频域内，各个频段都有其独立的作用，各频段频率的提升或衰减都会使音乐的内涵发生变化。下面将全音频分成 6 个频段来做具体分析，汽车音响分频器能够将不同频率的声音信号传输给高低音扬声器。

① 16～80Hz 的频段。该频段能给音乐带来强有力的感觉，使低音有非常低的下潜感。48～80Hz 的提升使低频有良好的力度，但提升过多会使声音混浊不清。

② 80～250Hz 的频段。该频段包含着基音和节奏音的主音（基础音），调整这段频率可改变音乐的平衡状态，使其趋向丰满或单薄，可以根据客户的要求进行适当调整。它和高中音的对比构成了音色结构的平衡，稍强则声音丰满，偏弱则音色单薄，但提升过多会引发"隆隆"声。

③ 250Hz～2kHz 的频段。该频段包含着大多数声部的低频泛音和低次谐波，250～500Hz 影响音色的力度和结实度。330Hz 给人坚实感，使低音柔和且丰满。但若频率提升过多，会产生"嗡嗡"的闭室效应。500～800Hz 会使音色生硬。原则上一般不对 250Hz～2kHz 这个频段的声音频率进行过多增减，而是根据实际情况稍加调整。

④ 2～4kHz 的频段。该频段要慎用，过多提升时会掩蔽语言的识别，特别是"M""B"这样的唇音容易被模糊。由于耳膜的共振频率点在 3kHz 左右，因此这个频率点提升过多会引起听者的疲劳、心烦。当然稍微提升这个频段频率，可以使声音更加明亮。

⑤ 4～6kHz 的频段。该频段是具有临场感的频段，它可以增加语言、音乐的清晰度。提升该频段频率可使表演者与听者的距离拉近。4kHz 是一个具有穿透性听感的频率，而 5kHz 的衰减会使声音的距离感变远。

⑥ 6～16kHz 的频段。该频段控制着整体声音的明亮度、感染力和色彩。此频段不适宜去衰减，一般可做平直处理或稍加提升（3dB 以内）。如果过量提升，会出现明显的齿音，使音色充满毛刺感。

3．功率放大器

在汽车音响系统中，功率放大器将音响主机或信号处理器输出的低电平信号经过再次前级放大和多级放大之后，以大功率驱动扬声器。功率放大器不再只是简单地将信号放大，还有相当部分的前级处理，如前级的主动式电子分频、低音激励器等。

（1）功率放大器的结构

不管是哪个类型的汽车音响功率放大器，都是由两个部分组成的，即电源部分和音频部分。电源部分先将车载电源经滤波处理，再由升压变压器提升电压，供给音频部分来驱动扬声器。升压变压器将电压提升要求所供给的电流要增大，电压越大所需电流也越大。

① 电源部分。在功率放大器的电源部分，电容起着稳定电压的作用。在功率放大器的电源输入前加装法拉级电容，也可以起到稳定电压、提供瞬间大电流的作用。

② 音频部分。音频部分分为前级信号处理部分和后级功率放大部分。前级信号处理部分将输入信号进行滤波（高通或低通），电平调整（音量控制）。功率放大器的功率输出部分，又按信号的正负分为两个部分来驱动扬声器，两个部分分别由两个功率放大器放大管来驱动，所以功率放大器中的后级部分都采用功率对管分别来放大信号的正负部分。

（2）功率放大器的声道配置

在汽车音响中，功率放大器的声道有单声道、二声道、四声道、六声道甚至八声道。选择哪种声道的功率放大器非常重要，这对系统配置、功率配置等都起着决定性作用。标准的声道配置如图 7-1-3 所示。

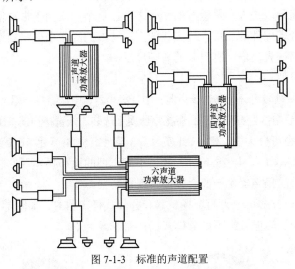

图 7-1-3　标准的声道配置

4. 扬声器

扬声器（俗称喇叭）是一种换能器件，可将音频电信号转换（还原）成声信号（声波）。由于受到扬声器发声体（振膜）物理特性的限制，目前的技术工艺尚无法使单振膜的全频带扬声器较完美地再现整个音频范围的声音。所以，通常将不同频段的扬声器分别设计，使之能在各自的频段内获得最好的重播特性。扬声器是音响改装中最重要的选配器材之一。

（1）扬声器的结构

电动式扬声器由驱动系统（音圈、极柱、上夹板、下夹板、磁钢）、振动系统（音盆、防尘帽）、悬挂系统（弹波、折环）和支撑系统（盆架）等组成，其结构及实物如图 7-1-4 所示。

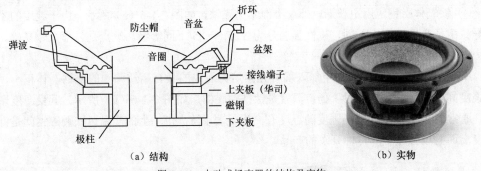

（a）结构　　　　　　　　　　　　（b）实物

图 7-1-4　电动式扬声器的结构及实物

① 驱动系统包括音圈、极柱、上夹板、下夹板、磁钢 5 个部分，极柱也称导磁柱，夹板也称导磁板，极柱和下夹板一般合在一起称为 T 铁，上夹板又叫上导磁板或华司。磁钢通过 T 铁和上导磁板之间的磁隙构成磁回路，在磁隙中产生很高的磁场强度。音圈沿卷幅的中心对称地放在磁隙的正中，音圈越大，承受功率越大，音圈越小，瞬态反应越佳。

② 振动系统由振动板（即锥盆，也称为音盆）和防尘帽构成，音盆是扬声器直接发声的部分。它在音圈的驱动、弹波和折环的支撑下来回振动发声。振动板越小，空气移动量越

小，声压输出越小，频率越高，指向性越强，所以高音扬声器一般采用球顶高音，使高频的指向性更加宽广。

③ 支撑系统含定心支片（俗称弹波）和折环（又称悬边）两部分，两者配合可使音圈在动态和静态时均能与导磁柱同心，并给振动系统提供一定的恢复力。高音还原的是中高、高频段，其中，中高频段是人耳最敏感的频带之一。这个频段由于振动幅度小，在降低失真方面主要取决于高音支撑件的品质。较高级的汽车音响的高音全部采用精加工的铝架作为支撑件，这样可以使高音失真低，有更高的清晰度。

（2）扬声器的类型

① 扬声器按还原频段可分为高音扬声器、中音扬声器、中低音扬声器、低音扬声器等。很多低配车型只安装中音或中低音扬声器，高音扬声器属于选装，低音扬声器多用于专业音响配置中。

② 扬声器按口径可分为 3/4 英寸、1 英寸、3 英寸、51/4 英寸、6.5 英寸、8 英寸、10 英寸、12 英寸、18 英寸（1 英寸=25.4mm）等。不同车型的原车扬声器安装尺寸不同，选配时要注意是否一致，有的扬声器生产商会提供转换安装架。

③ 扬声器按组合方式可分为同轴扬声器和分体式扬声器等，如图 7-1-5 所示。同轴扬声器将高低音集合在一起，但效果不如分体式扬声器好。

（a）同轴扬声器　　　　　　　（b）高低音分体式扬声器

图 7-1-5　扬声器组合

（3）扬声器的磁钢

磁钢是提供磁能的基础，扬声器用的磁钢通常有铁氧体磁钢和钕铁硼磁钢。

① 铁氧体磁钢应用更普遍，外观类似常见磁铁，如图 7-1-6（a）所示。由于纯度的不同而导致磁场强度的大小不同，磁性强弱分为 Y25～Y35 不同等级。缺点是体形大、易碎、矫顽力低、易退磁等。

② 钕铁硼磁钢是在纯铁中加入稀有元素熔铸而成的具有高矫顽力的磁钢，体积小，磁场强度高。常见的"小屁股"扬声器就是钕铁硼磁的，如图 7-1-6（b）所示。其受温度影响大，通常到 75℃以上，磁场强度随温度升高而显著下降。市场上的高温钕铁硼磁钢就是针对温度高而磁场强度下降特性开发的产品。

（a）铁氧体磁钢　　　　　　　（b）钕铁硼磁钢

图 7-1-6　扬声器磁钢

（4）扬声器的振膜

音盆的振膜直接影响扬声器的音质，不同的振膜材料，音质表现各具特点。常用的有纸质振膜、塑料振膜、金属振膜和合成纤维振膜，质轻、强度佳的材料可制成扬声器振膜，如玻璃纤维、石墨纤维、丝质纤维等。有些适合做高音，有些适合中音，有些适合低音，有些高、中、低音皆宜。

① 纸质振膜的声音特性平顺、自然、明快、清晰。另外，纸质振膜的刚性颇佳，对瞬时反应和听感的细节表现好。若设计和制作得当，纸质振膜可以做得很轻，因此发声效率高。它比塑料振膜轻 15% 以上，与合成纤维材料相差不大。纸质振膜的弱点是其特性会随环境湿度而变化，因纸吸收了湿气后密度会变高（变重）、刚性会变差（变软），所以发声的特性也会受影响。

② 塑料振膜较常用的材料是聚丙烯（简称 PP）。多数高分子聚合物的物理特性是韧性特强，所以机械能在其中传递时会被很快地吸收、消耗，阻尼特性好。这项优点和纸质振膜类似，听感柔顺、自然。然而，相较于其他振膜材料，PP 的刚性不佳，质量也较大，失真率相对较高，听感上柔顺有余，解析力及动态不足。

③ 金属振膜是利用高刚性的铝金属或其合金材料来制作的，最大的优势是刚性很强，具有低失真率和很好的细节解析力，一般用于直接发声的中音或低音扬声器中。金属材质刚性强而内损低，能量不会被振膜材质本身吸收，若不妥善处理，很容易出现金属声。

④ 合成纤维振膜多用硼碳纤维等航空级材料，兼具了质轻和高强度的双重优点，可以做到比纸还轻，刚性比金属还强，是用来制作扬声器振膜的理想材料。

（5）扬声器的参数

选配扬声器时，除了要注意它的类型、尺寸、磁钢、振膜的外观和性能外，还要重点关注额定阻抗和灵敏度等性能参数，以便与音响主机完美匹配，达到最佳的音响效果。

① 额定阻抗是指扬声器的最小阻抗值，也是衡量扬声器能从功率放大器处消耗多少功率的指标。如果此数据和功率放大器的额定阻抗不搭配，会出现声音失真的现象。例如，一台 10W 的功率放大器，在搭配 4Ω 的扬声器时其输出功率为 10W，搭配 8Ω 的扬声器时其输出功率只有 5W，而搭配 2Ω 的扬声器在理论上就可以得到 20W 的功率。

② 灵敏度又称为声压级，是衡量车载扬声器是否容易推动的重要指标。灵敏度是指给车载扬声器施加 1W 的输入功率，在扬声器正前方 1m 处能产生多少分贝的声压值。灵敏度的单位为分贝/瓦/米（dB/W/m），一般以 87dB/W/m 左右为中灵敏度，84dB/W/m 以下为低灵敏度，90dB/W/m 以上为高灵敏度。灵敏度越高，所需的输入功率越小，在同样功率的音源下输出的声音越大，对车载功率放大器的功率要求越小，也越容易推动。

然而，灵敏度的提高是以失真度为代价的，要保证音色的还原程度与再现能力就必须适当降低灵敏度。灵敏度的高低并不是衡量车载扬声器音质好坏的标准，选装扬声器时，要尽量使左右两边的数值保持一致（控制在±1dB 之内），否则会有很明显的"侧重感"。

5. 汽车音响线材

良好的线材要求首先是安全，其次是抗干扰性好、衰减小。汽车音响改装用到的线材有电源线、信号线、扬声器线等。

（1）电源线

电源线要求电流电压稳定，阻抗小，电流衰减小，保障蓄电池给功率放大器等设备供电，最佳的选择是纯无氧铜的、绝缘性好的、耐高温的。如果电源线用的线径太小或品质太差（铜包铝或钢丝），就无法提供音响器材所需的电力，还会导致器材损毁，甚至危及汽车的安全。

电源线常用的是红线和黑线，红线作为正极（火线），黑线作为负极（地线）。地线跟火线粗细一样或较粗一些。包裹电源线的绝缘材料除了要求绝缘性好之外，还要耐高温。电源线的选择与功率有关，功率大往往电流也大，需要选择较粗的线材。

（2）信号线

信号线要求抗干扰性好，能减少信号衰减，接触良好，接头处防氧化。汽车音响系统信号线通常采用双编织层同轴或二芯螺旋双重屏蔽结构，因为这两种结构的信号线都具有独立屏蔽功能，抗干扰能力强。信号线主要采用 6mm 与 8mm 的规格。一些顶级的信号线往往采用专用合金材料、卡环式插头，并在插头表面镀金以防止氧化。

（3）扬声器线

扬声器线最好选择标准、纯无氧铜、绝缘性好的，使音频重放精准、到位，细节完美无缺。与信号线同理，即使有相当高级的功率放大器，但由于扬声器线本身的阻抗、磁场效应以及不同的音频在线上的速度不同，常会导致功率放大器和扬声器的效果大打折扣。

（二）前声场的设计

汽车音响前声场是指驾驶室前排的声音空间，前声场的扬声器能还原绝大部分声音信息。通常将分体式扬声器安装在前门板、A柱饰板以及仪表板等不同的位置，只有少数"发烧级"音响改装将超低频部分的低音系统装在行李舱。

1. 高低音安装位置搭配

两分频扬声器在汽车前声场中应用极为广泛，在改装中存在着以下几种基本安装方式。而三分频扬声器可以非常好地解决高音与中、低音距离较远的问题（高音指的是高音扬声器，低音指的是低音扬声器）。

（1）高、低音均在下方

① 高音和低音都安装在仪表板下方，如图 7-1-7 所示。采用这种安装方式可以获得较好的音场及结像力。由于汽车内部空间的制约，前排的聆听者与左、右声道的距离严重不对称，坐在驾驶位的聆听者距离左声道的扬声器更近。这种安装方式可以使扬声器到人耳的距离之差相对较小，只要调试得当，就可以轻松地获得最佳的音场。

② 高音安装在仪表板下方，低音安装在门板下方，如图 7-1-8 所示。这样的安装方式基本上和第一种安装方式相同，只是这种安装方式使仪表板下的改装更不易显现，可以说是针对第一种安装方式的改进。它的优势与第一种安装方式相同，而且由于对原车改动较小，消费者容易接受。这种安装方式的调校使音场的宽度和深度非常容易得到，但是音场的高度容易出现问题。

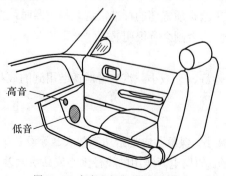

图 7-1-7　高音和低音在仪表板下方

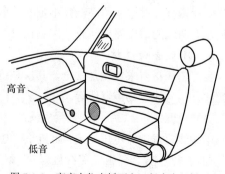

图 7-1-8　高音在仪表板下方，低音在门板下方

（2）高音在上方，低音在下方

① 高音安装在门板上方，低音安装在门板下方，如图 7-1-9 所示。在原装车的汽车音响中，这样的安装方式非常普遍。由于对汽车内饰的改动较少，因此这种安装方式对许多车主来说很容易接受。这样的安装方式对音场来说，有较好的宽度和适当的高度，但是音场深度偏浅，音场的整个位置太靠近聆听者。另外，由于高音的调校角度难以调整，使音场压缩现象明显，音场左右部分的宽度不平衡。

② 高音安装在仪表板上方，低音安装在门板下方，如图 7-1-10 所示。高音安装在仪表板上方，在原车中这种安装方式较常见。一般的汽车音响改装是在仪表板的适当位置挖孔，再将高音固定，或者在仪表板与 A 柱的接合处安装一个高音的模具。这样的安装方式可以得到较合适的音场高度、深度以及音场的位置，但是对扬声器的要求较高，因为高音与中低音的距离较远，会导致分频点附近声音紊乱，出现严重的峰谷从而影响音质。而且由于高音的传播方向与中低音的传播方向有较大的偏差，所以对音质的影响非常大，这要求扬声器的系统设计者在设计的过程中充分考虑到以上因素。在主动式电子分频时，应尽量将分频点向下限靠齐，从而使高音的下限与中低音的上限能完全融合。

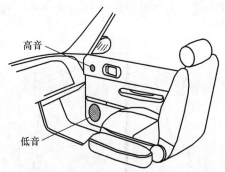

图 7-1-9 高音在门板上方，低音在门板下方

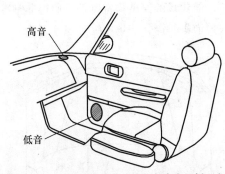

图 7-1-10 高音在仪表板上方，低音在门板下方

③ 高音安装在 A 柱上，低音安装在门板下方，如图 7-1-11 所示。这种安装方式在汽车音响改装中十分常见。高音的安装位置与聆听者的双耳平齐，而高音的指向根据系统的配置以及高音的特性有许多种设置方法。

2．高音的安装角度

在汽车音响的改装过程中，由于汽车音响的环境使高音与聆听者的距离很近，所以高音的安装角度非常重要。A 柱上不同的高音安装角度对声音的影响及调音的方法如下。

（1）高音轴向相对

高音轴向相对是许多音响系统品牌商应用的安装方案之一，如图 7-1-12 所示。这种安装方式的最大优势在于，可明显改善左右声道的平衡，使坐在驾驶位或副驾驶位的人都能听到精准的前声场，而且没有严重的声场压缩现象。采用这种安装方式如果安装妥当，可以不需要均衡器，缺点是有可能会使声场的宽度不如其他安装方式的声场宽度大。

（2）高音轴向对 B 柱

高音轴向对 B 柱是指高音轴向指向对面的 B 柱，如图 7-1-13 所示。这种安装方式的优势在于，高音的表现非常细腻，中高频清晰、真实、自然，音场的宽度可以达到最大。它的劣势在于会出现声场压缩现象，同时出现左右声道不平衡的现象。解决这个问题的方法是增加均衡器，适当延时。

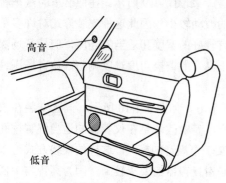

图 7-1-11　高音在 A 柱上，低音在门板下方

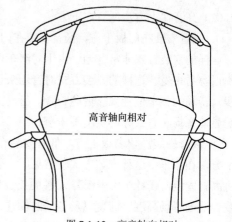

图 7-1-12　高音轴向相对

（3）高音轴向朝后

高音轴向朝后如图 7-1-14 所示，这种安装方式只适用于特殊的车型，如毕加索、丰田大霸王等，因为这种安装方式一般在 A 柱离前排座位较远的车型中使用。这种安装方式的优势在于，前声场的深度与宽度都还原得非常准确，但如果没有使用均衡器或做延时处理，就会出现声道不平衡、声场压缩等现象。

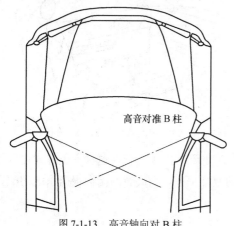

图 7-1-13　高音轴向对 B 柱

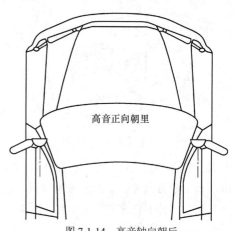

图 7-1-14　高音轴向朝后

知识评价

1. 汽车音响的音频信号通过音响主机输出，经信号处理器处理，功率放大器放大，输出给扬声器。（　　）

2. MP3 可将音乐压缩至体积更小的格式，是最佳的音频格式。（　　）

3. 若由原车音响主机直接推动选配的扬声器，要注意实际的功率匹配问题。（　　）

4. 在音乐的频域内，各个频段都有其独立的作用，不同的频段用分贝区分。（　　）

5. 高音扬声器一般采用球顶高音，使高频的指向性更加宽广。（　　）

6. 汽车音响的前声场是应该重点关注和设计的部分。（　　）

7. 汽车音响的设计和制造都比家用音响的更严格，具有的突出特点是（　　）。

    A. 安装尺寸和安装技术　　　　　　　　B. 音响本身的避振技术

    C. 音质的处理技术　　　　　　　　　　D. 抗干扰技术

8. 评价汽车音响主机的基本技术指标有（　　）。

    A. 频率响应性　　　　B. 输出功率　　　　C. 谐波失真　　　　D. 信噪比

9. 磁钢是提供磁能的基础，汽车音响扬声器常用的磁钢有（　　）。

    A. 石墨磁钢　　　　B. 铁氧体磁钢　　　　C. 钕铁硼磁钢　　　　D. 高碳纤维磁钢

10. 通过网络查询你喜欢的车型的音响配置，试着设计改进方案。

三、任务实施

任务案例：张先生的大众朗逸自动挡逸版轿车只在门板下方装备了中低音扬声器，如图 7-1-15 所示。他想对原车音响进行改装，又不想投资太大，他喜欢听轻音乐，希望人声清晰，低音饱满，如何设计改装方案？

图 7-1-15　大众朗逸自动得逸版原车音响配置

（一）改装汽车音响

1. 搭配设计

根据车主的个性化要求、音乐喜好、听音乐的习惯、车型状况和投资标准进行系统优化搭配设计，选择音响系统的器材。对初级汽车音响改装来说，一般用原车音响主机，不加单独的功率放大器，重点升级扬声器系统。

（1）前声场配置

若原车只有低音扬声器，可选配两分频或三分频分体式扬声器。采用分体式扬声器时，要配套单独的分频器，用来连接原车音响主机的输出线和高、低音扬声器，如图 7-1-16 所示。市场上可供选择的扬声器类型众多，磁钢类型、大小各异，音盆材质各不相同，按预算标准先行试听，挑选满足自己需求的即可。切记音响改装还要注意扬声器参数是否与原车音响主机匹配。

（a）高、低音扬声器　　　　　　　　（b）两分频分频器

图 7-1-16　前声场配置

确定好扬声器类型，接下来要设计声场布置。布置高低音位置时，通常将原车低音扬声器直接替换，而如果原车有预留口也可原位安装高音，也可以根据具体车型内饰情况，在 A 柱饰板或车门饰板上方打孔安装高音扬声器。

（2）后声场配置

后声场可以采用与前声场相同的分频式配置，也可采用同轴扬声器以降低成本，甚至前声场也可用同轴扬声器。

2．车门处理

汽车的门板是汽车音响扬声器的箱体，对扬声器系统的音质起着关键的作用。在改装时，要对门板进行止振、隔音和密封处理，以达到高保真音效的效果。

（1）止振

止振的目的主要是尽量减少扬声器安装部位周围的振动。因为扬声器在工作时，音盆所产生的振动会导致其周边的钢板部分产生振动，从而使音盆振动产生非线性失真，影响整体音质。

止振一般采用专用的铝膜丁基橡胶止振板，在门板的内侧整体粘贴止振板或将止振板裁切成条形粘贴，如图 7-1-17（a）所示。止振板还可以用在汽车地板、前围板内侧等处对整个驾驶室进行止振、降噪，音响效果会更好。在扬声器的安装部位，最好加装刚性较好的垫圈来增加扬声器刚性，边缘粘贴止振板，如图 7-1-17（b）所示。

 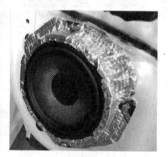

（a）门板粘贴止振板　　　　　　　　（b）扬声器止振

图 7-1-17　止振处理

（2）隔音

由于汽车的特殊性，因此在对汽车门板做止振处理的同时，也要做相应的隔音处理。隔音的目的是隔绝外界噪声及在汽车行驶途中的路噪声和风噪声等。

隔音通常采用聚酯纤维消音棉，粘贴于车门饰板的背侧；也可以待扬声器安装后将消音棉粘贴在车门内板，都能达到吸声、隔音的目的，如图 7-1-18 所示。

（a）车门饰板粘贴消音棉　　　　　　（b）可粘贴消音棉的车门内板部位

图 7-1-18　隔音处理

（3）密封

由于前声场的车门如同音响的箱体，所以要求门板的密封性要好。车门上有众多孔，如果没有处理，就会使扬声器的背面所发出的相位相反的声音与前面的声音互相影响，特别是会使波长较长的低频信号衰减严重。

密封处理时，可用铝箔将孔封闭，这样可使低频下潜延伸更低，产生良好的控制力，声音清晰度加强。还要注意车窗和车门密封条，若其密封性变差，最好更换或进行升级处理。

3. 安装扬声器

（1）安装高音扬声器

确定好高音扬声器安装位置后，将相应的内饰拆下，按照扬声器安装尺寸打孔安装；若原车有预留位，可原位安装；对高音要求更高的，可对内饰进行倒模成型，将三分频的高中音安装在 A 柱饰板上，即倒模安装；还可以进行无损、简易的支架安装，如图 7-1-19 所示。

（a）打孔安装　　　（b）原位安装　　　（c）倒模安装　　　（d）支架安装

图 7-1-19　安装高音扬声器

（2）安装低音扬声器

在门板原位安装低音扬声器或同轴扬声器，若尺寸不匹配，可用扬声器转换支架安装，并做好密封、止振处理，如图 7-1-20 所示。

（3）安装分频器

在门板合适位置安装分频器，用标配线材连接高音扬声器和低音扬声器，接头部位要连接牢固，如图 7-1-21 所示。

　　　　　　　　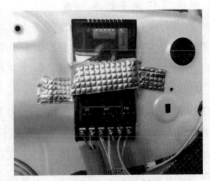

图 7-1-20　安装低音扬声器　　　　　　图 7-1-21　安装分频器

4. 初检音响

（1）相位检测

用相位仪进行相位检测，确认线路连接是否正确，测试可能出现杂音的各种情况，尽量消除杂音或向客户解释原因，如图 7-1-22 所示。

（2）内饰复原

将拆下的各内饰恢复原状，紧扣到位，如图7-1-23所示。完成后仔细检查有关线路、电路和内饰各部位，并对车内做全面的清洁。

图7-1-22 相位检测

图7-1-23 内饰复原

（二）汽车音响调音

根据车主的音乐喜好、听音习惯和器材特性等认真反复调试音响系统，尽量向客户详细讲解音响的基本使用方法、注意事项等。

1．测试低频声音的质量

劣质扬声器产生的低频声音可能震耳欲聋，但完全臃肿、缺乏层次感和结实感。好的低频声音应洁净、明快、层次分明，不拖泥带水，人们可以分辨各种低频乐器，如大小鼓声、低音吉他和低音贝斯或钢琴的低音。不要轻易被低频的量感所蒙骗，劣质扬声器播放出来的低频缺少自然、舒适之感。

2．测试中频的人声

人声是人们最常听到的声音之一，优劣并不难分辨，留意人声有无不寻常的鼻音或抿着嘴发声的感觉。一些扬声器的箱体声会大大干扰中频，令此频段的声音模糊不清。中频音染相对于其他频段音染更为严重，因为大部分可听到的声音频率或音乐的频率，都集中在中频的范围，所以，中频音染几乎成为所有种类的乐曲重播的障碍。

3．测试高频声音的柔韧感

劣质的高频声音尖锐、刺耳，听得人头痛欲裂，甚至在极端情况下，能把小提琴声或女高音的美声变为尖锐噪声。同样，好的扬声器播放的声音能使人分辨出高音中不同乐器产生的不同质感。如经常说的空气感好，就是高音和超高音效果好。

4．测试高音及音场结像

一些车载扬声器在低音时表现稳定，但音量提升到某个指数时便会失真，出现各种非录音中的音乐信号。合乎标准的扬声器在一定程度上可以做到声音"离箱"，营造出清晰的音场和具有结像力，显示出不同乐器的分点位置和质感。弱音和尾音应该清晰、可辨，在高音的情况下没有变形失真，人声和乐器声不会混在一起，长久聆听也不会令耳朵疲劳等。

能力评价

请针对任务案例"张先生的大众朗逸自动得逸版轿车只在门板下方装备了中低音扬声器，他想对原车音响进行改装，又不想投资太大，他喜欢听轻音乐，希望人声清晰，低音饱满"，依据所学知识和技能，分析并回答以下问题。

1. 任务案例中的汽车音响改装，你认为较为合理的方案是（　　　）。
   A. 用原车音响主机，前声场用二分频扬声器，后部用同轴扬声器
   B. 用原车音响主机，前声场用三分频扬声器，后部用二分频扬声器
   C. 更换原车音响主机，加二声道功率放大器，配高、低音扬声器
   D. 更换原车音响主机，加六声道功率放大器，配高、中、低音扬声器
2. 任务案例中改装前声场扬声器的最佳布置位置是（　　　）。
   A. 高音在 A 柱上方，低音在仪表板下方
   B. 高、低音均安装在仪表板下方
   C. 高音在仪表板上方，低音在车门饰板下方
   D. 高音在车门饰板上方的外倒视镜饰板上方，低音在车门饰板下方
3. 若原车只有低音扬声器，选配分体式扬声器还需配套（　　　）。
   A. 均衡器　　　　　B. 分频器　　　　　C. 相位仪　　　　　D. 接线器
4. 汽车的门板对扬声器的音质起着关键的作用，需进行（　　　）。
   A. 止振　　　　　　B. 隔音　　　　　　C. 密封　　　　　　D. 加固
5. 根据任务案例中客户的音乐喜好，调试音响时应重点关注（　　　）。
   A. 低频是否缺乏层次感　　　　　　B. 中频是否模糊不清
   C. 高频是否尖锐、刺耳　　　　　　D. 高音时是否失真

|任务 7.2　驾驶辅助监控系统的加装|

知识目标

1. 掌握汽车倒车辅助系统的组成；
2. 掌握汽车行车监控系统的组成。

能力目标

1. 能够设计倒车辅助系统改装方案；
2. 能够进行倒车雷达和行车记录仪的加装。

素质目标

1. 培养学生独立分析问题的能力和团队协作的意识；
2. 培养学生爱岗敬业的职业精神。

一、任务分析

为了提高驾驶的安全性，现代轿车上通常会装备辅助驾驶的倒车辅助系统和行车监控系统。倒车辅助系统多用倒车雷达或倒车影像，或同时配置雷达和影像。行车辅助系统采用高

清摄像头，监控车辆周边情况，兼具辅助倒车功能，有些车系的高配车型还会应用 360° 全景影像辅助驾驶。为了监控突发状况和避免违章行车，车主通常都会加装行车记录仪，有些行车记录仪同时具有 360° 行车辅助和监控功能。

学习本任务需要学生具有汽车电路和内饰拆装基础知识，掌握汽车倒车辅助系统和行车监控系统的组成，能够根据车辆实际情况设计加装方案，并进行倒车雷达和行车记录仪的加装。在操作中要注意安全，特别是设计汽车电路时要规范操作，具有爱岗敬业的职业精神。

二、相关知识

（一）倒车辅助系统

在所有的交通事故中，低速停车时发生的刮蹭和碰撞占很大的比例。特别是倒车时，视野不佳、盲区大，还要兼顾车辆的操控，很容易发生事故。随着汽车电子技术的不断发展，倒车提示装置由十分简单的挂倒挡就鸣叫提醒，发展到根据车速、挡位、制动等因素进行智能的声音、影像同时提醒。市场上常见的倒车辅助系统有倒车雷达和倒车影像。

汽车倒车雷达

1. 倒车雷达

倒车雷达是在汽车的后方或前、后保险杠上安装电磁式雷达探头，用来侦测后方或前后方一定距离的障碍物，如图 7-2-1 所示。当距离障碍物过近时，探头接收到回波信号，系统发出声音警示，但不能显示车辆附近的影像。

（1）倒车雷达系统的组成

倒车雷达系统多数由主机、探头、显示器和连接线等组成，如图 7-2-2 所示。

图 7-2-1　倒车雷达

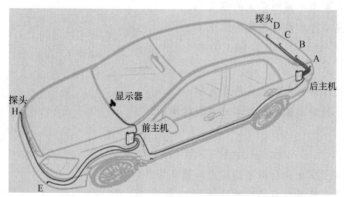

图 7-2-2　倒车雷达系统的组成

（2）倒车雷达的探头

① 探头数量。通常来说，探头数量决定了倒车雷达的探测覆盖能力，探头数量越多，减少的探测盲区越多。市面上的倒车雷达系统可分为 2 探头、3 探头、4 探头、6 探头及 8 探头。2～4 探头的倒车雷达系统一般安装在汽车的后面；6～8 探头的倒车雷达系统安装位置和数量一般是前 2 后 4，或前 4 后 4。6 探头以上的倒车雷达系统探测范围更广，精确度也更高。

② 探测范围。通常倒车时，汽车后部距离障碍物在 260cm 之内，后探头就启动，随着距离的缩短，倒车雷达的蜂鸣提示音和频率逐渐变化，距离越近声音越急促；低速向前行车或制动时，一般汽车前部距离障碍物在 100cm 之内，前部探头就启动，随着距离变化发出不同的蜂鸣提示音。前、后探头探测范围如图 7-2-3 所示。

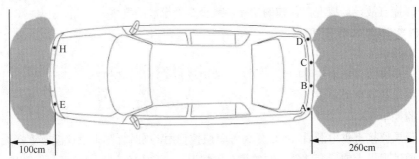

图 7-2-3　前、后探头探测范围

（3）探头的启动条件

倒车雷达探头的启动受车速、制动、变速器挡位等因素控制。

① 向前泊车时，每次踩制动踏板，前探头自动启动，距离障碍物过近则发出蜂鸣提示音。

② 向后倒车时，变速器挂倒挡，前、后探头同时启动，优先显示障碍物最短距离。当前方障碍物距离小于后方时，发出不同等级的蜂鸣提示音。

③ 有些倒车雷达探头在车速低于 20km/h 时会自动启动，进行行车监控。

2. 倒车影像

倒车影像的原理与倒车雷达的相似，系统采用的探头是高清的摄像头，能够把探测到的影像通过显示屏展示。

（1）普通倒车影像

一般的倒车影像探头安装在后部拍照架的上方。倒车时变速器挂倒挡，探头启动，显示屏展示后方影像，用来辅助倒车。

（2）360°全景影像

360°全景影像在汽车前后拍照架上方、左右车外倒视镜下方安装高清摄像头，如图 7-2-4 所示。有的还会在车内倒视镜处安装探头，它能够 360°全景展示车辆周边影像，用来进行倒车和辅助驾驶与监控。

（a）探头安装位置　　　　　　　　（b）车外倒视镜处摄像头

图 7-2-4　360°全景影像

通常，倒车雷达能探测距离，系统发出蜂鸣提示音，只能"听"；而倒车影像显示屏能显示车辆周边，但无声音提示，只能"看"。因此有些车型会同时装备这两个系统，从视、听两方面确保安全。

（二）行车监控系统

行车监控系统能够监控和记录汽车在行驶或停放时的环境，通过行车记录仪记录汽车发生刮蹭和碰撞事故现场情况，并辅助驾驶，减少交通事故的发生。

1．行车记录仪的作用

（1）事故取证

遇到一些事故现场痕迹不明显，或者事故现场被破坏的情况时，行车记录仪可以保留有效视频证据，帮助交警定责。

（2）监控车辆

行车记录仪接直供电源后，可以作为停车监控使用。同时行车记录仪能够连接无线网络，车主可以通过手机上的配套软件实时监控车辆情况。有些行车记录仪具有导航功能，可以监控车速，避免违章行车。

（3）拍摄风景

行车记录仪可以记录车前经过的风景，作为旅途的美好回忆。

2．行车记录仪的选用

（1）行车记录仪的类型

行车记录仪的类型多种多样，按摄像头数量不同，有单摄像头式、多摄像头式等。按外观形式不同，有独立式和车内倒视镜式，如图 7-2-5 所示。按镜头类型不同，有夜视、广角等。按屏幕尺寸不同，有 3 英寸、3.5 英寸、4.3 英寸、5 英寸、7 英寸等。按视频分辨率和帧流率不同，有普清、高清、全高清、超清等。

（a）独立式　　　　　　　　　　　　　（b）车内倒视镜式

图 7-2-5　行车记录仪类型

多摄像头式行车记录仪兼具倒车或 360°全景影像功能，可以弥补原车只有倒车雷达声音警示，而无影像提醒的不足，如图 7-2-6 所示。

（a）行车记录仪　　　　　　　　　　（b）后置摄像头

图 7-2-6　配置倒车影像的行车记录仪

（2）选用标准

选择行车记录仪时首先要选择有质量保证的大品牌产品，行车记录仪的外观应与车辆内饰搭配协调，能够稳固安装，拍摄的影像清晰、流畅。同时行车记录仪的热稳定性要好，把行车记录仪放到车内，然后将汽车开到阳光下晒一段时间，如果出现花屏、死机等现象，说明产品质量不好。

知识评价

1. 汽车上的驾驶辅助系统主要进行倒车和行车辅助及监控。（　　　）
2. 倒车雷达的探头多为红外线式。（　　　）
3. 倒车雷达探头数量越多，探测盲区越多。（　　　）
4. 随着距离的缩短，倒车雷达的蜂鸣提示音的音量越大。（　　　）
5. 倒车影像采用的探头是高清摄像头。（　　　）
6. 加装行车记录仪后汽车就不会发生刮蹭和碰撞事故。（　　　）
7. 能够控制倒车雷达探头启动工作的因素有（　　　）。
   A. 气温　　　　　　B. 制动　　　　　　C. 车速　　　　　　D. 变速器挡位
8. 行车记录仪的作用有（　　　）。
   A. 事故取证　　　B. 监控车辆　　　C. 避免违章　　　D. 拍摄风景
9. 360°全景影像摄像头的安装位置有（　　　）。
   A. 前后拍照架上方　　　　　　　　B. 左右车外倒视镜下方
   C. 车内倒视镜　　　　　　　　　　D. 车顶
10. 查询你喜欢的车型的驾驶辅助系统配置，试着为其设计加装方案。

三、任务实践

任务案例：赵先生的大众探岳原车只配备了倒车雷达，他在水渠边倒车时，倒车雷达未提示，差点掉入水渠中，如图 7-2-7 所示，如何设计加装方案？

图 7-2-7　倒车险些酿成事故

（一）加装倒车雷达

根据具体车型和要求选用合适的产品来弥补原车倒车辅助系统的不足。若原车只配备倒车雷达，可以加装倒车影像系统；若原车只配备倒车影像系统，可以加装倒车雷达。

安装要参考产品说明书，要熟悉汽车电路，规范使用剥线钳、万用表等工具，正确拆装汽车内饰。

1. 安装操作

（1）安装主机和显示器

① 主机安装时尽量远离原车电子元件，安装要牢固。前主机通常安装在副驾驶的位置，如图7-2-8所示。若有后主机，安装在行李舱内侧。

② 显示器可安装于仪表板、风窗玻璃或空调出风口处，如图7-2-9所示。A、B为仪表板处安装位置，C、D为风窗玻璃处安装位置，E为空调出风口处安装位置。若安装于空调出风口处，一定要按规定装好嵌夹。

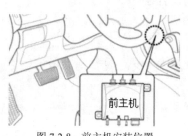

图7-2-8　前主机安装位置

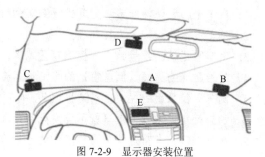

图7-2-9　显示器安装位置

（2）探头安装位置

通常前2后4的6探头安装位置要求如下。

① 后面4个探头的安装位置如图7-2-10（a）所示。A、B、C、D离地高度为50～70cm，A、D距离车身外缘12～20cm，距离要相等。A、D之间的距离设为L，将L分为10等份，A、B间距与C、D间距相等，为$0.3L$，B、C间距为$0.4L$。

② 前面2个探头的安装位置如图7-2-10（b）所示。H、E离地高度为45～55cm，H、E距离车身外缘15～20cm，距离要相等。

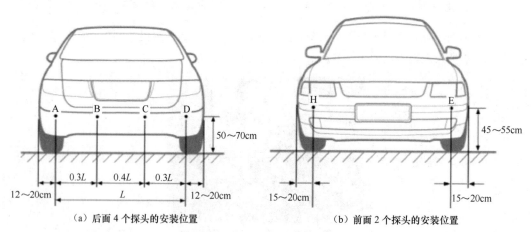

（a）后面4个探头的安装位置　　　　（b）前面2个探头的安装位置

图7-2-10　前2后4的6探头安装位置

③ 在前、后保险杠上按要求确定好探头的位置，并用记号笔做好标记，准备打孔并安装探头。

 注　意

上文提及的探头离地高度、车身离外缘距离等数值，只是作为参考，具体安装位置要根据产品和车辆的实际情况来定。

（3）安装探头

① 确认使用的扩孔钻头与探头的直径一致，方可打孔，否则会影响探头的安装牢固性。

② 钻孔前最好先用钉子等尖锐工具在标记处钻盲眼，然后用钻头钻孔，如图 7-2-11（a）所示。防止电钻刚转动时钻头滑动，伤害到保险杠或车身的其他位置。

③ 安装探头时注意安装方向，如图 7-2-11（b）所示。

④ 两个拇指均衡用力，将探头压入保险杠中，要压牢并紧贴车体，如图 7-2-11（c）所示。

⑤ 将防水插头插好，用力扭紧，防止进水。

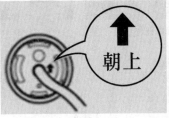

（a）钻孔　　　　　　　　　（b）安装方向　　　　　　　　（c）压入保险杠

图 7-2-11　探头的安装

（4）连接布线

设备安装完成后，将接线连接好，并测试功能是否正常。将接线埋设在内饰里，以免影响美观，固定好以免行车中有异响。

① 按照倒车雷达系统接线图连接原车线路，如图 7-2-12 所示。

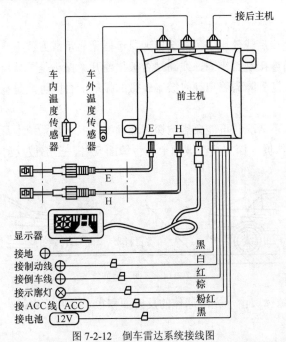

图 7-2-12　倒车雷达系统接线图

② 判断原车线路时，要参考车型的电路图，找到对应的线路，用万用表或测电笔辅助确认。例如，确定常火线时，先根据电路图找到原车线组，汽车钥匙开关处于任何状态时，此线电压都为 12V，如图 7-2-13（a）所示。当钥匙开关至 "ACC" 和 "ON" 位置时有电，而在起动挡时无电，此线为 "ACC" 线，如图 7-2-13（b）所示。线路确认后，与倒车雷达系

统连接。

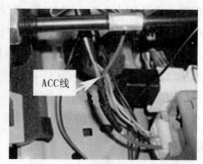

　　　（a）连接常火线　　　　　　　　　（b）连接 ACC 线

图 7-2-13　原车线路类型确认

　　③ 正确剥线。根据线径粗细不同，将接线端外缘皮剥去 25mm 左右，火线剥线应长至 30mm，不要损伤内部铜线。

　　④ 正确接线。将露出的铜线绕束扭紧在一起，若导线为多股铜线，先一分为二，分别扭紧，再将它们合二为一扭紧在一起。

　　⑤ 正确缠线。接线完成后，用胶布缠好。使用的胶布要符合电工标准，注意其绝缘性和有效期。缠绕胶布时，要稍用力将胶布稍稍拉长，然后缠绕，这样不易松开、牢固性好。缠绕火线时，需缠绕两次。缠绕完成时，胶布要有外延，不得有铜线露出。不要用胶布大面积长长地将几条线缠绑在一起，否则不易散热。

2．排除故障

（1）常见故障

　　倒车雷达安装完成后或使用中可能会出现显示器无显示或方位不一致、探头无反应等问题，要仔细检查线路连接是否牢固、线路是否破损断开、探头是否装反或位置错误等。

　　运行试验，探头遇到障碍物启动时会有轻微的振动，否则可能是探头损坏。

（2）异常情况

　　倒车雷达遇到以下情况时可能会影响探测准确度，但不是系统本身的故障。

　　① 表面光滑的斜坡。探测波在坡面上产生镜面反射，全部被反射到上方，没有回波，如图 7-2-14 所示。

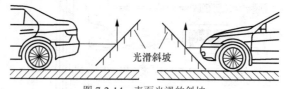

图 7-2-14　表面光滑的斜坡

　　② 表面光滑的球体。由于光滑球体的反射面积很小，回波也很少，因此无法识别，如图 7-2-15 所示。

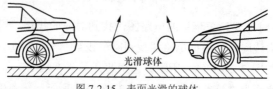

图 7-2-15　表面光滑的球体

③ 高吸音物体。探头的探测波被具有高吸音棉性质的物体吸收，没有回波，无法识别，如图 7-2-16 所示。

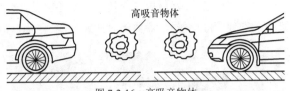

图 7-2-16　高吸音物体

④ 特殊形状的物体。遇到特殊形状的物体，探测波反射受到阻碍，回波很少，无法识别，如图 7-2-17 所示。

图 7-2-17　特殊形状的物体

⑤ 特殊环境。遇到在地面以下的特殊环境时，如河流、下水井、水坑等，探测波无法探测，因此无法识别，如图 7-2-18 所示。

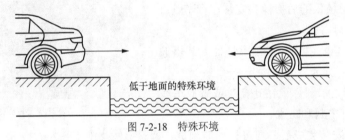

图 7-2-18　特殊环境

（二）加装行车记录仪

1．安装位置

行车记录仪正确的安装位置在后视镜后面或者下方不遮挡视线的区域内，如图 7-2-19 所示。如果位于风窗玻璃的左右两侧，会产生拍摄的盲区。如果简单地放置于汽车仪表板上，则在遭遇疑似撞车的时候，没有足够的视野确定前车头是否真的发生碰撞，会造成取证困难。

图 7-2-19　行车记录仪的最佳安装位置

2．固定方式

行车记录仪常用的固定方式有胶粘固定和吸盘固定两种，如图7-2-20所示。胶粘固定的好处在于安装牢固、不易掉，但是安装好后再更换位置非常不方便，还会留下难看的印记。吸盘固定容易拆卸，但是有时吸附力不强，需要随时注意加固。

（a）胶粘固定　　　　　　　（b）吸盘固定

图7-2-20　行车记录仪的固定方式

有些行车记录仪制作成车内后视镜状（智能后视镜），通过橡胶带套装在车内后视镜的位置，集成了记录、导航、倒车影像等多项功能，可以不占用车内空间。

3．安装后摄像头

通常行车记录仪的后摄像头安装在行李舱盖牌照架上的示廓灯处。

① 拆卸行李舱内饰，在示廓灯处安装摄像头，如图7-2-21所示。

② 线束可在示廓灯上钻孔穿过或者原车线孔穿过，要做好密封和防水。

图7-2-21　安装后摄像头

③ 摄像头安装完成后，要进行功能测试。调整摄像头上下和左右位置，使屏幕显示的影像与实际相符。

4．连接布线

行车记录仪的电源线和摄像头连接线通常很长，裸露在外会影响美观。电源线垂落在前，还会影响驾驶员的视线，如图7-2-22所示。

（1）隐藏布线

为了避免明线的影响，可以从安装的后视镜位置到顶棚、A柱饰板、杂物箱，通过隐藏布线的方式，将电源接入汽车点烟器，如图7-2-23所示。

图7-2-22　直接布线

图7-2-23　隐藏布线

①　布线时，先根据电源线的长度来确定最佳布线方案，模拟布一遍线，以确定电源线足够长。

②　首先将行车记录仪的电源线塞进车顶棚的缝隙内，如图 7-2-24 所示。卸下 A 柱饰板上端，将电源线通过饰板伸到车门密封条处。

③　拆卸门框密封条，将电源线塞入门框密封条内，直到仪表板最底端，将电源线甩出来，如图 7-2-25 所示。将 A 柱饰板卡扣对准，用拳头轻轻将 A 柱饰板敲进去。

图 7-2-24　顶棚内布线

图 7-2-25　A 柱饰板内布线

④　将电源线穿过杂物箱后边。可以根据不同车型的实际情况，把电源线固定在杂物箱背后，或者藏在地板下。电源线插头从仪表板下部伸出，如图 7-2-26 所示。

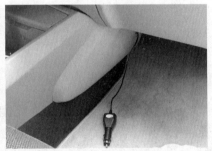

图 7-2-26　杂物箱处布线

⑤　为了让点烟器附近不出现太多的明线，需要把仪表板下边的饰板螺栓拧松，扒开一点小缝隙，把电源线塞入缝隙内再将螺栓拧紧。将点烟器电源插上，确认行车记录仪能通电并能正常工作，安装布线完成，如图 7-2-27 所示。

（2）连接电源

电源线的连接可用设备提供的连接器在点烟器处取电，还可以在熔断丝（俗称保险丝）处取电，如图 7-2-28 所示。

①　在熔断丝处取电时，通常用点烟器熔断丝。同时，电源线要更换为专用的降压线，因为倒车雷达工作电压通常为 5V，点烟器处电压为 12V。

图 7-2-27　点烟器处取电

②　根据车型电路图找到对应的熔断丝，拔掉熔断丝。用万用表确认熔断丝的火线端，将倒车雷达电源线的正极接到熔断丝的非火线端上，负极与车身连接。

③　有条件的可以通过汽车熔断丝取电器，为行车记录仪单独配熔断丝，如图 7-2-29 所示。

（a）熔断丝盒　　　　　　　　　（b）降压线

图 7-2-28　熔断丝处取电

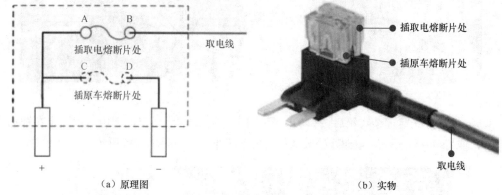

（a）原理图　　　　　　　　　　（b）实物

图 7-2-29　汽车熔断丝取电器

能力评价

请针对任务案例"赵先生的大众探岳原车只配备了倒车雷达，他在水渠边倒车时，倒车雷达未提示，差点掉入水渠中"，依据所学知识和技能，分析并回答以下问题。

1. 任务案例中倒车雷达未提示的原因是（　　　）。

　　A. 探头无法识别低于地面的情况　　　　B. 系统损坏

　　C. 探头损坏　　　　　　　　　　　　　D. 疏忽大意

2. 安装倒车雷达探头时要注意（　　　）。

　　A. 安装位置越高越好　　　　　　　　　B. 正面增加数量

　　C. 参考产品说明书　　　　　　　　　　D. 在熔断丝处取电时，熟悉汽车电路

3. 加装倒车雷达或行车记录仪，连接电源线时要注意（　　　）。

　　A. 可在原车点烟器处取电

　　B. 要采用隐蔽安装

　　C. 可在点烟器熔断丝处取电

　　D. 在熔断丝处取电时，正极与熔断丝常火线连接

4. 倒车雷达和倒车影像的区别是（　　　）。

　　A. 倒车雷达采用电磁式探头　　　　　　B. 倒车影像采用高清摄像头

　　C. 倒车雷达能听到警示声音　　　　　　D. 倒车影像能看到周围景物

5. 综合以上分析，你认为任务案例中还应该加装（　　　）。

　　A. 中控门锁　　　　B. 防盗器　　　　C. 倒车影像　　　　D. 行车记录仪

|项目拓展|

汽车发展，智能网联

随着无线网和电子技术的不断发展，汽车辅助驾驶系统可以逐步替代驾驶员操作，车联网与智能车有机联合，智能网联汽车应运而生。智能网联车辆搭载有先进的车载传感器、控制器、执行器等装置，融合现代通信与网络技术，实现车与人、路、后台等智能信息交换共享，具有安全、舒适、节能、高效的特点。

随着新技术的创新发展与融合，智能网联汽车已成为我国汽车产业发展的战略方向，国家及各级地方政府相继制定了一系列政策法规和标准体系。我国智能网联汽车进入快速发展通道，高精度摄像头、激光雷达等感知设备已达到国际先进水平，为多款主流车型供货，智能驾驶计算平台、车规级 AI 芯片在多个车型上进行装车应用。多地加快部署 5G 通信、路侧联网设备等基础设施，加大交通设备数字化改造力度，开展车路协同试点，支持企业进行载人载物示范应用。

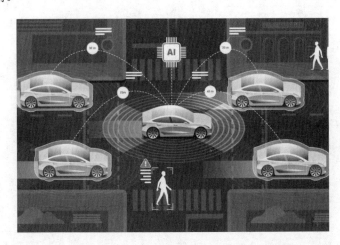

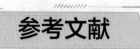

[1] 交通运输部职业资格中心（交通运输部职业技能鉴定指导中心）. 汽车美容装潢工、汽车玻璃维修工职业技能鉴定教材[M]. 北京：人民交通出版社，2017.

[2] 交通运输部职业资格中心. 机动车整形技术（检测维修士）——机动车涂装维修[M]. 北京：人民交通出版社，2018.

[3] 交通运输部职业资格中心. 机动车整形技术考试用书[M]. 北京：人民交通出版社，2021.